# Tales of Niue Nukututaha

*in Niuean and English*

## Zora Feilo

*Tales of Niue Nukututaha* was first
published in 2015 by Little Island Press.

Content copyright © 2015 Zora Feilo
Zora Feilo asserts her moral right to
be identified as the author of this work.
Illustrations copyright Lange Taufelila.
Format copyright © 2015 little island press limited

Published by Little Island Press,
P. O. Box 6786, Wellesley Street,
Auckland 1141, New Zealand
www.littleisland.co.nz

201510281224

ISBN 978-1-877484-14-8

A catalogue record for this book is available
from the National Library of New Zealand.

ARTS COUNCIL OF NEW ZEALAND  TOI AOTEAROA

# Tales of Niue Nukututaha

*in Niuean and English*

Zora Feilo

with illustrations by
Lange Taufelila

little island press

*Dedicated to the most inspirational
people in my life:*

For Dad – Leotau Vitamini Osikai Feilo

*and*

Mum –  Elasa Manatagaloa Tukuniu Feilo

# Contents

## Fisi mo Pua mo Katuali ko e Gata Tahi

Ko e vahā leva kua he mole atu he motu ko Niue, ne nonofo ai e mahaga fifine ko Fisi mo Pua. Ne ōmai a laua he maaga ko Avatele, mo e ne fanau a laua i lalo he tau fetū, ke he ha laua a matua fifine Niue mo e haana a taane palagi Igilani. Ko Fisi mo Pua ni e fanau he fakafetuiaga nei, mo e ne tutupu hake fiafia a laua he mataafaga Avatele. Na makaka lahi a laua he feua kakau, pulotu ke he tau tufuga lalaga, ti talahaua lahi i Avatele.

Ko e tau aho oti, ne fa ō a laua kakau he moana Pasifika lanu mahino, mo e fuluola. Ti iloa lahi e laua e mataafaga, tau patuō mo e tau maka, tau matavai koukou mitaki. Ti iloa foki e matakavi ke nakai ō ki ai neke fakaofo e Atua he Tahi. Ka ko e aga ia he tau fanau fifine, nakai popole tuahā a laua ke he ha mena he lalolagi, ko e fiafia ni he taha aho. Ko Fisi mo Pua, ne iloa e laua e taha gata tahi ko Katuali. Ne fa tafepoi hifo a laua ki tahi mo e tauhea atu kia ia.

"Katuali, Katuali, hau ke fefeua mo maua!"

Ne kakau hake fakamafiti a Katuali ke he fuga tahi. Ko hai kia ke fakaheu e fulufuluola he tau mahaga he mataafaga Avatele. Ne kua tutupu hake a laua mo tau tamaafine fulufuluola, tokoluga mo e tau.

Tino kili momole lanu aulo , tau lau ulu uli loloa mo e tau mata palagi lanu laukou. Kua matemate a

## Fisi and Pua and Katuali the Sea Snake

Long ago on the island of Niue Nukututaha there lived twin girls named Fisi and Pua. They had been born under the stars at night to their Niue mama and her English husband, and were the only children of this union. They lived in the village of Avatele and grew up happily on Avatele Beach. They were skilled swimmers and masters at weaving, and were well known in the village. Like all young girls they had no cares in the world and enjoyed each day as it came.

Every day Fisi and Pua would go swimming in the clear, beautiful blue Pacific Ocean. They knew the beach well – every rock and stone, and all the best swimming spots. They knew especially where not to venture for fear of disturbing the sea god. Fisi and Pua came to know one particular sea snake, Katuali, very well. Every day, as soon as they had free time, they would run down to the sea and call out to him, "Katuali, Katuali, come and play with us!"

Katuali the sea snake would swim to the surface instantly. Who could resist the beauty of the twins of Avatele Beach? They were growing into beautiful young maidens – tall with smooth golden skin, long brown hair and palagi green eyes. Katuali was mesmerised by his friends, who would splash and play with him in the sea.

1

Katuali ke he haana tau kapitiga. Nakai tuahā a Fisi mo Pua ke he malolō he ha laua a fuluola mo e mafiti tumau ha Katuali ke hau ka ui a laua kia ia. Ne fa fakapihi mo e fefeua a laua mo Katuali he tau aho oti, mo e fa tufi hifo ki tahi he tau magaaho atā ka nakai fai mena ke taute.

Ko e taha pale lā ne manamanatu a Katuali he leo a ia ke he tau mahaga, ha ne fae tafepoi fiafia mo e fakapihi he tahi. Kua mau haana manatu ke fakakite haana fakalofa mateloto kia Fisi. Ko e mogo ne hohoko a laua ki tahi ne ono atu a ia ke he tau mata lanu laukou ha Fisi.

"Ko taua ōmai he tau lalolagi kehekehe ma Fisi, kae fakalofa mateloto au kia koe mai he haku ate mo e uho loto. Kua talia mai he Atua Tahi haku manako ke faliu tagata au ka tō e lā. Kae ka hake mai e lā to liu au ke faliu ke he katuali. Fia loto au ke feleveia mo koe a pō ke maeke ia koe ke kitia au ka tagata, mo e kitia ko e maeke nakai ia koe ke mate kia au".

Ne ofogia lahi a Fisi mo Pua ke he talahauaga ha Katuali ka e fia manako a Fisi ke kitia a Katuali ka tagata. Ti talia e laua ke liliu hifo he pō , to liti tolu e tau maka ki tahi ki lalo he faahi feutu he mataafaga.

Ko e milino he pō, ne fakamatomo e tau mahaga mai he ha laua a kaina ke he pouliuli he po. Ne tafepoi hifo a laua ke he mataafaga mo e lalaka hifo ke he matahoe ne tata ke he uluulu mo e liti tolu e tau maka ki tahi. Ne faliu a Katuali he tō e laa mo e ha ne fakatali fakahautoka a ia kia Fisi. Ko e mogo ne hake mai ai a ia he moana, ne ofogia a Fisi mo Pua. Ne tu i mua ia laua e fuata homo atu tokoluga a Niue.

Ne kikila haana a tau lau ulu he maama he mahina, ko e maama he tau fetū kolikoli he haana tau mata. Fakamua ne matakutaku a Fisi ti huhū a ia"Ko Katuali ka koe?" Ne tali atu a ia,

"Ko au ko Katuali mai Avatele, ko koe ko e haku Fisi humelie."

But Fisi and Pua were not aware of the pull of their own beauty. One particular afternoon, Katuali decided to wait for the twins as they excitedly ran down to the beach. He had made up his mind to declare his love for Fisi. As they reached the ocean he looked into her green eyes and said, "We are from different worlds, Fisi, but I love you with all my heart and soul. I have been granted a wish from the sea god that I may become a man at the setting of the sun; however, as the sun rises, I will turn back into a sea snake. I wish to meet you tonight so you can see me as a man and decide if you are able to love me back."

Fisi and Pua were amazed and shocked at Katuali's confession, but Fisi was also curious to see Katuali as a man. So they both agreed to come back that night and signal Katuali by throwing three stones into the ocean from the beach, just under the cliff.

In the still of the night, the twins slipped away from their home into the darkness. They ran down to the beach and walked around the edge closest to the cliff, where they threw three stones into the ocean.

Katuali had transformed at sunset and was waiting patiently for Fisi. As he came out of the ocean, Fisi and Pua were amazed. Standing in front of them was a most handsome, tall young Niue man.

His hair glistened in the moonlight and the light of the stars danced in his eyes.

Fisi was afraid at first. "Are you Katuali?" she asked.

He replied, "I am Katuali from Avatele and you are my sweet Fisi."

Fisi was overwhelmed, for she now knew that she, too, loved Katuali. The starlight danced in both their eyes now, and Katuali was mesmerised.

"Come, we must be together tonight, for the sun will come sooner than we think and our time together will be gone."Fisi begged Pua to let her go and not to tell their parents. She said she would be back before

Hufia lahi a Fisi ha kua iloa e ia kua loto lahi a ia kia Katuali. Ko e maama he mahina, kolikoli he ha laua a tau mata mo e mahohofi a Katuali.

"Hau to fakalataha a taua he po nei na to hoko mai vave e maama nakai tuga he manatu e taua, mo e ha taua a magaaho fakalataha to mole kehe".

Ole a Fisi kia Pua ke toka a ia ke fano mo e ua talaage ke he ha laua a tau mamatua. Ka to liu mai a ia to hoko mai e maama he aho. Fakatoka e Pua haana a mahaga ke fano mo e fakamau e maveheaga ke ua talaage ke he ha laua a tau mamatua. Ti fakatuhana atu a Fisi mo Katuali ke he po.

Ne mahekeheke tote a Pua ke he haana la mahaga, kae fiafia foki a ia ke he haana fakalatahaaga mo e haana fuata ko Katuali. Ti liu a Pua mohe i kaina. Ne mohe miti a ia ke he moana mo e kitia e ia a Katuali. Ne nakai hea a Katuali kia Fisi, ko e hea ni a ia kia Pua ke lagomatai a ia. Ne ofo a Pua mo e matakutaku he nakai maama e ia haana a miti. Ne mavatavata mai e aho ti hifo tuai a Pua ki Avatele mo e kitia a Katuali ha ne kakau ki moana mo Fisi ha ne fae tagi kia ia.

Na kua leva leva e tau fakalatahaaga fufū, ko Katuali ko e gata tahi he aho kae tagata fuata homo he pō. Fia loto lahi a Fisi ke he haana Katuali ko ia nakai mai he lalolagi nai. Ne tagi a ia ke he haana a mahaga ko Pua – fefē ke tamai haana faimoka tukulagi ke he lalolagi nei? Ke lakahui he kelekele ha Avatele ke he aho mo e pō. Po ke foaki haana a moui ke fakafaliu gata tahi ka ole age ke he Atua he Tahi?

Ne tali fakaave atu a Pua "Nakai". Kae finagalo foki e a e mamahi he haana a mahaga ti manamanatu a ia, ko e heigoa haana ka taute ke lagomatai a ia ke fakalataha mo Katuali.

Ne huhū age a Pua kia Katuali ke oleage e ia ke he Atua he Tahi, ko e heigoa ka taute e lautolu ke lakahui a Katuali he kelekele ha Avatele he haana tau aho ne toe he moui. Ne tali atu e Atua he Tahi,

the light of day. Pua let her sister go and promised not to tell their parents. Fisi and Katuali stole away into the night.

Pua could not help feeling a bit envious of her sister, but she was also happy that she was with her handsome Katuali. She went home. That night she dreamt of the ocean. In her dream, she saw Katuali, but instead of calling to Fisi, he was calling to Pua for help. She awoke with a fright, as she did not understand the dream. Daylight was just breaking, and Pua went down early to Avatele Beach. She saw Katuali swimming back into the ocean and Fisi crying for him.

Their secret meetings went on for a time, and Katuali was still a sea snake by day and a young man by night. Fisi loved her Katuali, but he was not of this world. She cried to her sister Pua – what could she do to be with her sweetheart night and day? Should she sacrifice her life to become a sea snake by asking the sea god? Pua instantly said "No". But still, she could feel her sister's pain and she wondered how to help her be with Katuali.

Pua asked Katuali to ask his sea god what it would take for him to walk the land of Avatele for the rest of his days. The sea god responded, "For you to walk permanently on the land of Avatele, you must bring me the beautiful twin of Fisi – her sister Pua – so that she will be able to live with me forevermore. Bring her to the ocean at midnight on the next full moon."

Katuali was devastated. He could not ask this of Pua, but he still loved his Fisi. Katuali told the twins about the sea god's request.

Pua thought back to her dream in which she had seen Katuali crying out to her for help. This explains it, she thought to herself.

Pua still felt for her sister, so she decided on a plan to deceive the sea god. Together they would make a life-sized model in her image and put it out for the sea

"Ke maeke a koe ke lakahui tumau ke he kelekele ha Avatele, kia tamai e koe kia au e la mahaga fulufuluola ha Fisi. Ko e lafu mahaga ko Pua ke nofo mo au tukulagi. Tamai a ia ke he moana he tuloto pō ka liu e mahina ke kaututu."

Ne fakaatukehe lahi a Katuali. Ai maeke ia ia ke ole e mena e kia Pua, kae fia loto agaia ni a ia kia Fisi. Talaage e Katuali e oleaga he Atua he Tahi ke he tau mahaga. Ne manatu fakaave a Pua ke he haana a miti – hanai e fakamaamaaga he manamanatu e ia. He po ia ne kitia e ia a Katuali ne tagi ole lagomatai he haana a miti.

Ne momoko agaia a Pua ke he haana a mahaga ti manamanatu a ia ke taute e lagatau fakavai ke he Atua he Tahi. To taute e lautolu taha tagata fakavai ke tuga a Pua mo e tuku atu a ia ke he Atua he Tahi mo e amanaki to talitonu a ia ko Pua, ti age haana a fakamonuina kia Katuali. Ne amanaki foki a lautolu ke pouli ke ua kitia mitaki he Atua he Tahi e tagata fakataitai. Ti talia e Katuali ke talaage kia Atua he Tahi, to leo a Pua kia ia ka liu e mahina ke kaututu.

Kua fiafia lahi a Atua he Tahi ke he manatuaga ko e moua fai e ia e tamaafine fuluola ko Pua ma haana a ola. Ne kitekite tumau a ia kia Pua ka kakau he moana mo e haana fuluola he tau aho oti. Ne nakai tuahā a Pua kua fai ha ne fae kitekite mai kia kia , kae iloa e Katuali mo e tokamata e ia e tau mahaga tokoua. Ko e tau aho fakapihi ha laua he moana ha ne fae mole, pihia foki mo e ha Katuali.

Ko e pō he mahina kaututu kua hoko mai vave. Ko e tagata fakatai kia Pua kua tuku e Katuali mo e tau mahaga he lalo uluulu I Avatele he tuloto pō. Ne kitia he Atua he Tahi e tagata fakatai, ne tua ni a ia ko Pua ti foaki haana fakamonuina kia Katuali ke moui he fonua mo e tahi i Avatele. Ke kamata he aho na kia anoiha , to nakai liu a Katuali ke faliu a mo gata tahi ka aho ka e to taane mitaki a ia kia Fisi.

god, in the hope that he would believe it was Pua and give Katuali his blessing. They also hoped that it would be dark enough so he would not realise that the figure was false.

Katuali told the sea god that Pua would be waiting for him on the next full moon.

The sea god was very happy at the thought of having the beautiful Pua as his prize. Meanwhile he watched Pua swimming in the ocean, as she grew more beautiful with every passing day.

Pua was unaware she was being watched, but Katuali knew, and he kept an eye on both the twins. It seemed as though their innocent days of splashing in the ocean were all but over, especially for Katuali.

The night of the full moon soon arrived. Katuali and the twins placed the model of Pua under the cliff at Avatele at midnight. The sea god thought he saw Pua, and he gave Katuali the blessing of life on the land of Avatele. From that day forth, Katuali would not change back into a sea snake at daybreak, and he would be a good husband to his Fisi. So it was done.

However, when the sea god realised that it was not Pua standing in the darkness but a false figure in her image, he became very angry with Katuali, Fisi and Pua. His wrath was huge as he could not take back the blessing of Katuali becoming a man forever,

Ko e mogo ne kitia he Atua he Tahi ko e nakai ko Pua ne tū he pouli ka ko e tagata fakatai, ne ita vale lahi a ia kia Katuali mo e tau mahaga. Ko e ita vale haana kua lahi mahaki ha kua nakai maeke ia ia ke liuaki haana fakamonuina kia Katuali ke tagata mooli, iloa e ia, kua nakai haana a Pua. Ti fakafano e ia e afā lahi ke he maaga Avatele.

"Ha ko e fakavai e mutolu au ma Katuali, ko ko e mo e ho tau atuhau to matamatekelea tukulagi, ko e motu ko Niue Nukututaha ka logona haku vale lahi. To fakafono atu e au e tau afā saekolone mo e tau afā mahaki toili mai he aho nei,ko e tau matagi mo e tagi ka uulo haku tau mamahi, ko e moana ke mafuke haku vale. Ko e aho nai ko e aho ka mamahi a koe tukulagi ha ko e fakavai ne fakakite mai e koe kia au! "

Ko e vale ha Atua Tahi ne haofia e maaga katoa, mo e huo hake e tau akau mo e tau kai he tau maala. Ko e kamataaga a nei he tau saekolone ke lauia a Niue. Ko e mamahi ha Atua he Tahi, kua kitia tonu he vahā nei, ha ko e tau saekolone fae moumou agaia e motu, ha ko e ita vale he Atua Tahi kia Katuali mo e tau mahaga fulufuluola ha Avatele, ko Fisi mo Pua.

and he realised that Pua would never be his. He said, "Because you all have deceived me, Katuali, you and your descendants will suffer forevermore. The island of Nukututaha will feel my wrath. I will send cyclones and hurricanes from this day forth; the winds will howl with my pain and the ocean will hurl with my anger. You will suffer forevermore because of the deceit you have shown me!"

His rage swept through the village, uplifting trees and crops from the plantations. This was the first cyclone ever to hit Nukututaha.

The sea god's pain is evident to this very day. Cyclones still damage the island because of the anger of the sea god towards Katuali and the beautiful twins of Avatele, Fisi and Pua.

## Afi Mo Mahina
## Ko E Tala Ke He Pō Mo E Aho

He kamataaga he vahā leva lahi kua e mole atu ke motu mamao lahi ko Nukututaha, ne hahā i ai e hoana mo e taane fuata ne higoa ko Afi mo Mahina. O mai a laua he maaga ko Hakupu ti nonofo fiafia mo e haohao. Nakai fai tama a laua, ka kua gahua a laua he fonua mo e leveki e ha laua a tau maala. To taha e fulufuluola he ha laua a tau gahua, pihia mo e tau fua he fonua, pihia foki mo e ha laua a fiafia he nonofo he ha laua a kaina. Ko Mahina ne fiafia lahi a ia ke tao pitako, mo e tunu he tau kai lolo he motu. Ko Afi, ko e fuata totonu mo e malolō. Ne faihoana a ia ke he afine fulufuluola ko Mahina, mai he maaga ko Avatele, mo e nonofo a laua i Hakupu he kaina ha Afi. Ko Afi, tupu mai a ia he magafaoa lahi mo e talahaua, ka ko e tau fanau fuataha a laua.

Ko e magaaho ne toka ai e Mahina haana a kaina i Avatele, ne momoko haana

tau mamatua, ka e iloa e laua, ko e mena to liu mai tumau a ia ki kaina ke feleveia mo laua. Ne poaki taotao a laua ki a Mahina ke manatu a laua, ua fakanimo. Nakai talaage e laua ki a Mahina, ko e mena moua e laua a ia, he tokaveli he oneone he matahala tahi i Avatele. Ko e pō ti ko ia ha ne fae mohe fakamitaki i loto he kato tapola. Nakai iloa e laua, ko e hau i fē e tama fifine mukemuke nai. Ne moua e laua he po ia ne maama ai

## Afi and Mahina
## The Story of Night and Day

In the beginning of time, far, far away in the land of Niue Nukututaha, there lived a fine, strong young man called Afi. He was from a large, well known family in the village of Hakupu. He came to know of the beautiful Mahina from the village of Avatele, and he took her for his wife and brought her to his home.

Mahina was an only child like Afi. When she left Avatele, her parents were sad, but they knew that she would always come back to visit them, as they had taught her never to forget them. However, what they didn't tell Mahina was that they had found her long ago as a baby, abandoned on the beach in Avatele. It had been night, and she was sleeping peacefully in a basket made of coconut leaves under the dark starry sky. They had no idea where the baby girl had come from, but they named her Mahina and took her as their own. Mahina had grown up not knowing her background.

At first Afi and Mahina lived together happy and free, and they kept their home wholesome. They tended their plantations well and worked in their gardens, so that they looked beautiful all the time. Mahina loved to bake pitako, and made some of the best dishes in the land.

But before too long, Mahina started to wish for a child: she was still without a baby. She began to worry,

e tau fetū. Ne fakahigoa e laua a ia ko Mahina. Ne lahi hake a Mahina mo e nakai iloa e ia haana tupumaiaga, ke hoko atu foki ke he magaaho ne feleveia ai a ia mo e haana fakanimoloto ko Afi.

Nakai leva mai he magaaho ia, ti manako tama ai a Mahina. Ne kamata a ia ke tupetupe, mo e fakaleo age e ia haana manako kia Afi. Ne manamanatu foki a ia, ko e ha la ne nakai fai tama ai a ia, ka kua fai magaaho a laua he nonofo tokoua. Ne maanu e loto a Mahina, ha ko e tau magaaho ha ne mole, ka e nakai fai tama. Ne tupetupe a Afi ti finatu ke he tau mamatua, ke kumi lagomatai. Ko e magaaho ne oatu ai a laua ke fakafeleveia atu ke he ha laua a tama, ne fiafia a Mahina he ahiahi atu ai a laua, ka ko e magaaho ne liliu atu ai a laua ki kaina, kua liu ni a Mahina momoko foki.

Ko e magaaho ia foki ni ne mailoga ai e Afi, kua hiki e hagahaga matagi. Ne kua to lahi e pala ti kitia agataha e Afi e to lahi he uha. Ne uha mo e uha e tau aho oti he faahi tapu katoa. Ne mao ni fakakū ke he taha e aho ti liu ni uha foki. Ne holo ki mua e momoko mo e fakaatukehe ha Mahina ha kua nakai fai aho afua. Ne mukamuka ki a ia ke nofo mo e hu he haana poko mohe, ka e nakai taute haana a tau fekau fa mahani. Ne uka foki ki a Afi ke maama e mena nai kua tupu. Ati

and she spoke to Afi about it. She wondered why she was not yet with child, even though they had been together for a while. When more time passed and there was still no child, Mahina grew sad.

Afi was worried about her. He went to her parents to see what they could do to help her. When her parents visited her for the day, she cheered up enough to be good company, but as soon as they left she was back to her old sad self.

It was during this time that Afi noticed a change in the weather: it had become abnormally wet. It rained and rained; days turned into weeks on end, when the rain would stop just for one day and then the downpour would continue. Mahina grew more and more downcast, along with the weather. She found it easier to hide away in her room than to do her usual tasks, and Afi found this very hard to deal with. He prayed to their god Tagaloa to stop the rains so that they could at last have some sunshine – but it went on raining.

Finally Afi got sick of looking for the sun. He went out into the backyard of his home and shouted to the sky, "Oh sun, where are you? Why do you hide like this while the rain falls so hard? We need you to come out

10

tuku liogi atu ai a ia ke he ha laua a atua ko Tagaloa, ke taofi e uha, mo e foaki mai taha aho afua. Ka e tumau ni e to he uha. Ne fiu foki a Afi he kiakia atu ko e magaaho fe ka kikila ai e laa, ati hu mai a ia ki fafo mo e fakatūtū atu ke he lagi,

"Oi! ko fē kia a koe ma Laa? Ko e hā ne fakamumuli ai a koe kae to e uha lahi. Manako a mautolu ke hau a koe ki fafo, ke maeke ia mautolu ke fiafia ke he tau mata laa haau mo e fakamafana mai a mautolu. Kua pala tumau a mautolu he uha. Manako lagomatai a mautolu mai i a koe ma laa. Tau fakamolemole molea e afe!"

Ne onoono hifo a Tagaloa mai he lagi, mo e mamali a ia he logona e leo ha Afi he liogi mo e tauhea. Ko Tagaloa ko e pulotu mo e lotomatala, ti iloa mo e maama i a ia e mena ne tupu, ti nofo a ia mo e onoono hifo kia Afi hane fakagogoa, fano to maama la ia e tau mena kua tupu. Loga foki e tau mena kua lata ke iloa e Afi, ke he lilifu mo e malolo ha Tagaloa. Ne nakai iloa e Afi, ko e hoana haana ko e mahina a ia, to nakai maeke ai i a ia ke faitama. Ko ia foki ne momoko, ati to ai e uha, ti ko ia ni ne ha ha i ai e malolō ke taofi e uha.

Nakai mailoga e Mahina ko e mohe tuai a ia he magaaho afiafi. Ne kehe foki e mena ia he manatu e Afi, ka e iloa e ia ko e lolelole haana a hoana ha ko e mena uhu ala he magaaho pogipogi ke fakameā he kaina, ti nakai fakalavelave atu a ia. Nakai iloa e laua ko e magaaho ka mohe ai a Mahina, kua fano kehe haana a agaaga mai i a ia, mo e fakamaama e ia e lagi ka pō. Ko e haana gahua a ia ke leveki e tau tagata he pō. Nakai iloa foki e laua ko e to e uha ha kua momoko a Mahina he manako ke he tama ne nakai maeke i a ia ke moua.

Ko e magaaho ne fakailoa ai e Mahina haana mamahi ke he haana a tau mamatua, ne talaage ai e laua e tala tonu ki a Mahina. Ko e mena moua e laua a Mahina he tapa tahi, he vahā ne mukemuke ai, ti nakai

from hiding so that we can enjoy your cheerful rays again. Instead we are wet all the time. Sun, we need your help, please, a thousand times over!"

When he heard Afi's prayers and pleading, Tagaloa looked down from the heavens and smiled. He was wise and knew very well what was happening; he could only sit back and watch Afi in his confusion until he learnt what was going on around him. There were many things that Afi did not yet know about the greatness of Tagaloa. One of these was that his wife Mahina was the moon, and she would never be able to have children. It was she who was causing the rain, through her sadness, and only she had the power to make it stop.

Mahina had always gone to sleep as soon as dusk fell in the early evening. When they were first married Afi had thought this strange, but since his wife had worked so very hard, rising early in the morning and keeping a warm and tidy home, he had never complained. What neither of them knew was that when Mahina slept, her moon spirit left her physical body and lit up the night sky. This was her job: looking after people at night. When Mahina told her parents once again of her pain at being childless, they finally revealed the truth– that

11

iloa foki e laua haana a tupumaiaga mooli. Ne momoko lahi e loto ha Mahina mo e fakaligoa ai a ia.

Ne liu onooono hifo a Tagaloa mai he lagi, kia Afi mo Mahina hane fae lali ke fakafaikakano he mena ne tupu, Mahina mo e haana fakamakamaka he lali ke iloa e haana a tupumaiaga, ti fano a Mahina ki fafo mo e tukutuku hifo he liogi ki a Tagaloa.

"Ma Tagaloa lahi ue atu nae, fakamolemole ti talamai la ke iloa e au a to hoko mai e afiafi, ko hai au, ha kua lolelole au mo e nakai fahia. Kua mamahi haaku a ate ha kua nakai maama ia au ko e ha ne nakai maeke ia au ke fai tama ma haaku. Ka e kaeke kua nakai finagalo ke pihia, ati talamai a ke iloa e au, ko hai au, ke maeke ia au ke nofo milino mo e mafola, ha kua iloa foki tala kua tonu."

Ne onoono hifo a Tagaloa ki a Mahina, hane fae liogi he uha kua ha ne to pi hololoa. Kua pala huhua ka e nakai lutu a ia. Ati manatu ai a Tagaloa ke tali ha laua a liogi. Ne ui atu a ia ki a Mahina ke tamai haana a taane ke he tapa haana. Ati onoono hake a laua ke he lagi, ti logona e leo lahi ha Tagaloa ne vagahau mai kia laua.

"Haku tama fakahele na e ko Mahina, kua mamahi lahi a koe. Nakai iloa e koe, ko e tau tau ne mole ki tua,

they had found her as a baby beside the sea, and they did not know her true origins. This upset Mahina and made her even more confused.

Again Tagaloa watched from the heavens as Afi and Mahina tried to make sense of everything. Mahina earnestly tried to discover her true identity. She went outside and prayed directly to Tagaloa above.

"Oh, great Tagaloa, please tell me who I am before the dusk comes, for I am tired and weary. My heart aches for what I do not understand. Why can I not have a child of my own? Tell me who I am, I beg you, so I can live freely and know the truth."

Tagaloa looked down at Mahina as she prayed outside in the rain that continued to fall heavily. She was getting drenched, but she did not move. Tagaloa decided to answer both her and Afi. He instructed Mahina to fetch her husband by her side. As they looked up to the heavens, they heard Tagaloa's great voice speaking to them.

"Mahina, my child, you are in great pain. You do not know that years ago you were born of one my own children, Tagaloa-tose, who looks after the land. I told her to leave you on the beach at Avatele, for your life would have a purpose for the people. You were found

ne fanau he taha tama haaku ko Tagaloa–tose a koe. Ko ia ko e leveki he fonua. Ne poaki au ki a ia ke toka a koe he mataafaga i Avatele, ha ko e mena fai kakano haau a moui ke lata ma e tau tagata. Ne moua he tau tagata totonu loto fakalofa a koe mo e leveki fakamitaki e laua a koe. Ne faitaane a koe ke he tagata loto fakalofa ne leveki fakamitaki foki a koe, ka e momoko agaia haau a loto. Hanai, ke tala atu e au ki a koe, ko e pulapulaola haaku a koe ma Mahina, ka ko koe ko e mahina a koe ke he pō, ko e mena ia ne fae mohe tuai ai a koe he afiafi. Nakai iloa e mua e mena nei, ti ko e kakano foki haia ne nakai maeke ai i a koe ke fai tama."

Ne fakaatukehe lahi ai a Mahina ka kua kamata a ia ke maama mitaki e tau mena tutupu. Ne toka e Tagaloa a laua he oti ha lautolu a fakatutalaaga he afiafi, mo e kua pala huhua a laua he uha ne to. Ne mole atu e tau aho ia, ti hau fakahaga e mitaki mo e maama e Mahina e tala ha Tagaloa. Ko ia ko e tama mahuiga, nakai mai he lalolagi a ia, ke tuga e haana a taane ti maeke agataha a ia ke fakahautoka ke he haana manamanatuaga. Ne fai faahi tapu he mole , ti mao ai e uha, ha kua malagaki kehe e aolū pouli mai i a Mahina, ti maeke a ia ke talia a ia. Mailoga mitaki e Tagaloa. A ti tu mai ai e tagaloa

and cared for by good loving folk who are your earth parents and gave you a good life. You married a man who looked after you too, but still your heart aches for who you are. Well, I am here to tell you that you are my grandchild, Mahina, and your job is to be the moon at night. That is why you go to sleep so early, and why you will never bear a child."

Mahina was devastated.

Tagaloa left the couple alone after their talk that early afternoon. The rain still fell and the land continued to be drenched.

Things slowly got better as the days passed, and Mahina began to understand what Tagaloa had told her. She was special; she was not of the earth as her husband was. She had some control over what she was feeling.

Over the next few weeks, the rains eased as the dark cloud over Mahina lifted and she grew to accept herself and who she was. Tagaloa saw this, and finally a rainbow shone in the sky to show Afi and Mahina that all would be well.

Afi, meanwhile, was coming to terms with the fact that he too would never have a family. He loved Mahina

mo e kikila he lagi, ke fakakite atu kia Afi mo Mahina, e tau mitaki ka hohoko atu ki a laua.

Ne mailoga foki e Afi, kua nakai tuai maeke a ia ke fai tama. Ko ia foki ko e mena tokotaha ni ti hofihofi haana a fakalofa ki a Mahina mo e manako a ia ke moua tokoua e laua e tau momoui fulufuluola, ha ko e hoana haana ko e tama tupu mai ia Tagaloa.

Ne liliu ha laua a tau momoui tu he tuaga mahani mau. Kua liu fakagahua e puhala mahani ti kua liu e kaina ha laua ke he kaina mafanatia. Ne nonofo fakafeheleaki, ko e taane mo e hoana, nonofo mo e fiafia he tau aho oti, to maala, gahua he katene mo e fakatumau e fiafia ke he ha laua kaina.

Ka e pete ia, fai tau he mole ki tua, ti kamata ai a Afi ke hauhauā mo e manako magafaoa a ia ma haana ni ha kua kitia e ia hana a tau kapitiga he malē, hane fae fefeua mo e ha lautolu a tau fanau. Ne lali a Afi ke fūfū e manako nei haana mai ia Mahina, ka e iloa e Mahina e haana a taane, mo e fioia e ia e agaaga tupetupe ha Afi. Ko ia ko e mahina, ti maeke ia ia ke mailoga e tau fakatutuku.

Ka e pete ia, kua tumau agaia ni e hofihofi he fakalofa ha Afi ki a Mahina.

Ne manatu a Mahina ke fakatoka a Afi ke fano, ke moua taha tama ma hana, ke fakatō aki haana a manako fia fai tama. Ka e nofo hagahagakelea a Afi, na iloa mahino e Mahina a ia, ti nakai manako a ia ke toka a Mahina.

Ne hoko mai ai taha magaaho, ko Afi ne liogi kia Tagaloa ke lagomatai mai. Ko e pō ia ne fano kehe ai e agaaga ha Mahina mai he tino hana, ne liogi a Afi kia Tagaloa.

"Ma Tagaloa, mua ue atu na e, liogi atu au ke kumi lagomatai kia koe. Hofihofi haaku a fakalofa ke he haaku a fakahelehele ko Mahina, ka e taha foki e mena ko e manako lahi au ke fai magafaoa a au. Maeke nakai ia koe ke foaki mai taha magafaoa ma haaku. Kaeke

very much, and so he decided to make the best of life with his wife, knowing she was a child of Tagaloa.

Once things got back to normal, they went back to doing their daily routines, and again their household became a home of warmth. They did everything together as husband and wife and enjoyed all their days planting, gardening and keeping a happy home.

However, time went by and a few years later, Afi became restless and started to yearn for a family of his own again, for he saw his friends on the village green playing with their children. Afi tried to keep this from Mahina, but she had grown to know her husband well and could feel his uneasy spirit. She was, of course, the moon and could sense emotions more than others.

One day, Mahina told Afi that she had decided to let him go and find himself a family in order to have children of his own and appease his spirit. Afi was still devoted to Mahina and loved her dearly. He felt extremely guilty because Mahina knew him so well and he didn't want to leave her. That night, when Mahina's spirit left her peacefully resting body, Afi prayed to Tagaloa once more:

ke pihia, to fiafia lahi au. Ka e ke he haaku a fakahele ko Mahina, to nakai fiafia au, ka galo kehe a ia mo au. Ka e manatu e au, nakai maeke a ia ke fai tama. Fakamolemole la ma Tagaloa, kua liogi atu au, kia koe lagomatai mai mo e hataki mai mo e fakakite mai e maama ke fakakikilaaki e tau aho pouli, ti talahau foki haaku a finagalo moui.

Ne logona e Tagaloa e tau liogi ha Afi ti tali e ia he mole e fakamanou levaleva. Ne manamanatu a Tagaloa ke nakai talaage kia Afi e tala mooli ke he haana moui ka kua fioia e ia ko e magaaho tonu ha nei ke talaage ai ki a ia.

"Afi, iloa e koe, ne nakai maeke ia au ke atu taha tama, po ke magafaoa ma mua mo Mahina, kua iloa tuai e koe e mena ia. Fai kakano ne hau ai foki a koe ki hi nai. Kitia nakai e koe, ko e magaaho ka ala ai a koe he aho, kua kikila tokoluga e laa he lagi?"

Ne onoono fakagogoa a Afi he lali ke maama he tala ha Tagaloa. Ne tu fakanono ni a ia ha kua nakai manako ke fakaehiehi e atua lahi ue atu ko Tagaloa.

"Manatu nakai e koe e aho ia ne tagi ai a koe mo e kumi e laa ke he tau kalakala oti ha kua to tumau e uha ha Mahina. Ne nakai moua e koe ha ko e tau mamahi ha Mahina. Manatu nakai e koe ma Afi?" Ka e mata fakagogoa agaia ni a Afi he onoono atu ke he lagi mo e manamanatu.

"Ka e iloa nakai e koe, ko e tama tokotaha foki ni a koe ma Afi, tuga a

Mahina? Nakai la talaatu ia e au e mena nai kia koe, ha kua tama tote agaia a koe, ka ko e magaaho nei, kua lata tonu tuai.

Teitei veli a Afi he fano halatua mo e haana manamanatu tupetupe. Teitei ni a ia ke nakai fia iloa e tala ha Tagaloa ne amaamaki ke talaage ki a ia, ha ko e haana a loto tupetupe ti kamata a ia ke tutututu. Ne onoono fakamatafeiga atu a Tagaloa ki a Afi, mo e talaage kia ia,

"Oh great Tagaloa, I pray for your help. I love my darling Mahina, but I also find that I am yearning for a family of my own. Are you able to give me this? A family would make me extremely happy, but not without my sweet Mahina. I know that she cannot have children. Please Tagaloa help me as I pray for your guidance in showing me the light that will brighten my darker days and tell me what my fate will be." Tagaloa heard Afi's prayers. He had been contemplating whether or not to tell Afi the story of his life and he realised that this was the right time to tell him.

After a long pause, he answered.

"Afi, I cannot give you a family with Mahina; that is something you already know for certain now. You are here for other purposes. Have you ever noticed that while you are awake during the day, the sun rises high in the sky?"

Afi was confused, trying to see Tagaloa's point. But, not wanting to disrespect the great god, he stood silently.

"Do you remember that day when you cried, looking for the sun everywhere when Mahina's rain kept falling? You couldn't find it because of Mahina

16

"Afi, ko e haau a kotofaaga fakatinotagata ke leveki e tau tagata he motu. Ko koe ko e tama he atua fifine he afi mai he mouga afi i Samoa. Ne puhi hake mo e mamao haau a huhua vela ti hoko mai ke he motu nei ko Nukututaha. Ti leveki mai e au a koe mai he mukemuke, ti iloa e au e malolō maama, ha kua tamai e koe e afi mai he haau a motu. Ne toka e au a koe mo e taha magafaoa i Hakupu, ne leveki a koe, tuga ni e magafaoa i Avatele ne leveki a Mahina. Afi, ko koe ko e Laa, ko e mena haia ne nakai maeke ai a koe ke fai magafaoa. Ko e haau a kotofaaga ke tamai e maama ki Nukututaha. Ne tamai e koe e maama ke he motu nai he vahā ne pouligia ai. Kia nonofo tokoua a mua mo Mahina ke leveki a Nukututaha, mo e mui e taha ke he taha. Fakatau omai ni a mua he taha e magaaho, ke lata mo e tau kotofaaga ne fakatokatoka tuai e au ma mua, ha ko e mena ko e pouligia ni he kamataaga.

Ne toka ai e Tagaloa a Afi, ke fili manatu ai, he uha ne kamata ke to, kae

kikila agaia a ia ko e Laa. Ne fiafia lahi e loto ha Afi ha kua iloa ko e mena tupu mai a ia mo e haana hoana fulufuluola he tau atua.

Ne totoka hifo foki haana manako ke fai tama, ha kua onoono a ia ke he tau tagata he motu mo e iloa e

and her pain. Do you remember, Afi?" Afi still looked puzzled as he looked up to the sky in bewilderment.

"Has it ever occurred to you that you are an only child, Afi, just like Mahina? I have not told you this before because you were too young. But your time to know is now."

Afi just about tripped up walking backwards in his confusion. He almost didn't want to know what it was that Tagaloa was going to tell him; in his perplexed state, he was starting to become nervous. Tagaloa watch Afi apprehensively. Then he finally said it all:

"Afi, your purpose here with your earthly body is also to look after the people of the land. You brought light to this island of Nukututaha when there was only darkness. You are the child of the fire goddess from a volcano in Samoa. Your molten lava spat out far and reached this land. I found you as a baby and left you with a family in Hakupu who took you in, just as Mahina was taken in at Avatele. Afi you are the sun; that is why you will never have a family. Your purpose is to bring light to Nukututaha. You belong with Mahina; you need to follow one another and take care of Nukututaha together. You came to this land at the same time to do the jobs that I set out for you both."Afi

ia ko e ha laua mo Mahina a lautolu oti. Ne tu mai e Tagaloa fulufuluola he lagi he magaako ne moua e Afi a Mahina he ala hake a ia he mohe he mogo pogipogi he aho hake ti talaage e ia e tala haana kia ia.

Ne feonoaki a laua, ofoofogia mo e fiafia, ti fekī foki ha ko e na mailoga e laua na gahua mitaki a laua tokoua mo e to fakalataha ni a laua tukumailagi. Ko e tau fanau ha laua ke he tau fanau oti i Nukututaha, tuga ni he fakamaama age e Tagaloa ki a laua. Ko e ha laua a tau agaaga foki ne tumau agaia he motu ko Nukututaha, mai he aho ke he po, mo e po ke he aho.

was stunned. Tagaloa left him once again to process his thoughts. The rain started to fall lightly, while at the same time the sun shone. Afi's spirit became overjoyed, for he understood that he and his beautiful wife both came from gods, and everything made sense. His longing for children vanished and he saw all the people of the land as belonging to Mahina and himself.

Afi went to Mahina when she woke up early the next day. As he told her his story, Tagaloa's rainbow came out beautifully in the sky.

They looked at each other in amazement and wonder, and they laughed, for they knew that they worked well together and would be together forevermore. Their children would always be the children of Nukututaha, as told to them by Tagaloa. The spirits of Afi and Mahina still exist on the land of Nukututaha today, and will do forever, as day follows night, and night follows day.

## Ko Avaiki Avaloa
## Mo E Tahi Fakataputapu

Ko Avaiki Avaloa ko e toa talahaua ha Nukututaha, ne nofo he maaga ko Tamakautoga. Ne malolō a ia he gahua he haana tau maala talo, ti makaka foki a ia he feua takafaga ika he haana vaka. Ne tupu hake a ia mo e haana tau mamatua tupuna, ha kua momole atu haana tau mamatua fanau, ha koe tau felakutaki ha Motu ko e faahi tokelau he motu mo Tafiti ko e faahi toga. Ne lahi mahaki e felatauaki ato hoko mai e mafola ha ko e omaiaga he tau Misionale he Atua Kerisiano ke he motu.

Ne kau fakalataha e tau mamatua ha Avaiki, mo e kau ne oatu ke kelipopo e tau tagata ha Motu ha Nukututaha, ka kua mamate ai a lautolu ha kua putoia he felakutaki tatao. Ne tolo atu oti a lautolu na ki tahi.

Ko Avaiki ko e tama fuataha ni a ia, mo e tote agaia he magaaho ne tupu e felakutaki nei, ti fakaaue a ia ha kua fai mamatua tupuna a ia ke leveki a ia, mo e foaki age e moui monuina. Ne moua e ia loga e tau fakaakoaga mitaki mai ia laua, ti lahi hake a ia ko e fuata mua he malolō. Makaka ke kakau, takafaga ika, ama uga, to talo, ti fakaako he haana a matua tupuna taane a ia ke tā e tau vaka mitaki, ti tuogo atu haana pulotu tā vaka ke he motu. Ne hoko atu haana tufuga mo e pulotu ke he feua tā fale; ti leveki mo e fakafoou tumau e ia e kaina he haana tau mamatua tupuna.

## Avaiki Avaloa
## and the Forbidden Sea

Avaiki Avaloa was a great warrior of Niue Nukututaha and was well known through the land. He lived in the village of Tamakautoga, where he had grown up with his grandparents. Avaiki was an only child and his parents had died in warfare when he was a little boy. They were ambushed and killed when Motu, the northern part of the island, had fought against Tafiti, the southern part. Their bodies were thrown out to sea with many others. There was much bloodshed and tears before peace arrived on the land through the missionaries of the Christian god.

Avaiki was thankful that he had his grandparents to give him a good life. He learnt a lot from them and grew up to be a very strong young man. He worked hard on the bushlands of his home and his plantation of taros was very productive. His grandfather taught him to make good strong vaka, and he could fish from his vaka very well. He could also swim and catch uga. Avaiki's skills extended to building houses and he would always maintain his grandparents' home.

When he was a teenager, his grandfather, who was part Samoan, tattooed Avaiki's arms in a Samoan style. The family tattoo represented his Samoan soul inside and his grandfather, who wanted Avaiki to remember

Ne hoko mai e magahala ne kua fuakau a laua, ti mamate ai haana a tau mamatua tupuna. Ne mate mua e haana matua tupunafifine, teitei taha e tau he mole, ti mate ai haana matua tupunatane. Ne fakaatukehe a Avaiki, ka e fakamalolō a ia ke matutaki e tau gahua mitaki he haana matua tupunataane ha ko ia ne lahi haana tomatoma ki a Avaiki. Ko e magaaho ne fuata tote ai a Avaiki, ne tā tatau faka Samoa he haana matua tupuna taane e tau alaga lima haana, ke fakamanatu kia Avaiki; ko ia tupu mai he ohi he tau toa malolō he tau mo e ha lautolu a tau agaaga loto toa. Ko e tau tatau ia foki ke fakakite aki e toto he haana agaaga faka Samoa ne fa fakamanatu tumau atu he tupunataane haana kia ia.

Ko e magaaho ne mole atu ai haana a matua tupunataane , ne tagi a Avaiki ke he loga e po mo e aho, a to logona hifo e ia ke he loto haana, kua lata tuai a ia ke onoono atu ke he lakaaga foou he haana moui nofo tokotaha. Ne omonuo a ia to matalahi a ia ke he haana tau mamatua tupuna. To fakaaoga fakamitaki foki e ia e tau fakaakoaga ha laua. Ti haia ko e fuata ha ne lalaka atu ai ke he lalolagi foou mo e moui, ti haga hake a ia ke he lagi likoliko, mo e tuku liogi atu kia Tagaloa, mo e ole, ke foaki kia ia e malolō, pulotu, maama, mo e moui monuina.

Ne mailoga ai e Tagaloa e malolō ha Avaiki, ha ko ia ni ko e toa lotomatala, mo e iloa e ia, to taute e Avaiki e tau mena fakaofoofogia he haana a vahā. Ko e magaaho ne momole atu haana tau mamatua, ne talahaua a Avaiki, ko e tagata malolō, he gahua a ia he fonua, mo e futi ika mai he moana hokulo lahi.

Na fa mailoga tumau foki e ia, ke nakai finatu ke he tahi fakataputapu, tuga ni ne tomatoma atu he haana matua tupunataane.

Ko e magahala ia foki he haana moui ne fakatupu e Avaiki e ulu haana ke loloa. Ti atagia fulufulufuluola ai he tau hokohoko laa he vahā mafana. Ko e tau lauulu lanu kakī payaki haana,ti momole mo e ata uli haana

that he had come from a long line of fighting toa with a strong warrior spirit.

When his grandparents were old in years, his grandmother died first, and then his grandfather almost a year later. Avaiki was devastated and cried for many days and nights until he realised that it was time to move on and readjust to his new life alone. Avaiki vowed to make his grandparents proud of him. He would make good use of all that he had learnt from them and carry on the works of his grandfather, who had been the biggest influence on him.

So, as a young man stepping into a new world of independence, he looked to the skies and prayed to Tagaloa, asking for strength, wisdom, understanding and a good life.

Tagaloa acknowledged the strength of Avaiki, for he was indeed a gifted warrior, and Tagaloa knew that he would do great things in his lifetime.

In the years that followed the death of his grandparents, Avaiki became known as a strong independent man as he continued to work the lands and fish from the deepest part of the ocean. At this time of his life, Avaiki grew his hair long. His hair was naturally brown, and in the summertime it became highlighted by the natural bleach of the sun's rays. Avaiki's skin was smooth and dark and his body was strong and muscular from all the hours of toiling under the sun in the taro plantations.

In the evening, after his hard work, he would cool off in the small swimming area at Tamakautoga. Or, if he felt energetic enough, he would run down to the beautiful Avatele beach in the next village for a swim before heading home.

Sometimes he would dream of his grandfather, who would look so handsome, young and vibrant that Avaiki truly believed that wherever he was, it must be a fine place. He took those dreams as a good sign that

kili. Fuafua maō mo e lekeleke mitaki e tino ha Avaiki ha ko e loga he tau magaaho ne gahua malolō ai a ia he laa ke he tau maala talo haana. Ne fa mahani a ia ka oti e gahua haana he maala, ke hifo ki tahi ke koukou he loloto i Tamakautoga. Ka malolō gahuahua atu foki ti poi a ia ke kakau he mataafaga fulufuluola Avatele he tuuta maaga ke fakahauhau he afiafi to liu atu ki kaina. Ko e falu a magaaho ne fa miti a ia ke he haana a matua tupunataane. Ne kitia e ia ko e fuata ti fulufuluola a ia gahuahua malolō foki ti manatu a Avaiki ko fe ni a tupuna taane i ai na liga ko e ko e nofoaga mitaki ke fiafia ai. Ko e tau miti ia, ko e fakamailoga mitaki, ko e haana matua tupunataane ha ne fae leveki mai kia ia, ti fiafia ai haana loto.

Ne hoko ke he magaaho palelaa malumalu he taha aho, ti manatu ai a Avaiki ke finatu ke takafaga ika. Ne heke a ia he vaka haana mo e aalo atu ki moana mo e loto milino tuga he fa mahani he tau magaaho pehē na. Ne levaleva e aalo atu haana to kamata a ia ke futi ika. Ne onoono hake a ia ke he tau aolū he lagi, ka e nakai fai kehe e aho, he kitia e ia. Ka e nakai leva, ti hake fakaofo mai e matagi malolō i tua hana.

Ne agi galulu mo e hohā mai e matagi ti kamata e uha ke to lahi. Ne lali a Avaiki ke liliu he vaka haana ka e malolō e matagi he hiki fano e vaka haana ke he taha faahi mo e taha faahi. Ne liti fano he matagi e vaka haana ke he tuga e loga e tau matahola he mole. Ka mole ia havili e tau lau ulu ke he tau mata haana, ti nakai kitia e ia e hala ne uta he matagi a ia ki ai. Ne tapiki fakamakamaka a Avaiki ke he vaka, mo e lali a ia ke taofi he vaka neke lifa ti ko e mena ia ne fakahao aki haana moui. Ne logona e ia e lolelole, mo e nakai fahia, mategugū mo e makalili foki. Ne onoono fano a ia, ti kitia , kua uulo atu he matagi a ia ke he tahi fakataputapu he moana.

Ne matakutaku lahi a Avaiki, mo e hopo e ate, ha kua iloa e ia e mena ne tupu kia lautolu ne tafea atu ki

grandfather was still looking after him from a higher place, and this made him very happy inside.

One grey afternoon, Avaiki decided to go fishing. He got into his vaka and paddled out into the deep ocean, feeling relaxed, as he usually did at this time. He was mindful not to go into the forbidden waters, as he had been warned of these areas by his grandfather. He paddled for a good while before he started to fish. Looking up at the sky above, which was overcast, he felt at ease, and it seemed just like any other day.

However, the weather then took a turn for the worse. All of a sudden, a huge gush of wind came from behind him and startled him with its force.

The wind began to howl noisily, and then rain started to fall hard. Avaiki tried to turn his vaka around, but the wind kept carrying him in the opposite direction. He was blown about by the strong gusts for what seemed like hours. His hair kept flying into his face so he could not see the direction the wind was taking him. He held on tightly to the vaka with his strong hands, and kept it from turning over and tipping him into the ocean.

When the wind finally eased off, Avaiki, cold and exhausted, looked around himself and saw that it had blown him right into the forbidden waters of the ocean.

He was now very afraid, for he knew that those who had drifted there before him had never returned home to Tamakautoga. As Avaiki turned his vaka around, trying to get away, he lost his balance and fell into the water. He felt as though he were being pulled down into the ocean.

As he looked around, Avaiki found himself surrounded by beautiful sea women. They had long black hair and smooth tanned skin, with yellow and orange fishtails that sparkled in the sea. They looked into Avaiki's eyes as they admired their latest victim. He was very handsome indeed, and they looked at one another, admiring his muscles.

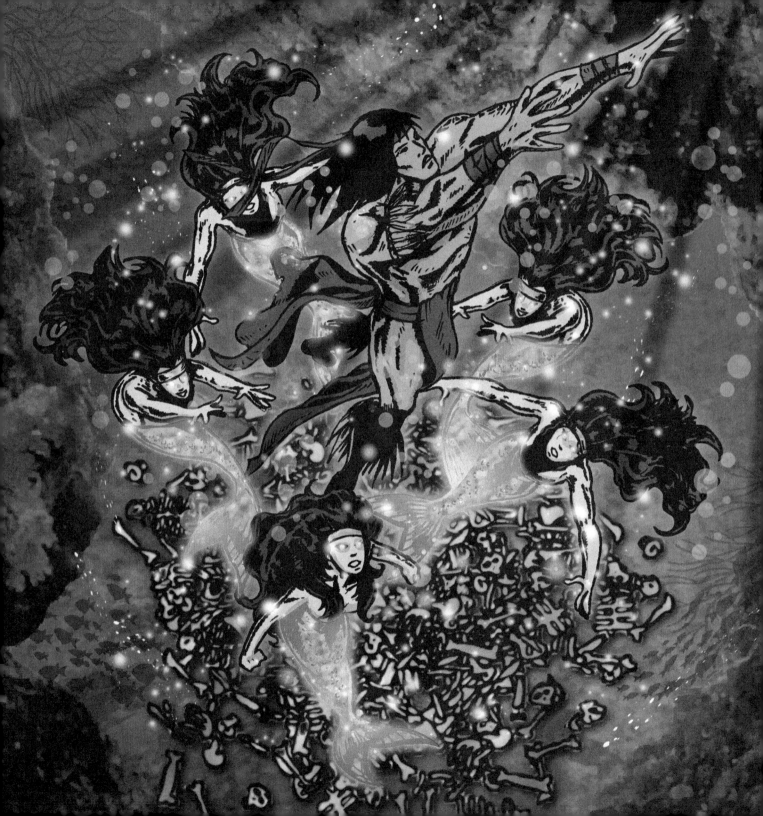

ai fakamua ia ia, ne nakai liliu mai a lautolu ki kaina i Tamakautoga. Kae ha ne lali a Avaiki ke liliu he vaka mo e lali ai ke hola kehe, ne tutupe a ia ti to hifo ki moana. Ha ne lali ai a ia ke fakahao mo e hola kehe , ne logona e ia tuga kua toho hifo a ia ki lalo he moana.

Ha ne onoono fano a Avaiki, ti kitia e ia kua agaagai a ia he tau fifine fulufuluola he tahi. Ko e tau fifine lauulu uli leleva, tino momole, ti lanu ago mo e lanu fuamoli e tau hiku ika ha lautolu ne fa e kalopa fano he tahi. Ne Onoono a lautolu atu a lautolu ke he tau mata ha Avaiki mo e ha lautolu a nava ke he ha lautolu a ola foou ha ko e haana tino mokamoka. Na fulufuluola lahi a ia he feonoonoaki a lautolu mo e navanava ke he haana tau lekeleke. Ne nakai mailoga e Avaiki ko ia ha ne fae tomo hifo ke he toka fakalataha mo e tau fifine he tahi, ha ko e fulufuluola fakapouligia ha lautolu mo e tau pu mata fakaofoofo manava foki.Ne nakai tuahā a ia tuga ni ia lautolu fakamua, ko e lali e kau kelea ke tahifo ia ia ke tamate, ke uta haana malolō.

Ha ne feiga a lautolu he toho hifo ia Avaiki, mo e lologo ai na, he tau lologo fakahekeheke kia ia, ha ko e lagatau ha lautolu ke hele aki a Avaiki ne kua fitā he putoia ke he mana ha lautolu. Koe mena pihia ni e lagatau ne taute atu e lautolu kia lautolu ne galo e hala he tahi fakataputapu. Ko e magaaho ne logona ai e lautolu e tau leo mahofihofi he tau fifine he tahi, kua galo e tau mena oti, ko e tau leo ni he tau fifine he tahi ne logona he ha lautolu a fakapouligia.

Ne talia auloa e lautolu, ko e tagata na ne kua homoatu mai ia lautolu ne kua kitia e lautolu mo e navanava atu ke he haana tino lekaleka mitaki mo e haana tau tatau alaga lima mo e tino foki. Ko e tau lau ulu haana tuga ha lautolu ne hili he tahi tuga e tau limu mo e loloa foki. Ne hohofi lahi a lautolu ke he lolelole he toa mata fulufuluola na mo e maeke foki ia lautolu ke pipi mau a ia ke he mana ha lautolu. Mua atu foki ha kua iloa e lauytolu to maeke ia lautolu ke kaiha

Avaiki kept sinking down into the ocean with the sea women. Their beauty was mesmerising and their eyes were breathtaking. It was easy for Avaiki to become lost in such beauty. Like so many before him, he did not realise that they planned to take him to the bottom of the ocean and kill him for his strength.

As they took him down, they sang to him with their beautiful voices. This was part of their plan to trap Avaiki, who was now under their spell. It had been the same for all those who had lost their way in the forbidden seas. Once they heard the singing of the sea women, they lost all other thought and became hypnotised.

The sea women all agreed that this man was by far the best catch they had ever made, and they admired his athletic body and tattooed arms. His hair, like theirs, floated in the ocean like seaweed and was just as long. They enjoyed the fact that they could make such a handsome warrior so helpless and spellbound, and that they would soon be able to steal his vitality and strength for themselves. Adoring their catch of the day, they accompanied Avaiki down to the depths of the sea and prepared to lay him down on the ocean bed. There lay the bones of all those who had come before him.

The sea women hypnotised him by singing a lullaby, then letting out a piercing scream to make him faint. That particular type of singing could rob the strength of the strongest man in the universe, and the sea women knew this very well.

They stopped singing and turned away from Avaiki to prepare for his killing. As soon as this happened, Avaiki opened his eyes and came to his senses. He was not like the previous passive victims and had a stronger sense of survival. Avaiki suddenly no longer felt good about the sea women and realised from looking at them that they would not let him go back to the land.

haana moui olaola mo e malolō ma lautolu. Ne fiafia a lautolu ke he ola ha lautolu he aho, mo e lologo ai na he ohifo ke he toka he moana, ke tauteute ke fakatakoto ia Avaiki he toka. Ne lologo e lautolu e tama lologo fakamohe ke fakaligoia aki a ia. Ha hā i ai ke he toka ia foki e tau polohui ha lautolu ne tamai fakamua ia ia. Ko e mena haia kua amanaki ai a lautolu ke kaiha he malolō haana, aki e lologo fakamatila ha lautolu, a to matefua a ia. Ko e faga lologo pihia ke maeke ke kaiha aki e malolō mai ia ia ko e tagata mua atu he malolō he lagi mo e lalolagi ti na mailoga lahi he tau fifine tahi e mena nei.

Ne tauteute agataha a lautolu ke kelipopo ia Avaiki. Ne fakamanou e lologo ha lautolu mo e haga kehe atu ke tauteute e mena atā. Ko e magaaho tonu ia ni ne ala e tau mata ha Avaiki , mo e matala fakaave e loto haana, mo e nakai hagahaga mitaki haana manatu ke he tau fifne he tahi. Na nakai tatai a ia mo lautolu ne talia tuli ke he ha fakamatematekelea, na ha hā ia ia e agaaga malolō ke moui. Ti manatu a ia to nakai liu a ia ke he fonua kelekele he kitia e ia e tau hagahaga he tau fifine tahi. Pete he fululfufuola a lautolu ke hoko ki fe ne nakai fai ate fakalofa a lautolu ti ko e mogo ne mailoga e ia ko e mogo ia ne uta kehe e fulufuluola ha lautolu mai he haana kitekiteaga.

Na malolō a Avaiki, ti kitia ni e ia e pu atā, ti tele fakamalolō e tau hui haana, he kakau mo e hola hake ki luga he moana. Nakai manatu ke he taha mena, ko e hola fakamafiti ni a ia ke hao. Ko e magaaho ne kitia ai he tau fifine he tahi a Avaiki he hola, kua ofo a lautolu, ti kakau atu a lautolu ke liu taofi a Avaiki. Ne kakau fakamafiti a Avaiki, kakau mafiti tuga e toke, mo e taofi e tau teliga haana ke ua liu logona e tau lologo he tau fifine ika ke nakai liu fakapouligia a ia he mana ha lautolu.

Ne logona e Avaiki ha ne lolelole fakahaga a ia, kae fakamalolō ni a ia he kakau ki ki luga he moana. Ha

As beautiful as they were, he could see that they had no heart and this took away their beauty in his eyes.

Avaiki was strong, and he seized the opportunity to start swimming madly towards the top of the ocean to escape the sea women. He had no time to lose and thought only of escaping. When the sea women realised that he was getting away, they were shocked, and they all went to recapture him. As he rose, he covered his ears and swam like an eel so that when they sang to entrap him, he did not fall back under their spell.

Avaiki was getting very tired, but somehow he found extra energy and continued to swim strongly to the surface of the ocean. As the sea women caught up to him, they tried to grab his long hair to hold him back, but they could not reach him or match his strength. They tried to grab his hands and uncover his ears so they could hypnotise him with their singing, but Avaiki realised what they were doing and kicked even harder, holding his hands cleverly over his ears so he could not hear them.

The sea women were angry with Avaiki for escaping from them, and refused to let him go; they wanted to show him their real and mighty powers. They formed a circle and swam around and around very quickly. This

ne moua he tau fifine he tahi a ia mo e lali ke toho mai e tau lauulu loloa ha Avaiki ki tua, ka e nakai hoko a lautolu kia ia ti nakai maeke ia lautolu ke toho mai foki haana malolō. Ne lali foki a lautolu ke hoko ke he tau lima haana ke uta kehe mai he tau teliga, ka e uhu e lologo ke fakapouligia aki a ia, ka e maama e Avaiki e tau lagatau ha lautolu, ti tele fakamalolō atu a ia, mo e taofi e tau teliga ke pa aki e lologo ha lautolu.

Ne ita lahi e tau fifine he tahi kia Avaiki, ha kua hao mai ia lautolu, ti nakai manako a lautolu ke fakatoka a ia ke faano, ti manako foki a lautolu ke fakakite kia ia e tau malolō mooli mo e tu hokohoko ha lautolu. Ne fakaveliveli a lautolu i lalo hifo ia Avaiki, mo e kakau fano fakaveliveli, he manako a lautolu ke lialia pou e ulu haana mo e gagao a Avaiki ha ko e kovili he tahi ne viko takai a ia.

Ati kovili ai e moana mo Avaiki he uho. Ne kakau hake fakamalolō a Avaiki ki luga he moana, ka e viko fano e tahi ia ia.Ne kua lolelole a ia mo e nakai fahia, ka e lali e tau fifine he tahi ke taofi he tau hui haana, ka kua hoko hake a ia ki luga, lata tonu mo e vaka haana ne tata mai. Ka e taha e mena ko e hake mai agaia e tahi, kua kamata foki ke mavikoviko fakamafiti ti fakahiku aki e kovili tiotio mafiti lahi.

Ne faka hagaatu he tau fifine he tahi e tau peau kia Avaiki. Ti lali a lautolu ke lologo, ka kua nakai logona e Avaiki ha kua lahi e tomumu he matagi, uha mo e tahi. Ti nakai maeke a lautolu ke heletia a ia. Ko e tagata kakau malolō a Avaiki ti kamatamata he tahi e malolō na he kakau a ia ke moui. Ne lali e tau fifine he tahi ke tamate ia Avaiki, ka kua malolō lahi atu, iloilo mo e makaka atu a Avaiki ia lautolu ti nakai kautu a lautolu.

Ko e magaaho na foki, ne agi malolō atu e matagi mo e uha ke he motu mo e fafati hake he tahi ne fakatupu he tau fifine tahi ha ne fakatu atu foki ke he motu mamao mo Avaiki. Ne kua kua lahi mo e vale e afā ti nakai iloa e Avaiki ha mena ke taute, ha kua

caused the ocean to turn with Avaiki at the centre. The sea women hoped to catch Avaiki by making him sick and dizzy from the ocean spinning around him.

However, although exhausted, Avaiki kept swimming upwards. As the sea women reached out for his legs, he broke through the surface of the ocean and saw his vaka close by. The water was rising in a violent, circular motion, and the sea women directed this whirlpool towards Avaiki. Although he was a strong swimmer, he was tested as he swam for his life through the rising, spinning water. The sea women tried to enchant Avaiki again with their singing, but the sound of the wind, the rain and the sea was too loud for him to hear them. The sea women had hoped to kill Avaiki, but his strength, wit and agility were better and stronger than theirs, and they were not successful.

Meanwhile, the wind and the rain started blowing onto the land. The rising ocean that the sea women had caused was becoming a force of destruction, also heading away from Avaiki towards the land very quickly, and he feared for the people of his home, Nukututaha. Avaiki did not know what to do.

The sea women smiled and sank back into the ocean from where they had come, happy in their revenge

mafiti lahi e afā he hagaao atu ke moumou he motu. Ne logona hokulo e Avaiki e matakutaku he manamanatu atu ke he tau momoui he tau tagata he haana kaina ko Nukututaha.

Ne mamali e tau fifine he tahi mo e fuluhi ke he moana ne o mai ai a lautolu, fiafia ha kua taui e lautolu kia Avaiki ne hola kehe mai he hele ha lautolu. Ne nakai popole a lautolu ke he lekua ne fakatupu e lautolu he kakau kehe a lautolu.

Ka e tu noa ni a Avaiki mo e onoono ke he moumouaga kua folafola ki mua haana tau mata. Ti tukuliogi a ia kia Tagaloa mo e haana tau tupuna , ke lagomatai. Ne pa e tau mata haana mo e liogi faka gutulahi a ia ha kua malolō lahi e leo he matagi. Ha ne lagalagaki he matagi malolō e tau niu he kelekele, ne hapo taki ua e Avaiki e tau niu he mogo taha. Ne tau e ia e tau fua niu ti tolo hake e ia ke he lagi, ha kua amaamanaki a ia ke taofi aki e afā. Ne onoono hifo a ia ke he tau tātatau he tau alaga lima haana, ti kitia e ia e fakatino he toa mo e agaaga he tau toa i loto he tau tātatau haana. Ati manatu ai e Avaiki haana a tupunataane Samoa, ti liogi ai a ia ke liu mai haana tupuna ke lagomatai e tau tagata i Nukututaha.

Ko e mogo ia ni, ka e kape e uhila mo e fakato hifo ke he lotouho he he afā saekolone ha ne kamata ke agi mai i tahi. Ha ha i ai e tau fakamailoga he tau hila ne kape, ti tuga kua omai e tau tupuna ke lagomatai ia Avaiki ke totoko atu ke he tau fifine he tahi.

Ha ne kitekite mai mamao a Avaiki, mo e onoono atu, he iloa e ia kua talia haana liogi, ti logona e ia e mafanatia he haana tau tupuna ne agaagai ia ia. Ne matakutaku a Avaiki ka e loto malolō foki a ia i mua he matematekelea lahi na. Ko e mena kua matakutakuina ke kitia e tau mana malolō katoa ha ne fakafelauaki tuga e tau Atua vale ha ne felakutaki ma e mitaki mo e kelea mo e ha lautolu a tau fakakakano. Ne tua ni e tau fifine he tahi, kua kautu ha lautolu a tau lagatau, ka

against Avaiki for escaping their clutches. They had no care for what they had caused as they swam away.

Avaiki could only stand by and watch the destruction unfold before his eyes. He closed his eyes and prayed loudly to Tagaloa and his past ancestors for help as the wind blew stronger and even louder. The wind blew the coconut trees out of the ground and Avaiki caught them two at a time. He picked the coconuts off the trees and tossed them high into the sky and into the storm, hoping to stop the cyclone. He looked at the tattoos on his arms while he did this – the images marked there were of a warrior and his warrior spirit being tested. Avaiki remembered his Samoan great-great-grandfather and prayed for him to return and help him save the people of Nukututaha.

At that moment, a lightening bolt came down from the sky and went through the centre of the cyclone that was forming in the ocean. Many more lightening strikes followed, and it appeared that the ancestors were helping to fight the forces of the sea women.

Avaiki watched from afar and knew that his prayers to recall his ancestors had been answered, for he could feel them all around him. Through the wind and tropical rain of the storm, the lightening

e nakai mailoga e lautolu to malolō pihia ha Avaiki he kakau, pihia foki mo e haana agaaga malolō ke ui ke he haana tau tupuna.

Ne fakafitā e fakatino he afā ki mua haana, ha ne finatu fakahaga ke he motu, ko e kape he tau uhila, mo e pakū lagi, hane fakatu atu ke he motu mo e tau malolō katoa. Ne liogi a Avaiki ke he haana tau mamatua tupuna, ke lagomatai mai a ia, ka e manatu foki a ia ke taute e ia taha mena ke lagomatai aki e motu ko Nukututaha. Ne huhuo hake e ia ua e niu mai he kelekele, ti lilī aki e toua mai he motu. Ti tā fakaveliveli e ia e tau niu ne liliī aki e tau toua, mo e amanaki a ia ke liti atu e tau niu ki luga he afā, ke liu liti atu e afā ki moana ke mate ai.

Ati tolo atu ai e Avaiki mo e haana tau malolō katoa e tau niu ki luga he afā, ti lilī aki e afā, ti iili fakamalolō lagatolu e ia mo e haana malolō katoa, mo e liti fakamalolō atu e ia e afā ki tahi. Ti fakaveli hifo a Avaiki ke he kelekele he lolelole mo e nakai fahia. Kua kautu tuai a ia- kua fakahao e ia a Nukututaha mai he moumouaga he tau fifine he tahi. To fakapuloa e ia e tala ke he tau mena matakutakuina ne feleveia mo ia, mo e tomatoma foki ke mailoga e lautolu.

Ati oti, ka e uta kehe ai foki, he tau uhila ne fakafano mai he tau tupuna e matagi mai he motu. Ne iloa Avaiki, na fai tagata ne fa e leveki mai kia ia, a ti liogi fakaleo lahi ai a ia ke he lagi i luga, ke fakaaue atu ha ko e magaaho i tuai.

Ne onoono atu a ia ki moana, ti kitia e ia e afā hane matemate hifo i tua atu. Ne liu haga atu ke he lagi, mo e kitia e ia e haana matua tupunataane he tau aolū, ha ne fa e mamali mai kia ia, nakai leva ti galo ai a ia.

Ne fiafia ai a Avaiki mo e iloa e ia ko e aho na, kua maeke tuai ia ia ke leveki haana moui. Ha kua kakau a ia he tahi fakataputapu, ti feleveia foki a ia mo e tau fifine he tahi ne lali ke tamate ia ia, lali foki ke eke e tau lagatau kelea ke moumou aki e tau momoui he haana

bolts kept coming fast, one after the other, without stopping. Avaiki was afraid, but also brave in the face of danger. He managed to hold his place on the land. It was a sight to see the forces of nature in unrelenting action, like angry gods fighting for good and evil, and all that they represented. The sea women had been self-assured in their destruction, but had not counted on Avaiki's intense manpower to outswim them and his strong spirit to recall his ancestors.

As the cyclone continued to head towards the land, the lightening bolts became stronger. Avaiki continued to pray to his ancestors, but he also decided to use his own strength to help his land, Nukututaha. With all his might, he pulled two palm trees up out of the ground and tied them together in a circle with rope that he kept from the land. He tied more rope to the circle and used it to throw the trees over the cyclone with all his might, capturing it. He managed to pull the cyclone away from the land and, with three huge swings, he threw it out to sea. The lightening bolts directed by the ancestors managed to redirect the howling cyclone away from the island so it would not return.

Avaiki then collapsed with exhaustion on the land. He had done it: he had saved Nukututaha from the

tau tagata. Ne iloa he tau tagaata oti e tala kia Avaiki Avaloa, haana pulotu ke onoono hifo ke matutaki mo e tau agaaga he haana tau mamatua tupuna i tuai mo e kumi lagomatai mai ke he magaaho na ke totoko atu atu ke he matematekelea na. Tuga ni e tau tātatau Samoa kua mau tukulagi he haana tino, to manatu tukulagi pihia e ia e mena ne tupu kia ia he tahi fakataputapu, pihia foki mo e fakalofa he haana tau mamatua tupuna, kua mau ke tuga e tau tātatau tukumalagi ke he haana loto.

destruction of the sea women. Avaiki knew that he was being taken care of and prayed his thanks loudly to the skies above.

As he looked out at the ocean, he could see the cyclone dying away in the distance. When he turned around and looked up at the sky, Avaiki saw the image of his grandfather in the clouds, smiling at him for what seemed like ages, but it was only a split second until he disappeared.

Avaiki was happy and knew that today he was able to take care of himself. He would live to tell his people and warn them of what had happened to him.

For he had entered the forbidden waters and came across the sea women, who had tried to kill him and create havoc for his people.

Avaiki Avaloa's story tells of how he looked inside his heart and captured the souls of his ancestors. He sought their help against destruction, and this became well known to his people. Just as the Samoan tattoos stayed forever on his body, Avaiki's experiences of the forbidden seas and his grandparents' love were forever tattooed into his heart.

## Talamea Ko E Tama Fetūtahi Fifine Mo Fonu Ko E Fonu

Ne hahā i ai he motu ko Nukututaha he tau tau loga kua mole atu e taha tama fifine mahele ne higoa ko Talamea. Ne leveki he tau mamatua tupuna haana a ia he maaga ko Tuapa ne nonofo ai foki e tau mamatua haana nakai mamao mo lautolu. Ko e tama hakahakau lahi a Talamea ti iloa he tau mamatua tupuna ko ia ko e mena fakalofa mai he tau atua ha kua hahā i a ia e pulotu ke he tau leo lologo mai he vahā tote haana. Ne tā e Talamea e ukulele fakatautau atu ke he tau leo lologo mai he matua tupuna taane haana ne fiafia mo e mahani lahi mo ia. Ne fakaako e ia a Talamea ke he tau lologo tuai he maaga ha lautolu he vahā ne tote agaia a ia, ti fa fiafia lahi a Talamea ke nofo i fafo he magaaho afiafi hauhau mo e uhu lologo mo e haana a papa.

Ka oatu a laua he tau solofanua ha laua ke he loto taone, ne manatu a Talamea to mategūgū lahi e papa haana ka e to lahi e makaukau ha papa ti hoko mafola atu a ia ke he fakaotiaga he fenoga. Ka hohoko atu a laua ke he loto taone i Alofi, ne fa heke hifo a Talamea ke he uaafo ke kitia he moana lanu moana fulufuluola. Ne ofoofogia lahi a Talamea ke he lanu he moana ha lautolu ti nakai fiu foki a ia he kitekite atu ki ai. Ti nofo ni a ia ke lologo mo e tā e ukulele haana mo e mohemiti ki a ia ko e fetūtahi a ia he oneone i loto he moana he hili mo e tafea fano ai.

## Talamea the Starfish Girl and Fonu the Turtle

Many years ago, on the land of Niue Nukututaha, there lived a mahele girl named Talamea. She was brought up by her grandparents in the village of Tuapa, and her parents lived not far from them. Talamea's grandparents believed that she was a gift from the gods, for she had the gift of music inside her from a very young age. Talamea played the ukulele, naturally strumming the tunes with her grandfather, who she was very close to. He taught her all the old songs of their village, and Talamea loved to sit in the evening breeze and sing songs with her papa. She was very popular because of her music, and she had lots of friends at school, who came from many of the other villages.

Talamea's papa was an inspiration to her; he taught her all that she knew in her life, and she always looked to him for answers to her questions. Talamea always wondered why she was a mahele child, and she would ask her papa why it was that she was a different colour from her family. Papa always told her that it was because she was special and outstanding, and he would remind her that she had the gift of music. He would tell Talamea that she should celebrate her uniqueness, and he always made her feel like she was a princess. This made her happy inside, and they would continue to sing and play their ukuleles together.

Ne tokologa lahi e tau kapitiga ha Talamea mai he falu a maaga mo e aoga, ti matalahi foki a ia ha ko e haana a leo kofe. Ne manamanatu foki a ia ko e ha la ne tama mahele ai a ia. Ti hūhū a ia ke he papa haana ko e ha a ia ne kehe ai e lanu mai he haana a magafaoa katoa.

Ne fa talaage tumau a papa ki a ia, ko e pihia ha ko ia ko e koloa uho mo e homoueatu ti lali tumau a ia ke fakamanatu age kia Talamea haana ko e ha ha ia ia e koloa uho, ko e makaka lologo mo e fakatagi leo kofe.. Ne fakamanatu age e ia ki a Talamea kua lata i a ia ke fakafiafia e haana a matalahi ti fa taute tumau e ia a Talamea tuga ni ko e tama fifine he patuiki. Ne fiafia lahi a Talamea ki a ia ni kae ha ne fakatumau a laua ke lologo mo e tā ukulele tokoua. Ko e papa haana ko e fakafifitakiaga haana ke he tau fakaakoaga oti.Ne iloa e ia he haana a moui ti ko e mena ia ne onoono tumau ai a Talamea ki a ia ke moua e tau tali ke he haana a tau hūhū.

Ka finatu a Talamea ke koukou ki tahi, ne manako a ia ke fano ke he uluulu i Hiō, ti fa kumikumi atu a ia ke he tama mata oneone tote ha ko e tau fetūtahi ne fiafia lahi a ia ke fefeua mo lautolu. Ne tote agaia a Talamea ka e mailoga e ia ko e maeke a ia ke logona e tau fetūtahi ka fanafana he taha ke he taha. Ne nakai talaage e ia e

Talamea was an active child. She and her papa would ride their horses into town together. She often worried that he might get tired, but he was very fit and could last the distance. When they were in the Alofi township, Talamea would walk down to the wharf to see the beautiful blue ocean. She was mesmerised by the colour of the sea and would never tire of looking at it. She would sit and sing, playing her ukulele and daydreaming that she was a starfish floating free in the ocean.

Talamea was very young when she found that she could hear the starfish of the sea whispering to one another. While she did not actually talk to the starfish, she could hear them, and they could sense her and what she was feeling. She never told anyone about this and the starfish became her fascination – she adored their sense of freedom.

Talamea liked to go swimming in the sea at the reef at Hiō and she would always look on the sand for the starfish that she was fascinated by. She loved to play with the starfish and she looked forward to going down to Hiō to see them. Papa was not impressed at Talamea's eagerness to visit Hiō, as the walk down to the sea was steep. He would have much preferred to take her swimming at the chasm.

mena nei ke he ha tagata ti fa amaamanaki tumau a ia ke hifo ke kitia a lautolu ha kua eke a lautolu mo tau fakahohokomanava ki a ia. Kua eke a lautolu mo taha vala ha Talamea ha kua nava a ia ke he ha lautolu a agaaga haohao.

Pete ni he nakai tūtala a Talamea ke he tau fetūtahi ka e logona e ia a lautolu ti mailoga foki e lautolu a ia mo e haana a tau logonaaga. Ne nakai fiafia lahi a papa ha ko e laka hui hifo ki tahi, to lahi e pāpātī ti mua atu ni e manako haana ke taatu a Talamea ke fakakoukou he ava maihi.

Ka e pete ia, ne fioia e ia e fakafetuiaga ha Talamea mo e tau fetūtahi mo e haana a manako ke koukou i Hiō, ti nakai maeke i a ia ke fakatikai a Talamea ka ole atu a ia ke fakafehoani e ia a ia ke oatu ki ai. Ne kamata a Talamea ke tā e kitā he lahi hake fakahaga a ia mo e mukamuka foki ha ko e tau leo kofe ne hake mai i loto ia ia. Ne mailoga foki e ia kua maeke foki a ia ke uulo e tama pū tote ne talaga aki e ka kaho ne moua e ia tokotaha ti fakapūpū foki e ia. Ne moua ni e ia haana puhala uulo ti ofogia lahi a papa he lologo atu a laua ke he atua ko Tagaloa he tau magaaho afiafi. Ne lologo a laua hagaao ke he mitaki mo e talumelie he kelekele mo e tau manakoloto ha laua ki

However, he sensed her affinity with the starfish and he could not refuse her as she begged him to accompany her there.

Talamea would go to sleep happily at night and peacefully dream starfish dreams, in which they whispered to her continuously of good things to come in her life. She would dream of being a starfish, too, free and floating in the ocean, and this always made her feel good.

When Talamea was older, she started to play the guitar with ease as music still flowed from inside her. She could also play a little flute that she made out of bamboo by putting small holes in it. She found her own technique and style that impressed her papa, and they sang to their god Tagaloa in the evenings. They sang of their love of Nukututaha, and the goodness of the land and its prosperity, for which they always gave thanks to Tagaloa.

One hot sunny day, Talamea decided to go swimming at Hiō. Papa was getting on in age, so she went with her friends now. She took her lunch and guitar and walked down the road to pick up her neighbour – a young boy called Niu – and they went on their way.

As they walked, Talamea played her guitar and sang songs that they had learnt at school together. She also taught Niu a starfish song that she had made up, and they walked together singing this song without a care in the world.

Niu was happy to be friends with Talamea because she was such a gifted musician. Not only could she play her guitar, she had a voice like an angel and could sing beautifully. Niu could quite happily listen to Talamea singing all afternoon. He, too, could play the guitar, but Talamea was the more talented musician.

Once they got down to Hiō, they played with the starfish, swam, ate pitako and sang songs. At the end of

a Nukututaha ne fa mahani a laua ke tuku atu e tau fakaaue ki a Tagaloa.

Ne finatu mo e fiafia a Talamea ke mohe he po ia ti mohe totoka mitaki a ia mo e liu miti e tau miti fetūtahi haana he fanafana tumau atu ke he tau mena mitaki ka hohoko mai ke he moui haana. Na pihia tumau ni ka fetūtahi a ia, atā mo e fakatafea i loto he moana, ti logona tumau e Talamea e loto totoka mitaki.

Ko e taha aho vela he vahā mafana ne manako ai a Talamea ke liu atu ke koukou ki Hiō. Ne taatu e ia haana a kai laa mo e kitā. Kua motua lahi foki tuai a papa ti kua oatu ni a ia mo e haana a tau kapitiga he magaaho na. Ne hifo atu a ia he hala ke fakatau o mo e tama fuata taane he tuuta kaina ne higoa ko Niu. Ti oatu a laua tokoua he hala ki tahi.

Ha ne oatu a laua he puhalatū, ne tā e Talamea e kitā mo e uhu e laua tokoua e tau lologo ne ako e laua mai he aoga. Ne fakaako foki e Talamea kia Niu e lologo fetūtahi ne fati ni e ia ti oatu mo e lologo a laua he lologo nei ti nakai fai mena mai he lalolagi nei ke popole ki ai. Ne fiafia lahi a Niu ke kapitiga mo Talamea ha ko ia ko e pulotu ke he tau lakau fakatagi kofe mo e lologo. Ne nakai ni ko e makaka haana ke tā e kitā, ka e ha hā foki ia ia e leo tuga e agelu ti maeke foki ke lologo mahofihofi mai. Ne fiafia lahi a Niu ke fanogonogo ki a Talamea ka lologo he pale laa katoa. Ne maeke foki i a ia ke tā e kitā ka ko Talamea ne mua atu e pulotu ke he leo kofe fakatagi mo e lologo.

Ne hohoko atu a laua ki Hiō ti fefeua a laua mo e tau fetūtahi, kakau, kai pitako mo e uhu lologo. Ko e taha magaaho pale laa, ti kua amaamanaki a laua ke o kehe, ne kitia atu e laua e taha mena lahi ne pili atu ke he uluulu feo nakai mamao lahi mai i a laua. Hane onoono atu a laua ti kitia e laua e fonu lahi ne kua apitia e hui he taha pokomaka he moana. Na potake e vala ia ti kua ahumate mo e lolelole foki e fonu he lali ke fakahao he hui haana. Ne lavelave lahi a Talamea mo

their day out, they were just about to leave when they saw something huge beside the coral reef, not far from where they were. They both looked and saw a large turtle with his foot stuck in one of the rocks in the sea. The water was quite shallow, and the turtle looked tired and weary from struggling to remove his foot. Talamea and Niu had been so absorbed in their own company that they hadn't noticed the turtle earlier. They approached to help him. He was a splendid turtle of quite a large size. His shell had different shades of brown and cream with a beautiful shine.

The turtle looked at Talamea humbly while Niu released his foot, then he spoke to them quietly.

"Thank you both for helping me. My name is Fonu and I swim quite often around these parts. When I heard how beautifully you were singing, I came closer to the reef to listen to you. My foot got stuck and I didn't know what to do."

Talamea smiled and replied, "That is fine. I am Talamea and this is my friend Niu. We like to come here to swim sometimes but we have never noticed you here before."

Fonu answered, "I come here all the time and I thank you both for rescuing me. I have lived in these

Niu he ha laua a tau feua ti nakai mailoga e laua e fonu. Ko e magaaho ne oatu ai a laua ke lagomatai a ia, ne onoono fakatokolalo atu a ia ki a Talamea kae hane lali a Niu ke fakahao haana a hui. Ne vagahau fakaeneene atu a ia ki a laua,

"Fakaaue lahi ma tokoua he lagomatai mai au. Ko e higoa haaku ko Fonu ti fa kakau fano tumau au he vala e he tahi e ti logona e au e leo fulufuluola haau he lologo. Ne hake fakatata mai au ke he uluulu ke fanogonogo atu kia koe, ti apitia e hui haaku mo e nakai iloa ha mena ke taute."

Ne mamali atu a Talamea mo e tali atu, s"Mitaki hā a ia, ko au ko Talamea ti ko e kapitiga haaku ko Niu a e. Na fiafia lahi a maua ke omai ke koukou ki hi nei he falu a magaaho ti nakai kitia e maua a koe he ha magaaho."

Ne tali atu a Fonu,"Hau tumau au ki hi nei he tau magaaho oti ti fakaaue atu ki a mua he fakahao mai au. Ne kua leva e nofo mau au he tau fafaahi nei he vahā loa ti kitia mo e logona foki e au a koe he lologo. To nakai nimo tukulagi e au a mua ne lagomatai au he aho nei ti fakaaue lahi ki a mua, ka kua teitei to tuai e laa ti kua lata au ke fano , ka e iloa tonu e au to liu ni a tautolu ke feleveia foki."

parts for the longest time and have heard you singing here before. I will never forget that you have both helped me today, and I thank you so much. The sun will be setting soon so I have to go now, but I am sure that we will meet again."

And with that he turned around, splashed back into the ocean, and swam away quietly and smoothly. Talamea could hear the whispering starfish telling her that the turtle did indeed come to see them and that he enjoyed Talamea's singing.

Talamea and Niu were amazed at how they had befriended a turtle and how fast he had disappeared, but they promised each other that they would not tell anyone. That way they could protect their friendship with Fonu without all their family members coming down to stare at him.

They continued to meet Fonu after that day, and became friends with him, enjoying each other's company. Fonu always seemed to leave at the same time – just as the sun started to set.

After some time, Talamea and Niu stopped seeing Fonu. They kept going back to swim at their spot at Hio in the hope that he would be there. The starfish whispered among themselves and to Talamea that

Ko e magaaho ia ni ne fuluhi a ia mo e fakapihi atu ke he moana mo e kakau kehe fakaeneene mo e mahikihiki. Ne ofo lahi a Talamea mo Niu ke he mafiti he fekapitigaaki ha laua mo e fonu ti pihia foki ke he mafiti he galo kehe haana ka e mavehe taotao a laua kia laua ni ke nakai talaage kia taha. Ko e puhala foki ha nai ke puipui aki e laua e fekapitigaaki mo ia ke ua omai oti e tau magafaoa ha laua ke kitekite ke he fonu.

Ko Fonu ko e fonu fulufuluola lahi ti lahi foki e tino haana. Ko e haana a tua hahā i ai e tau lanu kakī mo e melo ti kikila mitaki foki. Ko ia ko e fonu to lahi e fakatokolalo he kitia e Talamea mo Niu. Ne logona foki e Talamea e tau fanafana he tau fetūtahi he fonu ne fa hau feleveia mo lautolu mo e haana a fiafia ke he leo lologa ha Talamea. Ne feleveia a lautolu he falu magaaho ati ti fekapitigaaki mo e feiloaaki a lautolu. Ka e taha e mena ko e tau magaaho oti ka kamata e laa ke tō ne fano kehe a fonu he magaaho tonu ia.

Ne fai magaaho ne mole ne nakai liu a Talamea mo Niu kitia foki a Fonu. Ne iloa e laua to liu a lautolu ke feleveia foki tuga ni he talahau e Fonu, ti fa liliu tumau a laua ke koukou he koukouaga ha laua i Hiō ha ko e manako ke kitia i a ia. Ne fefanafanaaki e tau fetūtahi kia lautolu ni ti pihia foki kia Talamea, to liu mai mooli a Fonu.

Ne teitei nimo e laua a ia ato hoko ke he taha afiafi he mole e tau lologo mo e tau taupī he tahi, ne liu fakakite mai a ia ki a laua. Ke he puhala fakakapitiga, ne tuga ko e aloalo atu a Fonu ki a laua ke oatu ke he moana puke lahi. Ne manamanatu a Talamea mo Niu ke he kehe he mena nei, ka kua fiafia a laua ke liu kitia ha laua a kapitiga fonu ha kua levaleva tuai, ti kakau atu a laua kia ia, mamao atu he mena ne fa mahani a laua ki ai. Ko e magaaho tonu ne hohoko atu ai a laua ke he matakavi ne kitia e laua a Fonu i ai, kua galo fakatuahā a ia. Kitia mooli nakai e laua a ia? E, kitia

Fonu would most certainly return, but he did not. Finally, when they had almost forgotten about him, late one evening, after much singing and splashing in the sea, they saw Fonu again. He was further out from where he normally appeared and seemed to be waving to them with a friendly gesture to come out into the ocean. Talamea and Niu thought that this was strange, but they were excited to see their turtle friend again as it had been a while. They swam out to him, further than they normally would have. As soon as they got to the spot where they had seen him, he mysteriously disappeared. Had they both seen him? Yes, they had. But now he was gone. Confused, they swam back to shore and looked out to sea, but saw nothing.

Talamea and Niu decided that they would go home and come back in a few days. They had spent a lot of time waiting to see Fonu and felt let down that he had disappeared. Maybe he had been an illusion? They were not sure; he had not seemed like one.

The whispering starfish had seen what happened, and Talamea heard them speaking to each other about Fonu. They spoke of his forefathers and his past. However, Talamea could not clearly decipher the meaning of what they were saying, so she left with

mooli ka ko e magaaho nei kua galo mokimoki a ia. Ne fakagogoa a laua ti liu kakau atu ke he pokoahu mo e liu onoono atu ka e nakai kitia ha mena.

Ne manatu e Talamea mo Niu ke o a laua ki kaina he po ia ti to liliu mai he falu a aho fakamui ha kua lahi mahaki e tau magaaho ha laua ne fakamole he manako ke kitia i a Fonu mo e fakaatukehe ha kua nakai pihia. Liga ko ia ko e atagia noa ni. Ne nakai iloa tonu e laua ka e liga nakai pihia mooli. Ne kitekite foki e tau fetūtahi mo e taufanafana, ti logona foki e Talamea a lautolu he tutala hagaao kia Fonu. Ne fetutalaaki a lautolu hagaao ke he haana a tau tupuna mo e vahā tuai fakamua ha Fonu. Ka e pete ia, ne nakai maeke i a Talamea ke iloa tonu e kakano he tau tutala ha lautolu ti o kehe a laua mo Niu. Ne iloa e ia to hoko mai e magaaho ke maeke ai i a ia ke iloa.

Ka ko e mena ne nakai iloa e laua, ko Fonu ne kakau he moana puke lahi ti ko ia foki ne aloalo atu a lautolu ki ai, ka ko Fonu ko e fonu fa galonoa, ko e aga he tau fonu oti ke galonoa he po. Ne kitia e Fonu a Talamea mo Niu ti iloa foki e ia ne toka e ia a laua mo e nakai maama ti amanaki a ia ke talaage kia laua e kakano ka liliu a lautolu ke feleveia foki. Kua takatakahao a Fonu i a laua he aho hake po ke ha magaaho ni ka liliu mai ai a laua ke talaage kia laua e kakano he fakagalogalo haana he afiafi fakamua ia.

Ne fai aho he mole to liliu atu a Talamea mo Niu ke koukou he ha laua a koukouaga fa mahani ka e nakai popole a Fonu ti kakau atu a ia ki a laua mo e fakafeleveia he magaaho tonu ia ni ne kitia ai e ia a laua. Ne fakamolemole atu a Fonu ki a laua.

"Fakamolemole lahi atu au ki a mua ha kua galo noa pihia au he magaaho kua mole ne feleveia ai a tautolu. Ka hoko mai e afiafi, hahā e manako nakai lahi kia au ke galo noa atu ki loto he moana puke lahi ke he lalolagi i lalo hifo he tahi ha ko e kaiaalu he mahina ke he haaku a tau tupuna."

Niu. She knew that there would come a time when she would eventually find out.

Fonu did indeed swim in the ocean and it had been him who had waved at Talamea and Niu, but what they did not know was that that he was a disappearing turtle – that all the turtles disappeared at night. Fonu knew that he had left Talamea and Niu confused, so he decided that he would reveal to them why he had disappeared the next time he saw them.

It was a few days before Talamea and Niu came back to their normal swimming area, but Fonu was not fazed, and he swam up and greeted them as soon as he saw them. The turtle apologised: "I am so sorry for disappearing on you both the last time we saw one another. It's just that when the evening comes, I have an uncontrollable urge to disappear into the undersea world. This was a result of my forefathers being cursed by the moon."

Fonu continued to tell them the story from many years ago, in the time of his ancestors, when the moon and the turtles of Nukututaha were great friends. The moon would rise in the evening very close to the land and illuminate the night sky. She was happy to watch all the living creatures of the

Ne fakatumau ni a Fonu ke talaage he tala kia laua hagaao ke he loga he tau tau kua mole atu he vahā he haana a tau tupuna, ne fekapitigaaki lahi ai e mahina mo e tau fonu a Nukututaha. Ko e tau magaaho ia ne fa mahani e mahina ke hake mai he magaaho afiafi, tata lahi ke he fonua, ti ohake mai pauaki foki e tau fonu he po ke kitia he mahina ha ko e mena maama e po ke he kalopalopa he mahina. Ne fiafia lahi a ia ke kitekite atu ke he tau momoui oti he fonua ha ne momohe milino he po. Ko e tau fonu foki he fonua ne maeke a lautolu he tau magaaho ia ke omai he ha magaaho ni he tau magaaho oti kua manako a lautolu ki ai.

Ka ko e taha po ne hake mai tuai e mahina he magaaho afiafi ti ha hā i ai e taha fonu fuata mo e mahani matahavala ne higoa ko Patuō ha ne koukou ti ko e magaaho ne kitia e ia e mahina ne manako a ia ke pelē falu a lagatau kia ia. Ha ne hake mai a ia, ti moua e Patuō e toua ti liti viko aki e ia e mahina ke taofi a ia mai he hake fakatokoluga ke he lagi likoliko tuga ne fa mahani e mahina ke taute. Ne moua e Patuō a ia ti pipi e ia e toua ke he patu niu ne tata atu ki a ia mo e kata maaliali atu ke he mahina. Ne fakafiufiu atu a ia ke he mahina ha ko ia ko e fonu hemu fakagoagoa.

"Oi te ma mahina, kua tapaki tuai a koe he ataata agaia e aho ti maeke i a au ke hokotia atu kia koe – hahaha, kua teitei ke aamo e au a koe ti kua maeke foki a taua ke fefeua tokoua."

Ne nakai fiafia e mahina ti kamata a ia ke hogohogo-manava.

"Fonu, fakamolemole fakatoka fakaave au ha kua nakai maama i a koe e malolō he agaaga kua fefeua ki ai a koe. Ko au ko e vala he fakatino lahi he fonua nei a Nukututaha ti ka nakai fakatoka e koe au he magaaho tonu nei, to logona e koe e ita he agaaga katoa ke he motu katoa nei – fia loto ka koe ke tukuaki aki a koe e mena nei?"

land at night as they slept peacefully. The turtles at that time would come out freely any time of the night or day when they felt like it.

However, one particular night, when the moon was rising in the early evening, one young and mischievous turtle named Patuō was swimming and decided to play a trick on her. He found a rope and threw it around her to keep her from rising in the sky as she always did. As Patuō caught her, he tied the rope to the nearest palm tree that he could find, and laughed quite openly at her. He cheekily teased her:

"Oh moon, you are captured in the early night sky, where I can almost reach you. Hahaha! Now we can play together."

The moon was not impressed and became agitated.

"Turtle, please release me now, for you do not realise the forces of nature with which you play. I am part of the greater picture of this land Nukututaha, and if you do not release me in this instant, you will feel the ill wrath of nature against all of the island. Would you like to be responsible for that?"

With his carefree attitude, Patuō laughed and continued to hold the moon captive. He found more of his young turtle friends to play with and tease the

Ha ko e haana a aga fakahanoa, ne kata ni a Patuō mo e taofi fakahala e ia a mahina, ti kumi mai foki e ia e tau kapitiga fonu fuata haana ke fefeua mo e fakafiufiu atu kia mahina. Ka e nakai leva, ti fioia he falu he tau fonu kua nakai hako e mena nei ne taute e lautolu. Nakai ko e mena mitaki ke fakafiufiu ke he mahina. Ko e magaaho ia ni ti o kehe oti e tau kapitiga ka e toka a Patuō tokotaha. Ha kua pipi agaia e mahina ke he niu, ne tagi a ia ti to e uha ti kamata e tau aolū ke holo mafiti fano he pulagi likoliko. Ne kamata foki e tahi ke loka lahi ti pihia foki ni e tau pakūlagi kua tomumu lahi mai he pulagi. Ne kamata a Patuō ke matakutaku ha kua nakai mailoga e ia e tau mena tutupu ha ko e haana a tau mahani fakahanoa. Ne vevete e ia e toua ne taofi aki a mahina ti fakatoka e ia a mahina ke hake ki luga he lagi mo e tagi aue ha kua nakai manako a ia ke onoono atu ke he fonu ko Patuō. Ha ne tokoluga fakahaga a mahina he hake ke he pulagi ti kua kamata a ia ke malolo ti logona lahi foki e Patuō e matakutaku ha ko e haana a tau mahani. Ko e magaaho ne tokoluga hake ai a ia ke he lagi pouli ataatagia, ne fuluhi atu a ia ki a Patuō mo e vale ka e ha ne lali ke fakakatoatoa haana malolō.

"Ko e haau a goagoa ma fonu ne kua fakamā ni e koe a koe ha ko e tau fefeua fakafiufiu kia au. Ko au ko e mahina ti tonuhia au ke he lagi he tuloto pō. Nakai maeke i a koe ke pule mai ki a au ti kua hepe lahi a koe. To fakahala a koe, kamata he aho nei , to pihia foki a lautolu ne tuga a koe, to nakai fakakite e tau mata ha mutolu ka hake mai a mahina. To taute e au, ka hake mai au he magaaho afiafi to hahā i ai mutolu oti e manako lahi ke o kehe ke nakai maeke i a au ke liu kitia foki a mutolu ke kamata he aho nei ke hoko atu kia anoiha."

Ko e tala ha nei ke he tau tupuna ha Fonu mo e kakano he mena ne nakai maeke ai a ia ke koukou pō ke fakakite haana a tau mata i mua he mahina he pō.

moon. But it was not long before the others realised that doing this was wrong, and making fun of the moon was not a good thing. At once, all the friends left and Patuō was on his own. The moon, still tied up to the tree, cried. Rain fell and the clouds began moving across the sky in a fast motion. The sea also started to get rougher and rougher, and thunder started to roar in the sky.

Patuō was becoming afraid, for he had not realised the consequences of his actions. He quickly untied the rope that held the moon and released her into the sky. She rose, wailing and not wanting to look at Patuō the turtle. As the moon got higher in the sky, she became stronger, and Patuō was even more afraid of his actions. Once she was high up in the velvet darkness, she gathered her strength, turned to Patuō and told him off:

"In your silliness, turtle, you have shamed yourself by playing games with me. I am the moon and I belong to the midnight skies. You cannot control me and you have been very unwise. You will be punished from this day forth, as all of your kind will never again show your faces in the presence of the moon. I will make it so that, as I rise in the evening sky, you will have an

Ko e kaiaalu mai he tau vahā loga kua mole atu, ti kua maama ki a Talamea mo Niu e galonoa mafiti haana ke he lalolagi i lalo moana puke lahi he magaaho kua mole he kitia e laua a ia.

Ne ofo lahi a Talamea ke he tala ha Fonu ha ko e mena tupu he vahā leva kua mole ti manamanatu foki a ia, ko e hau fēfē e manu totonu pehē nei ke fakaitaita pihia a mahina fulufuluola. Ne manatu foki e Talamea e tau tala he tau fetūtahi ke he moui ha Fonu he vahā fakamua. Ne manatu hifo a ia kua hoko tuai e magaaho ke fakafoou e fekapitigaaki ha Fonu mo mahina ti manako a ia ke lagomatai. Ko e po ia ne galo kehe ai a Fonu ke he moana puke lahi, ne oatu a Talamea mo Niu he ha laua a puhala ki kaina tuga ni ne fa mahani. Ne aloalo atu a Talamea kia Niu he finatu a ia he puhala ki kaina ha ko e mena nakai mamao ka e lavelave foki haana a manamanatuaga. Ne manamanatu lahi a ia, ko e lagomatai fēfē la e ia a Fonu mo e mahina ke liliu fekapitigaaki.

Ko e po ia ha ne lologo a ia mo e ta haana a kitā, ne onoono hake a ia ke he mahina fulufuluola mo e talitonu to lali fakalahi a ia ke liu fakafekapitigaaki e mahina mo Fonu mo e uta kehe e kaiaalu he tau atuhau fonu ke galonoa ke he lalolagi i loto he moana puke lahi he po. Ko e po ia ne kikila maama lahi mai e mahina ti ofogia a Talamea ke he haana a tu mai. Ne manako a ia ke lologo fakamahino atu ke he mahina ke maeke i a ia ke kitia mo e logona a ia.

Na mukamuka he mahina ke kitia a Talamea ha ko ia ko e tama fifine mahele ka kua ofomate lahi ha kua logona a ia he lologo. Ne lologo a Talamea ke he fulufuluola he po mo e mahina mo e tau fetū kikila. Ne fiafia lahi e mahina. Ne fakatumau a Talamea ke lologo atu ke he mahina he tau po loga hagaao ke he kelekele, tahi, tau fetūtahi, tau faga tahi kehekehe mo e matutakiaga he mahina mo e moana puke lahi ti pihia foki e lagi pouliuli ne fae fakatafea ai a ia. Ne taute pehē

uncontrollable urge to disappear and I will never again have to see you."

This was the story of the curse of Fonu's ancestors from so long ago. It explained why he had never been able to swim or show his face at night in the moon's presence and the reason he had disappeared so quickly into the undersea world the last time Talamea and Niu had seen him.

Talamea was amazed at Fonu's story, as she wondered how such a gentle species could make an enemy of the beautiful moon. She remembered the starfish and how they had spoken of Fonu's past. She thought it was time to renew and heal Fonu's friendship with the moon, and she wanted to help.

That night, when Fonu disappeared into the ocean, Talamea and Niu walked home together as they had always done. Talamea was deep in thought as she waved goodbye to Niu at his place and continued on her way home. She wondered how she could help Fonu and the moon become friends again and lift the curse of the turtle population disappearing at night into the undersea world.

As she sang that night, strumming her guitar, she looked up at the beautiful moon. That night the moon

43

nei tumau e ia a to tata mai e mahina mo e maeke i a Talamea ke vagahau atu ki a ia.

"Loto nakai a koe ke he tau uhu lologo haaku ma mahina? Iloa nakai e koe ko e uhu lologo ni au ki a koe?"

Ne tali atu e mahina, "E kua fioia e au ko e lologo fakahako mai ni a koe kia au. Kua logona foki e au e fulufuluola he leo haau ti iloa tonu ni e au ko koe ko e pulotu lologo he tau lologo kehekehe mo e tatau mitaki atu ke he tau leo kofe. Kua tonuhia ni e mahifi haau mo e tau taleni ma fifine mahele fuata."

"Ko e higoa haaku ko Talamea ma mahina, ti manatu au ko koe to lahi e fulufuluola haau. Ne nakai mailoga e au e fulufuluola haau a to hoko ke he magaaho nei tuga ni a koe ne nakai mailoga au a to kamata au ke lologo atu ki a koe. Nofo au he motu nei ko Nukututaha ti fia manako au ke kapitiga ko koe."

Ne ofomate e mahina, "Mooli lahi, fia loto au ke kapitiga mo e ha tagata ne fai leo tuga a koe ma Talamea. Ko koe mooli ni ko e fetū kikila ne lologo fulufuluola."

Ti kamata ni he magaaho ia e feiloaaki mitaki e laua a laua. Ne fakafeleveia atu e Talamea a mahina ke he haana a kapitiga ko Niu ti fa hau foki a ia he falu a magaaho ke fakalataha a lautolu he tau po ka lologo ai mo e tā e tau kitā fakalataha foki mo e Papa ha Talamea. Ne nakai nimo i a Talamea mo Niu e kapitiga ha laua ko Fonu ko e fonu ne fa galonoa agaia ki loto he moana puke lahi ka kamata e mahina ke hake mai. Ne fakalofa a laua ki a Fonu ha kua fakahala hehē a ia ke he taha mena ne tupu he vahā leva lahi kua mole – kua hako nakai ke fakatumau e fakahala nei? Mua atu ni ha ko Fonu ko e manu to lahi e fakatokolalo.

Ko e po hake he uhu lologo a lautolu, ne manamanatu a Talamea mo Niu ke hūhū ke he kapitiga ha laua ko mahina hagaao ki a Patuō ko e fonu mo e tau mena ne tutupu he tau tau loga kua mole atu. Ne tali atu e

shone brightly, and Talamea soon became fascinated by her presence. She decided to sing directly to the moon so that she would see and hear her.

Talamea sang of the beauty of the night and the moon and shining stars. The moon could see Talamea easily, for she was a mahele girl, but hearing her sing was truly amazing and she was most impressed. For many nights, Talamea continued to sing to the moon of the land, the sea, the starfish, the tides and the moon's pull on the ocean, as well as the midnight skies that she seemed to float around in. Finally the moon got closer and Talamea spoke to her: "Do you like my singing, moon? I have been singing specially for you. Do you realise this?"

The moon replied, "Yes, I realise that you are singing directly to me. I have heard the beauty in your voice and know that you are indeed a gifted singer of all songs harmonious in musical sound. You are truly amazing in your talents, young mahele girl."

"My name is Talamea, moon, and I think that you are truly beautiful yourself. I never really noticed your beauty until recently, just as you have never really noticed me until I started singing to you. I live here on Nukututaha and I would like to be your friend."

The moon was taken by surprise. "Of course I would like to be a friend of anyone that has a voice like yours, Talamea. You are indeed a shining star who sings beautifully."

And with this, they became well known to one another. Talamea introduced the moon to her friend Niu, and he sometimes came over to join in with Talamea and her papa on their nights of singing and playing their guitars.

Talamea and Niu did not forget their other friend, Fonu the turtle, who still disappeared into the ocean whenever the moon started to rise. They felt for Fonu, as it seemed like an injustice

mahina ke he hūhū,"Iloa fēfē e koe e tau fonu he tau aho loga ia kua mole? Ko lautolu ko e tau fakamanatuaga ne toka i a au he vahā loa kua mole atu. Ne hahā i ai e taha magaaho ne fakahogohogomanava ai e lautolu au ti taute pauaki e au ke nakai liu au ke kitia a lautolu tukumalagi. Haia e mena ne tupu he magaaho ia, pihia foki ke he magaaho nei ti manako au ke nakai liu fakatutala foki hagaao ke he tau fonu."

Ne feonoaki e tau mata a Talamea mo Niu he fakaatukehe ke he ha laua a kapitiga fonu mitaki ko Fonu. Kua lata i a laua ke oatu fakaeneene ke he mahina mo e fifili e laua ke taute e taha fakaholoaga ke e feleveia a mahina mo Fonu. Ne ohifo a Talamea mo Niu ki Hiō he pale laa he aho hake mo e fakatali ke kitia ko Fonu nakai i ai. Ne monuina a laua ha kua kitia e laua a Fonu ne kua fiafia lahi foki ke liu feleveia mo Talamea mo Niu ha ne koukou he moana. Ne talaage e laua ki a Fonu e amaamanakiaga ha laua ke liu fakafoou e fekapitigaaki he mahina mo Fonu. Ne nakai manako a Fonu ke taute e laua e mena nei ha kua ma lahi a ia. Ne talaage foki a ia kua mahani tuai a ia he fa fakagalo he tau po ha ko e fakalilifu haana ke he mahina. Ka e pete ia kua fakailoa age e Talamea ki a Fonu to fakahoko ni e tau fakatokatokaaga ia. Ne iloa foki he tau fetūtahi he mataoneone tote i Hiō. Ne talaage e tau fetūtahi ki a ia ke fakaaoga a lautolu ke lagomatai aki a Fonu.

Ne talaage a Talamea,"Fonu, to fakapotopoto mai oti e maua e tau fetūtahi he tahi ne kua maeke i a maua ke moua mo e tamai a lautolu oti ki Hiō a pogipogi he magaaho pale laa ke he afiafi. Ka kamata e mahina ke hake mai ko e tau kikila he tau fetūtahi ke moua ai e maama lupalupa ke fakatakitaki mai aki a ia ki a tautolu hi nai i Hiō. Na fa kitia tumau e mahina a au ha ko au ko e tama mahele ti kua iloa mo e tua foki a ia ki a Niu mo au. To fakaofo aki e tautolu haana a manamanatuaga e fakatino he fonu lahi i luga he oneone mai he kikila he tau fetūtahi. Ti ka hau e mahina ke kitekite ke he

for a wrong from such a long time ago. Was it fair for the punishment to continue, especially since Fonu was such a humble creature?During one night of singing, Talamea and Niu decided to ask their friend the moon about Patuō the turtle and what had happened all those years ago. The moon replied, "How do you know of the turtles from so long ago? They are memories that I have from a past long gone. There was a time when they upset me and I made it so that I do not have to see them ever again. That's the way it has been since then and how it is now, and I prefer not to talk of the turtles any more."

Talamea and Niu's eyes met in disdain, for their friend Fonu was a good turtle. They decided to make a plan that would include a meeting between Fonu and the moon, but they would have to approach the moon carefully. Their plan included the starfish from the small sandy beach of Hiō, who had offered to help.

Talamea and Niu went down to Hiō the next afternoon and waited to see if Fonu was around. They were lucky, as he appeared, and was happy to catch up with his friends and swim in the ocean together. Talamea and Niu told Fonu that they had a plan to

fakatino kikila he fonu, to uhu e maua mo Niu e tau lologo ke he haana a fekapitigaaki mo e tau fonu he tau tau loga kua mole ki tua. To uulo e au e faloku haaku ka e tā e Niu e kitā haana. Ko e magaaho ia to talaage e maua na iloa mo e tua a maua kia koe ma Fonu, ti kua manako a maua ke tua foki a ia kia koe, to fakamooli e maua kia ia e mā mo e fuafuakelea haau. Kaeke kua fifili a ia ke fakatatai mo maua ke feleveia mo koe, to fakailoa atu e au ki a koe ke hake mai he toka ma Fonu ke haga hake mo e kitia haana a homoueatu. Ti maeke ai i a koe ke fakafeilo mo e eke foki mo kapitiga haana.

Ka e matakutaku a Fonu ha ko e vale lahi he mahina ti nakai manako a ia ke taute pihia.

"Nakai maeke i a au ke taute e mena nei ne manako mai a mua ke taute e au ha ko e mena ita lahi e mahina ke he tau tupuna haaku he tau vahā leva lahi kua mole atu. Nakai manatu au to fia onoono mai a ia ki a au. Ti hahā i ai agaia mo au e manako lahi ke fakagalo hifo ki loto he moana puke lahi, manatu nakai?"

Pete ni ia kua mauokafua ni a Talamea ke fakamooli e manako nei, fakalataha mo Niu, ti nonofo a laua he mataafaga ke taute he lologo he tau fonu ke uhu ke he mahina.

"Tua mai ki a maua ma Fonu – to kitia e koe e kautū he manako nei. Ha ko e mena kua tohi he tau fetū, ko e mena maeke e fekapitigaaki ke fakamaulu ti iloa foki he mahina e mena nai. Ko koe ko e tau faga manu fakatokolalo mo e fakamokoi ka ko e mahina ko e moui olaola he ha tautolu a kautū. Nakai mahani kelea a ia, iloa lahi e maua mo Niu e mena nai ha ko e loga he tau po ne fa tutala ai a maua mo ia. Na iloa e ia ko e tau kaptiga haana a maua ti nakai fai lekua ka hoko ki a ia. Nofo ni a koe i lalo he moana ti ka ui atu a maua ki a koe, hake mai ke he fugamoana ke maeke i a ia ke kitia a koe ma Fonu.

Kua talaatu mooli au ki a koe ma Fonu, to mafola e tau mena oti. Maeke i a au ke logona e tau fetūtahi ha

renew his friendship with the moon. However, Fonu did not want them to do it, as he was too shy. He told them that he was used to disappearing into the ocean at night out of respect for the moon. Talamea, however, decided to go through with the plan and told Fonu what it consisted of: "Fonu, we will collect all the starfish of the sea that we can possibly find and bring them here to Hiō tomorrow in the afternoon to early evening. We will form the image of a large turtle on the sand with the sparkling starfish. When the moon starts rising, the beautiful flickering lights of the starfish will arouse her curiosity. Then Niu and I will sing to her songs about her past friendship with all the turtles. I will play my flute and Niu will play his guitar. The moon always sees me, for I am a mahele child, and she already knows and trusts both me and Niu. When she comes over to look at the image of the sparkling turtle and listen to us sing, we will tell her how we know and trust you, Fonu, and how we want her to trust you too. We will convince her of your humility. When she agrees to meet you, I will signal to you to surface from the ocean, rise up and greet her, and see her greatness. And so you will be able to make amends and be her friend also."

46

ko e mena fa fanafana tumau mai a lautolu ki a au ke taute e mena nei ke lagomatai aki foki a koe. Kua fiafia lahi foki a lautolu ke lagomatai a koe ma Fonu ti pehē mai a lautolu ki a au, to mafola e tau mena oti."

Ne talia e Fonu e tau mena oti hagaao ki a Talamea ti fiafia lahi a ia ke taute tuga ni he talaage ki a ia. Ko e palelaa he aho hake ne fakatokatoka e Talamea mo Niu e tau fetūtahi ha laua he fuga oneone ti fekau e laua a Fonu ke hifo fakatote ki lalo he uluulu mo e fakatali ai.

Ko e magaaho ne kamata ai e mahina ke hake mai, ne onoono hifo a ia ki Hiō mo e kitia e fakatino lupalupa he fonu i luga he mata oneone tote he magaaho afiafi mo e kitia kua kikila fulufuluola atu. Ne logona foki he mahina e leo lologo ha Talamea he vahāloto he uulo haana fāloku mo Niu ha ne ta he haana kitā. Ne tuahā e mahina mo e finatu a ia ki a Talamea mo Niu mo e fakanogonogo ke he tau leo kofe mo e tau lologo fulufuluola ha laua. Ne fakatautonu e ia a laua, tutala atu ki a laua mo e hūhū atu,

"Fakaalofa atu ma haku tau kapitiga, hahā i ai mo mua e fakatino fulufuluola he fonu i luga he mata oneone ti lologo foki a mua ke he tau fonu, "Ko e heigoa ha mua ne lali ke taute?"

Ne tali atu a Talamea mo Niu, "Fakaalofa atu ma Mahina, ko e omai a maua ki hi nai ke lologo atu ki a koe e tau lologo ke he tau manu ne mua atu e totonu he fonua mo e tahi. Iloa e maua e tau mamahi ne taute e Patuō ki a koe he tau tau loga kua mole atu ma mahina ka e ole atu a maua ke tuku kehe e kaiaalu ia ne fa fakagalogalo a lautolu he po. Hahā i ai ha maua a kapitiga ne higoa ko Fonu ne manako a maua ke feleveia mo koe ma mahina. Ko ia ko e fonu fakatokolalo lahi mo e loto fakalofa. Ne matakutaku a ia ke feleveia mo koe ka kua taute pihia ha ko e manako ha maua. Mahina, nakai manatu a maua ke he ha kelea ki a koe, ka e manako a maua ke kitia e koe e mitaki

But Fonu was scared for the wrath of the moon and was not keen on the plan.

"I cannot do this thing that you ask of me because the moon has always been angry at my forefathers from so long ago. I do not think she will even look at me. And I still have this uncontrollable urge to disappear into the ocean, remember?"

However, Talamea was determined to make her plan work. "Trust us, Fonu," she said. "You will see that this will work. It is written in the stars that friendships can heal, and the moon knows this. You are a humble and kind species while the moon is the soul of our land. She is not mean – Niu and I know this fact from the many nights we have spent talking with her. She knows that we are her friends and mean her no harm. Just stay down in the ocean until we call for you come to the surface where she will be able to see you, Fonu. I promise you that it will be all right.

I can hear the starfish, for they whisper to me all the time, and they are telling me to do this to help you. They are willing to help you, too, Fonu and they are telling me that everything will be all right." Fonu appreciated everything about Talamea, so he was willing to do as he was told. Talamea and Niu spent that early afternoon on the beach composing the song of the turtle to sing to the moon.

The next day, late in the afternoon, Talamea and Niu arranged the starfish on the sand and told Fonu to go just below the reef's edge and wait.

As the moon started to rise, she looked down at Hiō and saw on the small sandy beach the image of a turtle sparkling in the early evening, and thought that it looked very pretty. Then the moon recognised Talamea singing and playing her flute while Niu played his guitar. The moon was definitely curious and she went over to Talamea and Niu and listened to their beautiful music.

ka fakanimonimo e agahala lahi nei ne tupu he tau tau loga kua mole atu."

Ne logona mitaki he mahina e tau tala oti ha Talamea mo Niu ti manamanatu a ia ke he falu a magaaho. Ko e tau tagata mitaki a nai ti ko e tau kapitiga fakalilifu ne kua maeke i a ia ke iloa mitaki ti nakai loa lahi e tau magaaho ne manamanatu ai a ia ti talia e ia ke feleveia mo Fonu.

Ne kua loga tuai e tau tau ne mole he kitia he mahina e fonu ti ko e magaaho ne talia ai e ia ke feleveia mo Fonu, ne poi mafiti atu a Talamea ke he moana ke talaage e tala mitaki nei ki a Fonu. Ne nofo fakakū a Fonu i loto he moana to hake fakaeneene mai a ia he tahi. Ne kitekite hifo e mahina mai he lagi ki a Fonu ha ne kakau fakatekiteki hake ki luga he puke tahi mo e matakutaku. Ne matike hake ai a ia mai he puketahi mo e haana a kapitiga ko Talamea ti taatu e ia a ia ke he fuga kelekele. Ne ofo a Fonu he kitia ko ia i mua ha mahina ka e nakai fakahehegi ki a ia po ke fakagalo hifo a ia ke he lalolagi i lalo he moana. Ne ono hake a ia ke he mahina mo e fuafuakelea.

Ka ko e mahina ne fuafuakelea lahi ha kua kitia e ia e mā he fonu. Ne vagahau age fakatokolalo a ia ki a ia ti mailoga e ia kua matakutaku mooli e fonu ti nakai

She acknowledged them and spoke to them:

"Hello, my friends, you have such a beautiful turtle image on the sand and you sing of turtles. What is it that you are trying to do?"

Talamea and Niu replied, "Hello, moon, we are here to sing to you a song about the most gentle species of the land and sea. We know of the pain Patuō caused you all those years ago, moon, but we ask that you lift the curse that makes turtles disappear at night. We have a friend called Fonu whom we would like you to meet, moon. He is a very humble turtle and has a very kind heart. He is afraid to meet you but has agreed to do so at our request. Moon, we mean you no harm, but we would like you to see how a great injustice from so long ago can now be undone."

The moon took in everything that Talamea and Niu said. It had been many years since the moon had seen a turtle, and she had to think for a little while. But these were good people and trusted friends that she had gotten to know, so it did not take her very long to agree to meet Fonu.

Talamea went running into the ocean to tell the good news to Fonu. He stayed beneath the surface of the sea for a while before appearing very slowly. The

manako a ia ke liu fakamatakutaku foki a ia. Ne fioia he mahina e tau manako mitaki a Talamea ti liu foki a ia logona hifo e navanava ke he haana a kapitiga. Ne vagahau atu e mahina ki a Fonu,

"Fakaalofa atu ma Fonu, ne manako e kapitiga haaku ke feleveia a taua mo e fekapitigaaki foki a taua – liga manako nakai a koe ke pihia ma fonu?"

Ne tali atu a Fonu,"E ma mahina, haia ia au e lilifu eke mo kapitiga haau. Ti fakamolemole lahi atu au ki a koe ha ko e tau mahani kelea he haaku a tau tupuna he tau tau loga kua mole atu.

Ne tumau ni e vagahau he mahina,

"Logona e au haau a agaaga fakatokolalo ma Fonu. Ko e agaaga totonu. Maeke he ha tagata loto mitaki ke logona e mena nei. Mailoga e au e kaiaalu ne tuku atu e au ke he tau fonu oti he tau vahā leva kua mole atu ti manatu au, liga kua lata tuai e matematekelea ia ki a mutolu. Ko e po nei, to lagaki kehe e au e kaiaalu ia haaku, ti kamata mai he aho nei, to maeke e tau fonu oti ke kakau fano he aho mo e po mo e nakai fakagalogalo. Kia fakailoa atu e koe ke he tau fonu oti a Nukututaha e tala nei ma Fonu."

Ne fiafia lahi a Fonu he logona e ia e tala nei mo e pehē atu,

"Ma mahina na e, fakaaue oue tulou. Ko e haaku ni a mena ne iloa tali mai he haaku a moui, ko e fakagalogalo he po ke he lalolagi i lalo he moana ti ko e po fakamua la ia a nei he kitia e au a koe. Ne kua logona foki e au e haau a fulufuluola ka e to lahi foki e matakutaku haaku i a koe. Kua maeke i a au he magaaho nei ke kitia e tau fetū he lagi pouliuli mo e ha lautolu a tau fulufuluola. Kua fakaaue atu au ki a mua ma Talamea mo Niu ha ko e ha mua a manako mooli ke lagomatai mai ki a au, ko e mooli ni ko e tau kapitiga haaku a mua ti pihia foki ni mo e tau fetūtahi he fuga oneone."

Ti ko e mena ia foki ne lupalupa mo e kikila lahi mai e tau fetūtahi oti he mataoneone tote nakai fa mahani

moon watched from the sky as Fonu swam to the surface in fear with slow lapping motions. He arose from the waters with Talamea his friend, and she took him onto the land. Fonu was surprised to find that although he was in the presence of the moon, she did not banish him or make him disappear to the undersea world. As he looked up at her, Fonu felt ashamed.

But it was the moon who was most ashamed as she witnessed the humility of the turtle. She spoke to him softly and realised that he was afraid; she didn't want to scare him any more. The moon saw Talamea's good intentions and was once again impressed with her friend. She spoke to Fonu: "Hello, Fonu. My friends wanted us to meet so we can be friends. Would you like that, turtle?"

Fonu replied, "Oh yes, moon, it would be an honour to be your friend. And I am so sorry for the bad behaviour of my forefathers so long ago."

The moon said, "I can feel your humble spirit, Fonu. It is very kind. Anyone with a good heart could feel this. I am aware of the curse that I placed on turtles a long time ago, and I think you have all suffered enough. Tonight I will lift my curse. From this day forth, all turtles will be able to swim in the day and night without disappearing. You may tell the turtles of Nukututaha, Fonu."

On hearing this, Fonu was most happy, and he said, "Oh moon, thank you so much. All I have known is to disappear at night into the undersea world. I have heard of your beauty, but I have also been very afraid of you. This is the first night of my life that I have seen you. I can see the stars in the night sky now and how beautiful they all are. I thank you also, Talamea and Niu, for your willingness to help me. You are truly my friends, as are all the starfish on the sand."

And with this, the starfish lit up even more brightly than usual. Talamea could hear them whispering with

ke pihia. Ne logona agaia ni e Talamea a lautolu he tau fanafana he olioli mo e fiafia ma Fonu. Ne maeke foki he mahina ke kitia maaliali e fakatino he fonu ha ko e kikila lahi ia he tau fetūtahi.

Logona e Papā e tala ke he haana a tama fifine tupuna ti matalahi a ia ma haana ha ko e haana a tau puhala lagomatai ma e falu tuga ni he fae fakaako atu e ia. Ne nonofo a Talamea mo Niu he mataoneone he po hake mo e lologo tokoua ka e hane uulo e faloku mo e ta e kitā ke he mahina mo Fonu. Ke kamata mai he aho ia , ko e tau kapitiga oti a lautolu ti kua fakaaue atu e tau fonu oti he motu ke he mahina ha ko e ha lautolu a tokanoaaga he po. Ka e mua atu ki a Fonu e fakalilifu tukulagi ki a Talamea ne kua fakahigoa he tau fonu oti, ko e tama afine fetūtahi mahele fulufuluola ha lautolu. Ko e tama afine pulotu ke he tau lologo ne maeke ke logona e tau fefanafanaaki he tau fetūtahi a Nukututaha

joy and happiness for Fonu. And the moon could see the turtle image even more clearly.

When Talamea's papa heard his granddaughter's story, he was very proud of her for the way she had helped out others, just as he had always taught her.

The following night, Talamea and Niu sat on the little sandy beach and played their flute and guitar, while singing songs to Fonu and the moon. From that day forth, they were all the best of friends. The turtles of the island – especially Fonu – were eternally grateful to Talamea for their freedom to look at the moon in the night. They all called her their beautiful mahele starfish girl – the gifted girl of song who could hear the whispering starfish of Nukututaha.

## Monega –
## Ko E Ika Mana Lanu Moana Ha Utukō

Ko e vahā leva kua mole atu he maaga ko Alofi ne kakau ai he uluulu i Utukō e loga he tau ika kikila mo e lanu moana. Ne kakau he mena ia a lautolu he logaloga e tau aho ti ka hifo e tahi, ne o hake mai a lautolu fakatata mai ke he tau pokoahu ha Utukō. Ko e magaaho na ne nofo ai e taha fuata ne higoa ko Loa ne tupu hake a ia i Alofi ti fa mahani ke fano ke kakau he tahi i Utukō teitei ni ke he tau aho oti.

Na monuina a Loa ke he tufuga leo kofe mo e lologo mo e fiafia ke fati lologo ke he tau mena noa ne viko takai ai ke he haana a moui he tau aho oti. Ne uta fano haana kītā ne foaki age he haana matua tupunataane, kavega ai ke he haana a tua; ko e kītā moua fiafia e ia mae haana aho fanau mo e tokiofa e ia e koloa uho na. Ne pihia ha ko ia ko e tama fuataha ne leveki he tau matua tupuna haana. Ne nonofo a lautolu ke he faahi atu he tau feutu ti mukamuka ia Loa ke poi hifo he tau aho oti ke kakau, he tupu hake a ia i Nukututaha mo e uta fano haana a kītā ke he ha mena ne fano a ia ki ai.

Ne loga e tau magaaho ne nofo ai a Loa he fuga maka he feutu mo e onoono atu ki tahi ka tā e kītā mo e uhu e tau lologo ke he haana loto fiafia ke he haana motu ko Nukututaha. He logona e mahofihofi ke he hahau fulufuluola ke he haana fofoga he onoono ke he to lā homoatu, he tau afiafi he haana tupu hake a ia he

## Monega –
## the Magical Blue Fish of Utukō

Long ago, in the village of Alofi, there swam in the reef of Utukō many bright and shining blue monega fish. They swam there most days, and when the tide was low they came in even closer to the shores of Utukō. At this time lived a young man named Loa who had grown up in Alofi. He was an only child and had been brought up by his grandparents. Loa was gifted in the art of music and loved to make up songs of everyday things that surrounded him in his life. He carried his treasured guitar, which he had gratefully received for his birthday from his grandfather, everywhere, strapped onto his back.

Loa and his grandparents lived across from the cliff at Utukō. Often Loa would sit on a rock at the cliff's edge and look out towards the sea, playing his guitar and singing songs that told the story of his love for his island home of Niue Nukututaha. He sang about growing up on the beautiful coast of Utukō and feeling the beautiful breeze on his face as he watched the wondrous sunsets in the early evenings.

Loa went swimming on the reef at Utukō practically every day. He would run down to the sea after his chores were done and always took his guitar with him.

It was quite a steep path from the roadside in Alofi to the sea, but Loa mastered it and became very

kautahi fulufuluola i Utukō. Ne fa poi hifo a ia he tau aho oti ke kakau ka oti e tau fekau haana he taute.

Ha ne poi hifo ke he uluulu ko e feua ne makaka lahi a Loa ke taute, ha kua paiaia lahi hifo mai he hala i Alofi ki tahi, ka e mukamuka kia Loa. Mua atu ni ka vela lahi a ia mo e fia loto ke kakau ke fakahahau ka oti e inu e niu age he tupuna fifine haana. Ko e uhu lologo haana kua logona he taha ika monega ne kua fia fakanogonogo ke he leo ne uhu e Loa mo e haana a kītā. Ne kakau fakatata mai a ia ke onoono mo e fakanogonogo kia Loa.

Ko e mogo fakapā ne nakai kitia e Loa a ia ti fai aho ne mole ti kitia e ia e ika lanu moana ne fa kakau tata mai a ia ke he kau tahi ke fakanogonogo kia ia ne fae lologo kia Tagaloa. Ne iloa e Loa ko e ika monega a ia ti ui ni e ia a ia ko Monega. Ko e tau hinafi lanu moana fuluola ha Monega kikila he tahi ti hohofi a Loa kia ia ha ko e kitia e lagi mo e tahi he haana a tino fulufuluola. Ne talaage a ia kia Loa ko e fiafia lahi a ia ke logona a Loa ka lologo he tau magaaho oti ti ko e mena ia ne fa hau a ia he tau aho oti ke fakanogonogo kia ia ha kua fakahohoko e ia haana agaaga. Ne kua ofoofogia lahi a Loa ke he tau lanu moana haana mo e fia iloa ko e tamai fēfē e Tagaloa e ika fulufuluola ia ke he haana kaina ko Nukututaha.

Ti ko e mena ia, ko e tau aho oti ka hifo a Loa ke kakau ti lologo ke kitia ko e hau nakai a Monega ti hau na ia. Ti tutala foki a laua ke he tau mena kehekehe ne tutupu ke he ha laua a tau momoui. Ne tala a Loa ke he haana a loto fakalofa ke he haana a tau matua tupuna mo e haana tau fakaleo lologo. Ka ko Monega ko ia ko e ika mana ka e nakai iloa e Loa e mena ia. Ne to leva lahi e mahani ha laua ā to talaage e ia kia Loa e tau mena haana ne taute. Ne iloa e ia ka tō talaage e ia kia Loa ha ko e fiafia lahi a ia ke he haana a uhu lologo, agaaga totonu mo e ko Loa ko e fuata fuluola Niue. Ti mole atu e falu magaaho ti

good at running down it, especially when he was hot and wanted to cool down with a swim after drinking coconut juice from his grandmother.

One day, Loa's singing caught the attention of one of the blue monega fish, who became fascinated with the harmonious sounds that he sang sweetly with his guitar. She swam in the pool close by, just watching and listening to him.

At first, Loa did not notice her, but after a few days he saw the blue fish who had been coming close to the shore to listen to him singing to Tagaloa. Loa knew that she was a monega fish so he called her simply "Monega". Her lovely scales sparkled in the sea and Loa was mesmerised by her colours of blue as the water reflected the sky on her beautiful body. He was fascinated that Tagaloa could bring such beauty to his home of Nukututaha.

Monega finally spoke to Loa. She told him that she was so happy to hear his singing that she came back every day just to listen to him, for he touched her soul. And so, every day when Loa went down for his swim, he would sing out to see if Monega would appear. She always did. They would chat about the different things that were happening in their lives. Loa constantly spoke of his love for his grandparents as well as his music.

What Loa did not realise was that Monega was a magic fish. Monega knew that she would eventually tell Loa her secret because she was so attracted to his singing and his friendly spirit, and he was a fine-looking young Niue man. After some time had passed, she finally trusted Loa enough to reveal her true self to him.

She told him that at night on every full moon, she swam out to the deep, blue Pacific Ocean and into the sacred parts of the sea that were home to all the fish people. Loa did not believe in fish people; how

talitonu a ia kia Loa mo e fakakite ai haana a tino mooli kia Loa.

Ne talaage a ia kia Loa kā pō he tau mahina kaututu, ne kakau atu a ia ke he moana lanu Pasifika lahi ke he tau matatepu fakatapu lahi he tahi ko e kaina he tau tagata-ika. Nakai talitonu a Loa ke he tau tagata-ika, ko e nonofo fefē a lautolu he moana? Mo e heigoa e aoga ha Monega he fano ke feleveia tumau mo lautolu ka kaututu e mahina? Pehē a Monega a ko ia ati fai hiku fulufuluola a lautolu ha ko lautolu magafaoa fakalataha mo e tau monega. Ko e gahua ha Monega ke liuaki age e lanu moana ne fā galo ke he tahi ha Nukututaha he tau mahina oti ke fakalanu aki e tahi he motu, ko e lanu moana fulufuluola a na. Ne kakau atu a Monega ke he matakavi tapu he tau mahina oti mo e lologo atu ke he Atua he tahi ke uta e tau lanu haana ne fakakikila aki e pō mo e age ke he tau tagata-ika he moana. Ko e gahua haana a ia a to oti haana tau aho i Nukututaha he tau mahina kaututu oti ti ka oti haana a vahā ko e gahua nei to kotofa foki taha ika monega ke uta e gahua ia.a Ti na tokologa a lautolu he moanake fifili mai ai taha.

Ne ofogia a Loa he tala nei. Ke iloa ko e fai puke tagata-ika taane mo e ika fifine he moana ne e iloa he kapitiga haana ko Monega. Ne hūhū a ia kia Monega ke maeke nakai a ia ke ō mo ia ke kitia e tau tagata-ika ka liu foki a ia ke kakau atu ke he moana, ka e nakai talia haana a ole. Nakai maeke ha tagata ke kitia e tau tagata-ika ha ko e magafaoa haana a lautolu ti lata ke laveaki a lautolu ha ko lautolu ko e tau leveki he moana.

Ko e matakutaku foki a ia ke he haana a Loa ha ko e tau tagata-ika na fulufuluola lahi a lautolu ti iloa e Monega to liga galo a Loa kia ia ke he taha ika fifine fulufuluola. Ne tokihala a ia he talaage haana a gahua kia Loa ka e eke fēfē kua fekapitigaaki mitaki lahi a laua. Ko e haana leo lologo ne fakatumau e ofoofogia ha Monega. Ko e tau fati lologo ne lologo e Loa kua

could it be that they existed in the ocean? And what was Monega's purpose of going to visit them every full moon?

Monega said that she was the reason the fish people had beautiful tails and that they were part of the monega fish family. Every month, the fish people would lose to the seas of Nukututaha their amazing aqua blue, giving the sea its beautiful colour. Monega's job was to give them back their blue colour. She swam out to the sacred place every month and performed her ritual. She would chant to the god of the sea, asking him to take her colours that sparkled at night and give them to the fish people of the ocean. Until the end of her days in Nukututaha, this would be her job every full moon, and when her time was up, another monega fish would be appointed to carry on. There were plenty of them in the ocean.

Loa was amazed to find out that there was a population of fish men and fish women in the ocean that his friend Monega knew. He asked her if he could come and see them the next time she went to them, but she refused him. It was not right to have a human witness to the fish people, as they were her family and guardians of the ocean as well, so they needed to be protected.

She was also afraid for Loa because the fish people were a very beautiful species and Monega knew that she could very well lose Loa to any one of the fish women. She wished that she had not told Loa about them, but she had not been able to stop herself, as she and he had become such good friends. His singing continued to mesmerise her; his tunes sounded so smooth in his Pacific timbre that they hypnotised her into a lovely state of relaxation and calm.

Loa was still very curious about the fish people. He decided to bide his time, then lull Monega into a relaxed state and fulfil his desire to follow her to see them.

leo momole he haana leo taogo faka Pasifika, ti kua fakamalugia a Monega, fakaokioki mo e milino.

Ka e fia iloa mena agaia ni a Loa ke he tau tagata-ika ka e manamanatu a ia ke leo ni a ia mo e toka a Monega ke fakaokioki haana a loto to fakatō haana manako ke mui tua kia ia ke he tau tagata-ika ka fai magaaho hagahaga mitaki. Ha ko ia ko e tagata malōlō he kakau ha ko e tau tau ne tupu hake ai a ia he kau tahi mo e moana. Ne fa tutala tumau agaia ni a laua he uluulu ha Utukō, ti mole atu fa e mahina-kaututu ne manatu a Loa ke ole a Monega ke uta a ia ke he matepu kua fahia a ia ki ai to kakau atu a ia ke he tau tagata-ika.

Ne nakai kitia e Monega e kelea he ole ia ha ko laua kapitiga mitaki a laua ti talia a ia kia Loa ke mui tua ke he matatepu ni he moana kua fahia a ia ki ai. Ti ko e mahina-kaututu ne foaki e maama mitaki mo kitia e hala ke he moana ti pihia foki ke he maama mai he tau fetū. Na iloa e Monega e hala ke ō ai ha ko e mena fa fano tumau a ia. Ko e nava lahi a ia kia Loa he maō lahi haana a kakau mo e haana tau ka lima fakagahua ti talaage pihia a ia kia Loa. Ne mamali mo e fakaaue a Loa kia Monega.

Ti hohoko a laua ke he taha matakavi ti tu ai a Monega mo e talaage a ia kia Loa kua fakaoti haana a kakau he matatepu na – ke fuluhi a ia mo e liu ke he Uluulu ha Utukō. Talia e Loa mo e fuluhi ke liu tua fakavai mo e kakau fakaeneene a ia. Ne leo a Monega ke logona a Loa kua liu. Ne logona e ia kua liu a Loa ti kakau atu a ia ke he matatepu tokanoa he uho he moana. Ne fakanogonogo a Loa mo e kitia a ia ne fae uhulologo fakatātiuki e tau kupu kia Atua he Tahi,

"Ha e a Monega, ha e a Monega hafagi e tahi haau i lalo he moana ma Monega!"

Ti ko e tau kupu fiha ia ne mahafagi e moana ti uku hifo a Monega ke he matapoko he moana, ka e to ma pā e moana, ne uku hifo a Loa fakatata atu fakaeneene lahi ke he tua haana. Ne huhū atu a laua ke he lalolagi

Loa and Monega still chatted often at the reef of Utukō. After four full moons, Loa decided to ask Monega to take him out as far as he could possibly go before she swam off to the fish people.

Monega saw nothing wrong in this – after all, they had become good friends – so she agreed.

Because the moon was full, it provided good light for guidance in the ocean along with the light of the stars. Monega knew the way to go well, as she had done the journey so many times before.

Loa was a strong swimmer from years of growing up on the reef and spending time in the ocean. Monega was impressed with his swimming skills and his athletic arms and told him so. Loa smiled and thanked her.

Finally they reached a point where Monega stopped and told Loa that this was where he must turn around and return to Utukō Reef. Loa agreed and pretended to turn around and swim away. Monega waited for Loa to leave. Once she had satisfied herself that he was gone, she swam to an isolated spot in the middle of the ocean. Loa followed her as quietly as possible and listened as he witnessed her chanting words to the sea god:

"Monega is here; Monega is here; open your seas below the ocean for Monega!"

And with these few words, the ocean opened up. Monega dived into the hollow with Loa following close behind as discreetly as possible, before the ocean closed up again. They entered the undersea world of the fish people. Everything was the most beautiful sparkling aqua blue as all the fish people had just lost their blue colour to the ocean as Monega had said they would.

It was easy to hide in the undersea world, as there was a lot of seaweed and rocks for Loa to hide behind. He saw the fish people. There were men and women, and they were indeed a very handsome people. They all had athletic bodies and very strong fishtails, which

tahilalo he tau tagata-ika he mena ne mua atu e kikila lanu moana fulufuluola ha kua galo oti tuai e tau lanu moana he tau tagata-ika ke he moana tuga ni he talahau e Monega ko e tō pihia a lautolu.

Na mukamuka lahi ke fakamumuli he tahilalo he loga e tau limu mo e tau maka, ti fakamumuli a Loa i ai. Ne kitia e ia e tau tagata-ika fulufuluola. Ha hā i ai e tau taane mo e tau fifine ko lautolu ko e tau tagata fulufuluola. Ko e tau fifine fakalotoofoofogia ha ko e ha lautolu a tau lau ulu loaloa ne fa e malele tuga e limu. Ko e tau tino malekaleka ha lautolu oti mo e tau hiku maō kua maata lanu moana. Ko e tau mata kakī oti ha lautolu mo e kehekehe e tau lanu he tau lau ulu,- kakī, uli mo e polone ti vavevave e vagahau ke he taha mo e taha. Ne ō mai vave a lautolu mo e iloa e mena ke taute ha ko e mena fa taute tumau. N e kakau viko takai a lautolu ia Monega fulufuluola mo e lanu moana mo e lologo fakatātuki ke he Atua Tahi,

"Ko Monega ha e, ko Monega ha e- foaki mai e tau lanu fulufuluola i lalo he tahi ma mautolu!"

Ne fakatumau atu e lologo fakatātuki ha lautolu ti liu foki ti liu foki mo e leo lahi fakahaga ti fakamalagaki hake a Monega ki luga he tau ulu ha lautolu, ti pā e igi lanu moana mo e hufia aki e tau tagata- ika ti liu e tau hiku ha lautolu ke kikila mo e lanu moana ti fiafia a lautolu oti.

Ne hifo a Monega mo e okioki he tau ka lima he tagata fifine-ika ka leveki a ia a tō mau a ia ke liu ki kaina. Ko e onoono a Loa mai i tua he limu ko e tuga ni he talahau tuai e Monega, manako loto a Loa kia ika-fifine fuluola ko Moana. Ne mataono a ia kia ia ha ne fae leveki ia Monega ha ko e gahua haana a ia. Ko e loloa haana a tau lau ulu limu kakī mo e tau mata lanu kakī mamā tuga ni e tau tagata-ika oti. Ti kitia e Loa a haana a levekiaga mitaki ke he kapitiga haana ko Monega. Pihia foki mo e haana fakatafea ke he taha faahi he moana mo e tau lau ulu molū ne felele i tahi.

were a faded blue colour. They had light brown eyes and hair of different colours – brown, black and blonde. The women were mesmerising with hair that flowed like seaweed.

The fish people spoke quickly to one another. They knew what needed to be done, like so many times before. They came together and formed a circle around the beautiful blue Monega, and began chanting to the sea god,

"Monega is here; Monega is here; let us receive her beautiful colours in our enchanted world under the sea!"

They continued to chant these words over and over again, getting louder and louder every time. Monega was raised above their heads and a huge burst of blue ink exploded from her body, covering all the fish people. Their fishtails became sparkling and blue in colour once again, and they were all happy.

Monega came to rest in the arms of a fish woman called Moana, whose job it was to take care of her until she was ready to go back home. As Loa watched from behind the seaweed, it was just as Monega had predicted: he fell in love with the beauty of Moana. She had light brown eyes like all the fish people and long, soft seaweed-brown hair that flowed in the water as she glided across the ocean. Her eyes were very clear and she was as beautiful as, if not so more than, the rest of the fish people.

Loa was touched by the way Moana took such good care of his friend. But as Moana was nursing Monega back to recovery, she caught sight of Loa and screamed with fright. Monega awoke quickly, turned to see what Moana was screaming at and saw Loa. He apologised for frightening Moana, but it was too late. Monega growled at him for following her to the undersea world. Although the fish people were a gentle folk, they did not take kindly to any outside influences coming into their environment.

Ko e tau mata haana tā taha e tavana, mo e fulufuluola lahi a ia he fakatatai atu foki ke he tau tagata-ika oti.

Ko e mogo ne fae leveki ai e Moana a Monega ke malōlō ne kitia e ia a Loa ti kakaā a ia he matakutaku. Ne ala a Monega mo e fuluhi ke kikite ko e heigoa ha Moana ne fae kakaā ki ai ti kitia e ia a Loa. Ne ole lalo a Loa he fakamatakutaku e ia a Moana kae kua to mui tuai. Ne vale a Monega kia Loa he muitua a ia kia ia ke he lalotahi ti pete ni ko e tau tagata-ika totonu a lautolu na nakai fiafia a lautolu he tau faoa ne o mai ke he ha lautolu a takatakai kaina. Ko Monega ko ia ne tua he tau tagata ika a ia ti nakai loto a ia ke galo e tūaga ia haana. Ko e taha mena foki ko e fakahala haana he mui tua kia Monega ko e liga ko e mate he tau magō - ko e mena ni he tau tagata ika ke taute ko elologo fakaleo kiī ti to ōmai ni tau magō ke laveaki a lautolu.

Ne manamanatu fakamafiti a Monega ke laveaki a Loa. Ne ole a ia kia Moana ke fakamolemole ke fakanononono ha ko e kapitiga haana a Loa to nakai fai lukukia ko e hau mafola. Ko e magaaho ia ko Monega ni mo Moana ne iloa ko Loa ke he mena na ti loto a Monega ke toka ni pihia. Ka e matemate loto agaia a Loa ke he fuluola ha Moana mo e auatu haana a tau mataono kia ia. Ko e mogo ne kitia ai e Monega e mena ia ti ita tafuā a ia he manamanatu ke he kapitiga haana ko Loa mo Moana, ti manako a ia ke vevehe kehe a laua. Ne mole e ofo mo e matakutaku ha Moana ia Loa ti mataono a ia ke he haana a tau mata mo e kitia e mafanatia mo e logona e ia e hagahaga mitaki. Ka ko Monega ko e ika iloilo ti fakamanatu age kia Moana ko e mena uka lahi ke nofo a Loa he lalo moana. To liliu vave a laua ti fakamanatuage ke fakanono a ia. Ko Moana ko e fifine-ika loto holoi lalo mo e leo tote ti talia e ia ke ua talahau ha mena.

Ti talaage a Monega kia Loa ke ō fakaave a laua ti pehē foki a ia ke ua liu mai a ia neke to mate a ia he lalolagi i he tahi ka iloa e lautolu ko ia ki ai. Ko e mogo

Monega was in a trusted position and she didn't want to lose her place. She was also fearful that Loa's penalty for following her could very well be death by sharks: all the fish people had to do was to sing their high-pitched tunes and the sharks would come to protect them.

Monega had to think fast to save Loa. She asked Moana to please be quiet. She told her that Loa was harmless and came in peace. At this point, it was only Monega and Moana who knew of Loa's presence and she hoped to keep it this way.

Loa was still fascinated by Moana's beauty and continued to stare at her. Her initial fear of Loa having passed, Moana looked into his eyes and saw warmth in them, and she felt comfortable. When Monega saw this, she became very jealous at the thought of her friend Loa being with Moana and wanted to keep them apart. Being a very clever fish, she reminded Moana that it would be impossible to keep Loa under the ocean. She said they would leave together straight away and urged Moana to be silent. Moana, being a humble and quiet fish woman by nature, agreed not to say anything.

Monega told Loa that they were to leave immediately and that he must never return, for he would surely die in the undersea world if the other fish people knew that he was there. As Loa turned to leave, he looked at Moana one more time, and they made direct eye contact. Moana turned her head away quickly, for she felt a warmness on her face as she looked at Loa. Monega watched with jealousy at the reactions of Loa and Moana to each other. She managed to push Loa along to the gateway that would open the ocean as she chanted to the sea god, "Monega is here; Monega is here; open the oceans and let Monega free!"

The oceans opened up and Monega and Loa glided straight to the top and made their way back on the long journey home to Utuko in Alofi, Nukututaha.

ne fuluhi a Loa ke fano kehe mo tahilalo ti onoono a ia kia Moana mo e felauaki ha laua a tau mata. Fuluhi kehe fakaave a Moana he logona hifo e ia e mafana he haana onoono kia Loa. Ne onoono agaia a Monega kia laua mo e ita tafuā a ia he kitia e fakafetuiaga ha Loa mo Moana. Ti maeke a Monega ke poka a Loa ke he gutuhala ka fakamafagi aki e tahi kae uhu e ia e lologo ma e Atua Tahi ke hafagi e moana.

"Monega ha e, Monega ha e, hafagi e moana ke fakatoka mo e fakatāina a Monega!"

Ko e mogo ia tonu ne mahafagi e moana ke fakapaagi hake a Monega mo Loa ki luga ke fenoga atu a laua ke he kaina ko Utuko i Alofi Nukututaha. Ne maliu e fuata ko Loa mo e talaage pihia a ia kia Monega he haana a fiafia ke he lalotahi mo e haana a feleveia mo Moana. Hūhū a ia ko e fai puhala nakai ke liu atu a ia ke he moana ke liu feleveia mo Moana Pehē a Monega nakai ka ko e hane une hake e haana a ita tafuā he tala a Loa kia Moana mo e haana a fulufuluola. Ne fakamaama age fakamitaki e ia kia Loa e nakai fiafia a ia he nakai fakanogonogo a Loa kia ia ka e mui tua kia ia ki lalotahi. Manatu a ia kua fano kehe haana a fakamooli mo ia.

Ne ole fakamolemole a Loa kia ia ke he haana a mahani liuliu ti leva ha laua a mavehevehe to liuliu fekapitigaaki ka e fa hifo agaia ni a Loa ki Utuko ke kakau mo e lologo, kae leva lahi to liu atu a Monega he mamahi haana a loto k e he haana a kapitiga.

Kae pete ia, ne hoko ke he taha vahā ne fia logona lahi a ia ia Loa ka lologo ti liu a ia ki Utuko mo e fiafia lahi a Loa he kitia a ia. Ne fai magaaho he mole to maeke a ia ke lologo foki ke tuga fakamua kae nakai fiafia a Monega he logona e tau lologo hagaao ke he ika-fifine ne higoa ko Moana. Ne nofo agaia ni a Moana i tahilalo mo e ai fai manamanatuaga ke he taha puhala moui mo Loa he uka lahi. Kae nakai nimo e Loa e fifine ika fulufuluola mo e fa hūhū tumau a

Loa was a changed young man. He told Monega how fascinated he was with the undersea world and his meeting Moana. He asked if there was any way that he could get back to the ocean to meet with Moana again. Monega plainly said no, but she became even more jealous as Loa spoke of Moana and her beauty. Monega made it clear to Loa that she was disappointed he had chosen not to listen to her and had followed her into the undersea world. She felt that her trust for him had gone.

Loa apologised to her for his behaviour, but it took a long time for them to eventually be friends again. Loa still went to Utuko to swim and sing, but for a long time, Monega did not return because of the pain she felt.

However, there came a time when all she wanted was to hear Loa sing again so she made her way back to Utuko. Loa was overjoyed to see her. It took a while before he could sing again freely like he had before, and when he did Monega was angry to hear songs of a fish woman named Moana. Moana still lived in the undersea world and tried not to think about a life with Loa because it was just impossible. But Loa had not forgotten the beautiful fish woman and kept asking

ia kia Monega ko e maeke nakai ia laua ke liliu ke feleveia.

Ati kua fiu a Monega ke he tau hūhū ha Loa mo e tau tala kia Moana ko e ika-fifine ne nakai maeke a ia ke moua. Ti ko e mena ia kua manamanatu a Monega ke fano kehe tukulagi mo Utuko mo e nakai talaage kia Loa. Kae pete ia ko e aho ne mau ai a Monega ke fano kehe mo Utuko ne to e afā vale lahi kua kamata mai i loto he moana mo e tau matagi kua kamata ke tomumu mai ki Nukututaha mo e tafea atu ki loto he taone ko Alofi.

Ko e tau peau kua kamata ke hohoko ke he tau faga lalahi mahaki toili ka ko Monega kua moua he tau peau vale mo e katu fano he moana. Ne tagi mo e kakaā atu ke he taha lagomatai ka ko e tokotaha ni a ia. Ko Loa hāhā i luga he motu he lalo fakamalu. Ko Monega kua nakai fahia i tahi hane fae liti fano mo e fano he tau peau. Ne mamahi ko e tagi atu tumau a ia. Ne toetoe noa hana malolō ti hoko atu e lima mo e hamuti mai a ia. Ne kua fakahao a ia , haane kakau mafiti atu he tahi loka lahi uku hifo ai ke lalolagi I lalo he tahi.

Ko Moana ne fakahao a Monega, ti iloa foki ko e moui a ia ha ko Moana. Kua fuafua kelea a Monega ha ko e haana a ita tafuā kia Moana. Ne fai magaaho ati mole a afā vale mo e motu ko Nukututaha kae lahi e malona ke he tau akau mo e tau kai he fonua. Ko e monuina noa ni he nakai fai pakia he afā vale. Ko e tau tagata oti ha Nukututaha ne monuina he momoui. Kua mau a lautolu ke o ke fakameā e motu ke tuga he fa taute tumau pihia.

Fakaaue tukulagi a Monega ko e ika mana ne hūhū a ia kia Moana ko e heigoa haana mena kua fia manako ha ko e lagomatai haana kia ia. Nakai ole a Moana ke he ha mena ko e fia loto noa na ia ke lagomatai he kapitiga haana he talaage e ia kia Monega. Ne iloa e Monega ka tō foaki age e ia mena fakalofa e manako ma e fifine-ika.

Monega when it would be possible for them both to go back to visit her.

Monega soon tired of Loa's questions and his talk of Moana the fish woman, whom he would never be able to have. So she decided to leave Utuko forevermore without telling Loa. However, on the very day that Monega decided to leave Utuko, a ferocious typhoon began to stir out on the ocean and howling winds started to sweep through the Alofi township on Nukututaha.

The waves in the ocean reached epic proportions, and Monega was caught up in the vicious waves and thrown around in the sea. She cried and screamed out for help, but she was on her own. Loa was on the land under shelter. Monega was barely conscious, crying continuously as she was hurled over and over in the wild open sea, when an arm grabbed her. Her rescuer swam with her at high speed through the savage sea before they dived into the undersea world.

It was Moana who had rescued Monega. When Monega realised that she was still alive because of Moana, she was ashamed of herself and her jealousy of the fish woman. Eternally grateful, Monega the magical fish asked Moana what she would like in return for helping her in her time of need. Moana did not ask for anything; she told Monega that she had only wanted to help a friend.

It was a long while before the typhoon had passed over the island of Nukututaha, and it caused a lot of damage. Trees and crops were ruined. It was with great fortune that there were no casualties from the typhoon; all the people of Nukututaha were lucky to be alive. They were ready to move on and clean up the island as they had done so many times before.

A short time later, Monega found out that it was Moana's dream to have legs to walk the land of Nukututaha, but she had been too shy to ask. Monega knew that she would gift Moana her wish.

61

Ko e magaaho tote ne mole ne iloa e ia e mohe miti ha Moana ke fai hui a ia ke laka hui ke he kelekele ha Nukututaha kae mā lahi a ia ke ole. Tō leva lahi he mole atu e afā vale ti taute e Monega e mena ia ma Moana pete ni ne ita tafuā a ia he tau mogo fakamua. Ti uta e Monega a Moana ke he uluulu i Utuko he iloa to koukou a Loa he pale lā mo e tā haana a kitā mo e lologo.

Ne kakau hake a Monega mo Moana ke he uluulu ti uhu e Monega e tau kupu ke fakafaliu aki e hiku ha Moana ke he tau hui kae fakamafana a Monega kia ia ke nakai tukumalagi ka ko e taha ni e aho. To liu mai a Monega ke fakakia ia Moana he pale lā he aho hake ke liuaki a ia ki tahilalo. Ka nakai pihia to maliu a ia ke he oneone.

Ko e mena uho a nei ke manatu ti talia e Moana. Ko e faliu e hiku ha Moana ke he tau hui mo e laka hake a ia he uluulu kia Loa mo Monega hane fae kakau mai he tapa. Kua ofo lahi a Loa ke he mena mooli kua laka hui e fifine-ika kia ia.

Ne vagahau a Monega kia Loa mo e talaage kia ia e tau mena ne tutupu he tau mogo ne ai fakalataha ai a lautolu mo e ko e ha ne fai hui ai a Moana. Ne fakamaama kia Loa e tala ke age e manako haana ke laka hui he motu ha Nukututaha. Pihia foki mo e tūmalele ia Moana ke liu mai vave he aho hake he magaaho taha ia ni neke faliu a ia ke he oneone.

Ne maama e Loa mo e fiafia a ia ke feleveia mo Moana ke he kelekele ti uta e ia ia ke evaeva he taone ko Alofi mo e ō he motie lanu lau kou. Ne fakaako foki e ia a iake toli niu. Ne fagai loku e ia a Moana mo e fakainu aki e puke niu ke fakatō haana fia inu. Ne fiafia lahi a Moana ti mua atu ni e mitaki he laka hui i luga he kelekele ko e mena mavinivini lahi oti kia ia. Tō nakai nimo ia ia e aho na ke he tau aho oti he moui haana, ti logona e ia moui olaola.

Ne kua fiafia a Monega ha kua galo noa haana

It was a long time after the typhoon that Monega made Moana's wish come true. In spite of her past jealousy, Monega took Moana to Utuko Reef, where she knew that Loa would be swimming as he had always done in the early afternoon before playing his guitar and singing.

Monega swam with Moana up to the reef and chanted the words that would change her fishtail into legs. She warned Moana that it would not be forever, but only for one day. Monega would return at the same time the next afternoon to take her back to the undersea world. If Moana did not come, she would turn into sand; this was very important to remember. Moana agreed. Her fishtail changed into legs and she walked up the reef towards Loa with Monega swimming close by. Loa was dumbfounded at the fact that the beautiful fish woman was walking towards him on legs.

Monega told Loa of the events that had happened since they had last seen each other and explained why Moana had legs. She also explained to him the conditions of Moana getting her wish to walk on the land of Nukututaha and the importance of her returning the next day at the same time. Loa understood, and was so happy to meet Moana on the land that he took her for a walk through the Alofi township and the open green grass. He fed her pawpaw and gave her coconut juice to quench her thirst. He even taught her to climb up a coconut tree. Moana enjoyed herself very much, especially the sensation of walking on the land, which was thrilling for her. She felt so alive and she knew she would never forget this day as long as she lived.

Monega was happy for Moana. Her jealousy had dissipated with the gift of her life from Moana. Loa was also happy because Moana was enjoying his company and he had his friend Monega back in his life – his two best friends, he thought.

ita tafuā ha ko e haana a mena fakalofa ko e moui ne foakiage e Moana. Kua fiafia a Loa ha kua fiafia a Moana ke fakahoa mo ia mo e kua liliu foki a laua mo Monega ke fekapitigaaki, ko e tau kapitiga mitaki lahi haana he manamanatu e ia. Kae hoko mai e po ti momohe hololoa a Loa mo Moana he lolelole a laua ha ko e tau feua hakahakau he aho. Ne aala a laua mo e oatu tuai kae ha hā i ai e momoko kia laua ha kua iloa e laua ko e liu hane fai tukumalagi a Moana he afiafi na.

Ne momoko lahi a Loa ke he manatu ia ti hifo a ia ki Utuko mo e hea atu kia Monega. Ne ole a ia ko e fai puhala nakai ke taute ke maeke ia Moana ke nofo levaleva he motu. Ka kua fitā he talaage e Monega kia Loa ka tō faliu a Moana ke he oneone ti mitaki ni ke fakatoka a ia ke liu. Na fai kaupaaga haana a tau mena ke taute ha ko ia ko e ika mana.

Ne mole e mogo ia ne ō a laua kitekite ana, kai mo e ō evaeva noa ni he motu ko Nuku-tu-taha ā tō hoko e magaaho ke liuliu ki kaina. Ne tagi a Moana kia Loa he ō kehe a ia mo Monega, ti fuluhi a ia mo e fakapihi ki moana ko e hiku haana kua liu mai. Ti galo hifo a Moana ki tahilalo. Ne tagi a Loa ke he haana Moana.

Ka ko e magaaho he liu atu a Moana ke he tahilalo ne iloa e ia fai moui foou tuai a ia i loto ia ia ko e ha Loa. Ne iloa e ia e mena ke taute ha ko e mōli ni ko e tama he motu a na ha kua logona e ia e tau hui fae tele i loto he manava haana. Ne hea a Moana kia Monega mo e talaage kia ia e moui foou i loto ia ia mo e to nakai maeke haana a tama ke nofo i tahilalo. Ne talia e Monega ke lagomatai a Moana ke fūfū a ia mai he tau tagata ika mo e ka fanau mai e tama to uta a ia kia Loa he motu.

Ne loto momoko a Moana kae fanau e ia e tama fifine ulu fitifiti kakī, momole fulufuluola e kili ke tuga haana matua taane. Ne tagi a Moana ke he haana a tama fifine mo e mamahi haana a finagalo he nakai maeke a ia ke nofo mau i tahilalo. Ko e tama to uta e

As night came, Loa and Moana fell into a deep slumber, for they were tired after the events of their day. When they awoke, they started out early. They had a sadness about them, for they knew that Moana would be leaving forever that evening.

Loa was so unhappy at this thought that he went down to Utukō and called out to Monega, who came to him. He asked her if there was any way that they could let Moana stay a little longer on the land. But Monega told Loa that there were limits to what she could do as a magical fish and Moana would surely turn to sand, so it would be best to let her go.

So Loa and Moana spent the day exploring the caves, eating and walking the land of Nukututaha until it was time for her to go home. Moana cried on Loa before she left with Monega. As she turned and splashed into the ocean, her tail reappeared and she disappeared back towards the undersea world. Loa wept for his Moana.

After a while, back in her own world, Moana found out that she had a new life inside her that belonged to Loa. She did not know what to do, for this would surely be a child of the land; she could feel legs kicking inside her belly. Moana called Monega and told her of the new life inside her and how her child could not live in the undersea world. Monega agreed to help Moana hide herself from the fish people and take the child to Loa on the land when it was born.

After many moons had passed, Moana gave birth to a baby girl with brown hair, beautiful smooth skin and legs like her father. Moana cried for her daughter as her heart ached for the fact that the baby could not live in the undersea world, that she had to be taken straight away to the land of her father in order for her to breathe and have life.

Monega gave the baby girl to Loa, who already knew of his gift from God and was waiting for her. He

Monega ke he motu ke he haana matua taane ke maeke ia ia ke fafagu mo e fai moui. Ne age tama fifine kia Loa ha ne fakatali mo e iloa fitā e ia e haana fakalofa mai he Atua. Ne fakahigoa e ia haana tama fifine ko Moana-Loa ke hā ko e haana matuafifine fulufuluola mo ia. Ne maama ia Loa mo Moana ka to nakai maeke a laua ke fakalataha kae mavehe a Monega kia Moana ko e moui he haana tama fifine ko e moui mitaki ha ko e fakalofa he haana matua taane. Ne nakai a maleku a Moana ke he haana a tama fifine to leveki fakamitaki he matua taane e tama ha laua. Ne mole atu e tau magaaho he loto mamahi ha Moana ke he haana tau toka loto tokoua kae mafanatia a ia he iloa e ia ko e mitaki lahi e tau levekiaga ha Loa mo Monega mo e fakahelehele foki ke he haana a tama.

Ne fā kakau agaia a Loa i Utuko mo Moana-Loa mo e moui hake a hake aana ti taatu foki e ia haana kitā mo e lologo ke he haana tama fifine ne fae fefeua he moana. Ne fā lologo agaia a ia kia Moana ko e haana matua fifine fulufululoa he tahi lanu hokulo ne nakai maeke ke hake mai ke he motu kae logona agaia ni haana a tau lologo i lalo hifo he tahilalo. I Utuko ne iloa e Moana-Loa ko e matakavi mitaki lahi ne fakahigoa he matua taane haana ko kaina mo e loto lahi foki a ia ke he haana tau leo kofe.Ne iloa mitaki fakahaga foki e Monega a Moana –Loa ti leveki atu foki a ia kia ia.

Ko e tala kia Loa mo Moana kua iloa agataha he tau tagata i Utuko mai he tama fifine ha laua ko Moana-Loa. Ti iloa he tau tagata Nukututaha he vahā nei e tupuaga he tahi lanu ke he moana hokulo he motu ha lautolu, mai he tau tagata ika ne nonofo he moana hokulo lanu moana. Pihia foki mo e ika mana fulufuluola homoatu ne higoa ko Monega ha Utuko.

named his daughter Moana-Loa after her beautiful mother and himself. Loa and Moana understood that they could never be together, but Monega promised Moana that the life of her daughter would be a good one through the love of her father. Moana had no doubt that Loa would take good care of their daughter.

Time went on, but Moana's heartache for the two loves of her life never went away. However, she was comforted with the knowledge that Monega and Loa had the best interests of her daughter and that she was loved.

As Moana-Loa grew up, Loa still swam down at Utuko, and he took his guitar and sang to his daughter as she played in the ocean. He still sang of her beautiful mother Moana in the deep blue sea, who could not come up to the land but could hear his songs way down in the undersea world.

Moana-Loa grew up in the wonderful place her father called home, and she loved going to Utuko and hearing his music. Monega got to know Moana-Loa very well and took good care of her too.

The story of Loa and Moana finally became known to the people of Nukututaha through their daughter Moana-Loa. The people found out why the sea of their island was such an amazing blue – because of the fish people found in the deep blue ocean and a beautiful, magical blue fish called Monega of Utuko.

## Ko Pele Mo Niu
## Mo E Tau Feari He Pu Mana

Ko e vahā leva lahi kua mole atu, ne ha hā i luga ke he fuga maka feo tokoluga ko Nukututaha i loto he Pasifika ne nonofo ke he maaga ko Vaiea tokoua e fanau mahele, ko e tugaane mo e mahakitaga, ne fanau mai he taha ni e magafaoa. Ko Pele, ko e tama fifine ne fanau fakamua ke he taha e tau mo Niu ko e tama taane ne fanau ke uaaki. Ne momoui hake a laua mo e tau mamatua i loto he maaga, mo e to lahi e hakahakau ke he loto kaina mo e aoga mo e fa kumi mena foou tumau ke taute he tau magaaho oti. Ko e tau manamanatuaga hakahakau ha laua ko e fefeua tumau mo e ha laua tau lafu kaasini mo e fakafeoka a lautolu ke he tau fefeua oti. Ne fiafia lahi a laua ke ō ke kakau mo e fefeua he malē mo e falu fanau foki.

Ka e manamanatu tumau e tau mamatua ha laua ke he ha laua fanau mahele ko e tau fanau feao a laua ha ko laua ni e tau fanau mahele he fonua ke he magahala na mo e mahuiga lahi a laua ke he tau fanau oti. Ne momoui hake a laua ki loto he fonua ko Nukututaha mo e onoono hake ke he pulagi he po ne pouli mo e tau fetū mo e talaage tumau ke he matua fifine ha laua na logona e laua e tau fetū he po ne fae fetutalaaki. Ne fa talitonu tumau kia laua e matuafifine ha laua kua maeke mooli a laua ke logona e tau fetū ti nakai fai

## Pele and Niu
## and the Enchanted Flute Fairies

Long, long ago on the highest coral rock atoll of Nukututaha in the Pacific, there lived in the village of Vaiea two mahele (albino) children – a brother and a sister born of one family. The girl, Pele, was born first by a year, and the boy, Niu, was born second. They grew up with their parents in the village. Pele and Niu were active in their home lives and at school and were always looking for new things to do. Their strong imaginations had them playing and acting with their cousins and competing with each other in games. They loved to go swimming and play on the village green with the other children.

Vaiea had a rich past full of ancestors from long ago, who still looked after all of the children and protected them. They were told about the seas and rocks of Nukututaha and where not to play.

As they grew up on the land of Nukututaha, Pele and Niu's parents believed that they were special because they were the only mahele children on the land at that time and they were very popular amongst their peers. They would often look at the night sky and tell their mother that they could hear the stars talking to each other. Their mother always believed that they could indeed hear the stars, as she had no reason to

mena a ia ke mahalohalo ke he fanau haana. Ne iloa e ia ko e fanau fai taleni mooli ti ha ne fae momoui olaola hake a laua ti fakatā tumai e ia a laua ke fakakite fakahahao noa ha laua a tau manatu.

Ne ha hā i ai e loga he tau magaaho ne o atu e fanau ke he maala mo e matuataane ha laua ti ko e tau magaaho na ne fa fakamumuli mo e fefeua ka ko laua kua lata ke gahua. Ko e fakalaga atu la he matua taane a Pele mo Niu a to fakatutuku hifo a laua ke gahua. Ko e tau magaaho na he tau maala he vao ne moua ai e Niu e tama pu lanu kakī he kelekele.

Ne fakakite e ia e pu kia Pele ti fakameā e ia mo e puhipuhi e tau kiva mo e tau hegohego lakau i ai. Ti liuaki age e ia kia Niu ti lali a Niu ke tā e pu. Ne kitia e Niu kua maeke a ia ke tā e falu a piuni ti fakamahani agataha a ia he fano a ia ki kaina. Ne huhū atu a matua taane kia ia ko e tagi mai fē e leo kofe ia ti talaage e Niu ko e pu ne moua e ia ti manako lahi ke tā.

Ne kata a matua taane he fae oatu a lautolu ki kaina mo e talaage kia matuafifine. Ne fakanogonogo a Pele kia Niu he magaaho afiafi he oti e kai afiafi ti fakalataha atu a ia kia ia mo e tā foki e kitā haana. Na makaka lahi a laua he tā kitā tali mai he ikiiki a laua. Ko e taleni pauaki ni ha laua ne foaki age e Tagaloa ma ha laua

doubt her children. She knew that they were gifted in their own special way and were growing into their own selves. She always allowed them their right to express their thoughts openly.

There were many times that Pele and Niu would go with their father to the bush plantation, where they would hide and play when they were supposed to be working. After being told off by their father, the children would eventually settle down and get to work.

During one of these times in the bush plantation, Niu found a small brown flute on the ground.

He showed the flute to Pele, and she cleaned it for him, blowing all the dirt and twigs off it. She handed it back to Niu, who tried to play it. Niu found that he could manage to play a few tunes and kept practising them as he went home. His father asked him about the flute and Niu showed it to him and told him he liked to play it.

His father laughed and they told their mother when they got home.

After dinner that night, Pele listened to Niu play, and she joined in with him on her guitar. They had both been able to play the guitar extremely well since they were little; it was a natural gift that they both

tokoua. Ha ne fakamalikiti atu a Niu he taha tama piuni, mo e navanava atu a Pele kia ia mo e muitua atu ke he haana takitaki. Ne ha hā i ai ke he afiafi he po ia e tau leo fakatagi kofe mo e lologo kua fakamilinoaki e tau agaaga he tau mamatua he fakanogonogo mo e matalahi ai ke he fanau ha laua.

Ha ne fiafia lahi a laua ke he tau leo fakatagi he fanau ha laua ha ko e na maeke he fanau ha laua ke mau taofi e leo kofe fakatagi ka fakanogonogo noa ni a laua ke he leo mo e mavivi he pohū. Ha ne nonofo ai a lautolu i fafo he afiafi na ne kitia e lautolu e mahino mitaki he po. Kae amanaki ni e haagahaga matagi ti hiki. Ne oatu fakamafiti a lautolu ki fale mo e manamanatu ai ko e heigoa e mena ne kua hiki mafiti pihia e hagahaga he matagi. Ne nakai mailoga e lautolu ko e pu mana ne moua e Niu ne maeke ke pule ke he hagahaga matagi. Ti ko Niu ne tā e tama piuni ne fakatō aki e uha kae nakai mailoga ia lautolu. Ko e pu nei ne kua leva lahi e galo mai he tau feari he vao uhi, ko lautolu ne fa mahani ke tā e pu ka havili maō lahi e tau matagi he po ke fakamilinoaki a Tagaloa. Ne taute pihia ha ko e mena fa tāveli viko fano a lautolu he matagi malolō i loto he pouli ha ko lautolu ko e tau feari ikiiki mo e mamā

had from Tagaloa. They could pick up tunes by just listening to the sound and rhythms of the beat.

That evening, the atmosphere was full of musical sound and song. As Niu perfected a tune, Pele complimented him, following his lead. Their parents enjoyed the music immensely, and it eased their spirits as they listened proudly to their children.

As they sat outside that evening, they noticed how clear the night was. But suddenly the weather turned. The family quickly went inside the house together, wondering what could have brought on such a sudden change. They did not realise that Niu had picked up an enchanted flute that could control the weather and the tune he had just played had brought on the rain.

The flute had been lost a long time ago by the night fairies of the forest. The fairies had originally played the flute to calm down the forceful winds of Tagaloa when they blew strongly in the night, as the fairies, who were only small and light, would get thrown around in the darkness.

When the people of Nukututaha slept, the fairies came out with the stars and played in the night sky. They harmed no one. It soon came to the attention of the night fairies that Niu had found their flute and was

Ko e magaaho ne momohe ai e tau tagata ha Nukututaha ne omai e tau feari ki fafo mo e tau fetū mo e fefeua ai he tau lagi po mo e nakai fakahaofia kia taha. Ati iloa ai he tau feari po, kua moua e Niu e pu ha lautolu ti ko ia foki ne fae tā tumau mo e fiafia ha kua logona e lautolu a ia he fae tā he afiafi.

Ne kitia foki he tau feari po ko e tau magaaho ka tā e Niu e pu mana ti hauhau mo e milino e hagahaga matagi ke he loga e tau magaaho a ti mailoga ai ne kua tonuhia mooli a Niu ke eke mo tagata ke tā e lakau fakatagi ia ha lautolu ke fakamilinoaki e hagahaga matagi. Ne ofoofogia lahi e tau feari ke he tau fanau mahele ha Vaiea. Ti fa fakapaagi fufū a lautolu i luga he pulagi pouli ka logona e lautolu a Niu ha ne tā e pu ha ko ia foki mua atu e taleni tā pu haana kia lautolu. Ne fakatumau e tau feari ke laveaki a Pele mo Niu ha kua iloa tonuhia e lautolu ko laua ko e tau koloa uho foaki age he tau Atua ha lautolu he tau fetū po ne laveaki foki kia lautolu he po.

Ne nakai mavatavata he fanau ko laua ha ne fae takahao mai ki ai, kae fakatumau ni e tā e Niu e pu mana he po ka oti e kai afiafi ha ne fae nonofo milino a lautolu to hoko e magaaho momohe. Ha ne fae fakatagi leo kofe ai a laua he tau po takitaha ti kitia e laua e tau

playing it constantly and happily, for they heard him in the evenings.

They had also noticed that at the times when Niu played the enchanted flute, the weather was mostly cool and calm, which meant that he was well suited as a player of their instrument for calming the weather.

The night fairies became fascinated with the mahele children of Vaiea. They secretly hovered in the dark skies when they heard Niu play, for he was very talented and played their flute better than they played it themselves. The fairies made sure that Pele and Niu were protected, for they believed that the children were gifts from their own gods of the night stars, who protected the fairies at night too.

The children had no idea that they were being watched, and continued to play their music every night after dinner while the family relaxed before turning in for bed. They noticed that the night stars had started to shine more brightly, making the night skies lighter. After a time, the stars became so bright that the sky almost looked as though it were daylight. Pele and Niu were confused about what was happening.

The village council came together, afraid. They had no idea that the lighter night skies were the effect of

fetū po ne kua kamata ke kikila lahi ti kua atamai foki e pulagi. Ha ne fakatumau a laua ke fakatagi kofe he po a ti hoko mai tuai taha magaaho ne kua kikila lahi e tau fetū kua teitei tuga ni ko e aho.

Ne fakaligoa a Pele mo Niu ke he mena ne tupu ka po ti omai fakalataha e Fono Maaga mo e matakutaku. Ne nakai mavatavata ia lautolu ko e pihia e pulagi ha ko e tā pu mana ha Niu ne pule ke he hagahaga matagi. Kae fai manatu logona foki a Niu ko e pu haana ne kua fakakikiha aki e tau fetū, ti fakaoti nakai liu a ia tā pu he po. Ati liu fakahaga mai e pouli ti tali mai he magaaho na ne manatu a Niu ke tā ni e pu he tau magaaho he aho.

Ne fakaligonoa e tau feari ha kua nakai tā pu a Niu he po ha ko e na fa mahani a lautolu ke fakapaagi i luga mo e fakanogonogo kia ia. Ti manatu a lautolu ke kaiha e pu mai ia Niu ka mohe a ia ha kua manatu a lautolu to finage a Niu ke kumi he magaaho ka mailoga e ia kua galo tuai e pu. Ne amaamanaki a lautolu ke liu atu a Niu ke he matakavi ne moua ai e ia e pu. Ti ko e matakavi ia ne kua amaamanaki a lautolu ke taute taha hele he po fakamua. Ko e hele ia ka putoia ai a Niu a to hoko ke he po ke fakakite a lautolu kia ia. Ne amaamanaki foki ke ua matakutaku a Niu ia lautolu ha ko e magoa noa lautolu ki a ia ne tā e pu ha lautolu.

Ko e magaaho ne mau ke fakahoko e pulega ha lautolu ti keli e luo he kelekele mo e ufiufi aki e tau lau akau.Ti fakatoka fakatekiteki e lautolu e pu mana i luga mo e amanaki foki ke kitia maaliali e pu. Ne ala hake a Niu he aho hake ti kitia kua galo e pu haana, ti fakainiini noa a ia ke kumi ke he tau mena oti. Ne talaage e ia kia Pele ti kumi oti e laua e fale katoa pihia mo e tau kalakala kaina kae nakai monuina. Ne oatu a laua ke he tuutakaina, ke he tau kapitiga ha laua, ke he malē, ke he loloto ne oatu a laua kakau ki ai mo e halatū ne hake ki Fonuakula ka e nakai monuina. Ne tagi a Niu he momoko ti manatu ke tuku fakaku e kumi ha kua ueatu ni a ia he tupetupe e loto. Ne

Niu playing the enchanted flute that controlled the weather. But Niu had a feeling that his flute playing had an effect on the stars, so he stopped playing the flute at night. Eventually the darkness returned, and Niu decided to play the flute only during daylight hours from that time on.

However, the night fairies missed hearing Niu play the flute at night, when they would hover around in the sky listening to him. So it came to be that they decided to steal the flute back when he was asleep in the hope that he would come searching for it when he realised that it was not there. The fairies hoped that he would go back to the place where he had found the flute. They would set a trap for him the night before that would keep him there until night-time, when they would appear to him. They hoped that he would not be afraid of them; they just missed hearing him play their flute.

Once they decided to go ahead with their plan, they dug a hole in the ground and covered the top with leaves. Then they carefully placed the enchanted flute on top, making sure that it could be seen clearly.

When Niu awoke the next day to find his flute missing, he frantically searched everywhere for it. He

ole atu a Pele ke o mo ia ke he maaga tata mai ko Avatele ke kakau he mataafaga mo e fakanimonimo e tau mena tutupu ia he aho mo e fakatapele. Ka e pete ni ia, tupetupe agaia a Niu kae talia e ia ti laka hui atu a laua ke he mataafaga. Ne uta e laua falu mena kai ke lata mo e mo e kai laa ti feleveia mo e tau lafu kaasini ne omai foki ki Avatele ke kakau he pale laa ia.

Ne fefeua a laua mo e tau fanau he maaga mo e kumikumi fano ke he tau maka mo e tau patuō he mataafaga, mo e hahau he matagi ne havilivili mai ke he tau mata ha lautolu. Ne fiafia mafola a Niu he pale laa ia ti fakamaopoopo e tau mena ha laua ke liliu ki kaina mo e mategugū ai. Ne fai malolō agaia a laua ne toe ke lata mo e lakahui atu ki Vaiea ti taute ai pihia e laua mo e fiafia. Ne liu a Niu tutala atu foki kia Pele hagaao ia ke he pu ha kua mailoga e ia ne nakai o a laua kumi ke he maala he vao. Ne talaage a Pele ke fakatali ke he taha aho ha kua to fiu ke kumi he aho ia. Ne talaage a ia ke toka ke lata mo e pale laa he aho hake to o a laua ke kumi e pu ke he maala. Ne fiafia lahi a Niu kae to tagetage ti oti e fakameā ha laua mo e kai e kai afiafi he po ia ti momohe vave, hohoko mo e okioki milino mitaki.

Ha ne mahafagi mai e aho foou ti mamatike a Pele mo Niu mo e maagiagi mitaki mo e mau amaamanaki mo e kai e kai pogipogi ha laua. Ne talaage a laua kia matuafifine ha laua ko e oatu a laua ke he taone he pogipogi ia ti to tamai e laua e tau mena ma haana he makete. To oatu foki a laua ke ahiahi atu ke he matua anitī ko Vai ha laua i Alofi to liliu mai la a laua he pale laa. Ne heke a laua he tau nua he tau mamatua ha laua ha ko e mena loa e hala ke he taone. Ti fakamole pihia e aho ha laua ti liliu mai ki kaina he pale laa ke toka hifo e tau afifī mo e tau mena kai ne tamai he makete.

Ne oti e okioki fakakū ti manatu a laua ke liliu ke kumi e pu ke he tau maala he vao ti ole atu kia matuafifine ko e mitaki nakai ke oatu a laua ke fefeua

told Pele, and they both searched the whole house and its surroundings, but with no luck. They went next door, to their friends' houses, to the village green, to Avatele where they went swimming and up the road to Tamakautoga, with no success.

Niu cried in despair and decided to stop looking for a while because he was only making himself more upset. Pele asked him to go with her to the next village, Avatele, so they could go for a swim at the beach and just relax, forgetting about the events of the day. Even though Niu was still upset, he agreed, and they walked to the beach. They took some food for lunch and met up with their cousins who also went to Avatele for afternoon swims.

They all played with the local village children there and explored the rocks and stones on the beach while the cool breezy wind blew easily onto their faces. Niu had a great time that afternoon.

Tired, they packed up and started to make their way home for the day. They had some energy left for the walk back to Vaiea, and did so quite happily. Niu spoke to Pele once again about the flute as he realised that they had not gone to look for it in their bush plantation. Pele told Niu that it would have to wait

ha kua oti e tau fekau ha laua maana he taute. Ne talia he matuafifine kae talaage a ia kia laua ke liliu mai ki kaina to pouli ti fakaatā ke liu fakaaoga foki e laua e tau nua.

Ne kua liliu foki Pele mo Niu ke o ke kumi he pu. Ha ne oatu mo e tau loto talitonu to moua e laua e pu. Ha ne heke atu a laua he hala ke he maala talo ha lautolu ti kumikumi fano fakamalolō ati kitia tokoua e laua e pu ne fakatoka ai he fuga kelekele ki loto he maala. Ne manamanatu a Niu ko e hau fefē e pu ke he mena na ka e nakai fakamautu a ke manamanatu atu foki ha kua to lahi e mainiini fiafia haana. Ne hopo hifo a ia he nua haana mo e poi mo e fiafia lahi ke he pu.

Ne nakai maeke a Pele ke taofi a Niu he haana kitikiti fiafia a ti poi fakahako atu a ia mo e putoia ai he hele he tau feari po ti to hifo ke he luo ne kua ufiufi. Ne onoono hifo a Pele ke he luo, ne hokulo lahi ke hoko hifo a ia ke taaki mai e tugaane haana ki fafo. Ha ne onoono fano a ia he maala mo e lali ke moua taha mena ke lagomatai ke fakahao aki a Niu, ti manamanatu foki a ia ko e ha hala ne kua taute ai e hele ia, kae lali fakamakamaka ni a ia ke fakahao a Niu he magaaho taha ia.

Ne hamuti mai e Pele e launiu mo e liti fakalava ki luga he luo mo lagomatai aki a Niu kae tokoluga ti

for another day, for it was too tiring to continue their search that day. She told Niu to wait until the next afternoon, when they would go searching at their bush plantation. Niu was excited, but also tired and, after they cleaned up and had dinner that night, they went to bed straight away and fell into a deep and restful slumber.

As the new day broke, Pele and Niu got up refreshed and ready, and had their breakfast. They told their mum that they were off to the township that morning and would get her things from the market. Then they would visit their Aunty Vai in Alofi and would be back later in the afternoon. They rode on their parents' horses as it was a long journey to town. They spent the day doing what they had said they would and came home in the afternoon to drop off their parcels and foodstuffs from the market.

After a short rest, they decided to continue the search for the flute in the bush plantation. They asked their mum if it was all right if they were to go out and play as they had completed their jobs for her. Their mum agreed and said they were allowed to use the horses again, but she told them to be home before it got dark.

nakai hoko a Niu ki ai. Ti ko e magaaho ia ne manatu ai a Pele ke fano ke kumi lagomatai. Ne talaage a ia kia Niu ke ua matakutaku kae fano a ia ke tamai a matuataane ke lagomatai ke fakahao mai a ia ha kua teitei pouli foki ti manako a ia ke tamai fakamafiti a ia ki fafo to pouli. Ko e magaaho ne fano kehe ai a Pele ti matakutaku a Niu kae lahi haana tua ke he mahakitaga haana ha ne finatu fakamafiti a ia he nua haana ke he maaga ha laua ko Vaiea.

Ne heke fakamafiti atu a Pele ki kaina. Ne hoko ki kaina kua otioti noa e fafagu kae fakatuogo fakamafiti kia matuafifine mo matuataane e hele kua putoia ai a Niu kia.. Ko e magaaho na ko Niu ha ne nofo fakatekiteki he luo ti kamata e afiafi ke hoko mai mo e mui mai mafiti foki e pouli. Ne fakanogonogo fakamatafeiga a ia ti logona e ia e tau hakahakau ikiiki mai i luga, nakai ko e tau tuaga hui kae tuga e kalakalī he tau laukou ti ko e tau leo ia mai i luga he luo.

Ha ne onoono hake a Niu ki luga mo e ofo ai ke kitia e tokologa he tau tama tagata ikiiki ha ne fae mataono atu kia ia. Ne matakutaku a Niu kae mavatavata foki ni kia ia ko e tau feari po a lautolu. Na kua fitā ni he logona e ia e loga he tau tala kia lautolu kae nakai la kitia mata ia e ia a lautolu. Ne nakai fai pekau pauaki a lautolu kae maeke agaia a lautolu ke felele fano ia ia mo e mataono tumau atu kia ia. Ko e tau feari ko e tau tama tagata ikiiki nakai kehe mo e tau tagata mooli. Ne tui a lautolu he tau taute lanu kakī tuga e tau taga tuai ti foufou foki e tau foufou lanu laukou e tau ulu ha lautolu.

Ne felele viko fano fakatumau a lautolu ati toho hake auloa e lautolu a ia mai he luo. Ne nakai latau atu a Niu kia lautolu ha kua tuga ko e fakahao a lautolu ia ia. Ti liuaki age foki e lautolu e pu mana ha lautolu kia ia ti tuga foki kua amaamanaki a lautolu ke tā e ia. Ati mailoga mitaki e Niu na nakai maeke a lautolu ke vagahau kae fe matutakiaki ke he tau onoono

So Pele and Niu went off on their way to their destination, feeling optimistic that they would find the flute. As they rode up the pathway to the taro plantation, they looked around carefully and both saw the flute lying on the ground deeper into the plantation. Niu wondered how it had got there, but did not stop to ponder further as he was too excited. He leapt off his horse and ran ecstatically to get the flute.

Pele could not stop Niu in his eagerness as he ran straight into the trap of the night fairies and fell into the covered pit. She looked into the pit and saw that it was too deep for her to reach in and get her brother out. She looked around the bush plantation, frantically trying to find anything that would help to rescue him. At the same time she wondered why such a trap had been set.

Pele grabbed a coconut frond and threw it over the pit to try to help Niu, but it was too high for him to reach. She decided to go and get help. She told Niu not to be afraid, that she would go and get their father to help rescue him, for it would be dark soon and she needed to get him out before then. When Pele left, Niu was scared, but he had faith in his sister as she took off quickly on her horse and headed back towards their home in the village of Vaiea.

likoliko fano he tau pu mata mo e tau hakahakau ikiiki fakatagata. Ko e mena ne kehe ai he nakai matakutaku a Niu ia lautolu ti kamata agataha a ia ke tā e pu ma lautolu.

Ne lahi e fiafia ha lautolu ha kua liu logona e lautolu e tau leo fakatagi. Na fa tā e lautolu e pu kae nakai tatai e leo. Ko e uho agaaga ha Niu ne puna mai he leo fakatagi kofe he fakatumau ke tā e ia e pu ke he po mae tau feari. Ne tā a ia mo e mole atu e hafa matahola ti logona e lautolu e falu leo he tau tagata ha ne fae omai. Ne onoono fakahako atu oti e tau feari kia Niu ti galo noa he magaaho ne hohoko atu e matuataane mo Pele mo e toua ke fakahao aki a ia.

Ne manatu e Niu e magaaho ne onoono fakahako atu e tau feari kia ia, tuga ni kua pehē a lautolu kua manako a lautolu ke liu ke feleveia mo ia, ti mauloto agataha e Niu e mena ia. Ne kua ofo e matuataane haana he kitia ko Niu i fafo he luo ha ne nofo he tapitapi mo e tā e pu mo e nakai haofia. Ne huhū atu a laua kia Niu ko e hao mai fefē a ia he luo. Ne fakaukauka a Niu ko e heigoa ka talaage kia laua a ti manatu ni ke talaage e tala mooli ke he tau feari to kitia ai ko e fefē ha laua a tau hagahaga. Ne nakai fai kakano a Pele ke nakai talitonu ke he tala he tugaane haana. Na fa kua logona tumau he matua taane e tau tala ke he tau feari po ti huhū atu a ia kia Niu ko e tuga e tau heigoa a lautolu mo e tutala fefē foki a lautolu kia ia. Ne fakamaama e Niu e tau mena oti kia laua ti mua atu ke he nakai maeke he tau feari ke vagahau. Ka mole ia ti oatu a lautolu ki kaina mo e fakaaue ha kua mafola mo e nakai fai haofia a Niu. Kae pete ia ne nakai nimo ia Niu e tau feari mo e ha lautolu a onoono kia ia he afiafi na.

Ne fakakite e tau manatu ha Niu kia Pele hagaao ia ke he tau feari nakai maeke ke vagahau mo e ha lautolu fakakiteaga kia ia mo e haana fia manako agaia ke liu kitia ia lautolu. He magaaho ne onoono atu a Niu ke he tau mata ha lautolu, ne tuga kua

Pele rode as fast as she could. When she reached home out of breath, she quickly told her parents about Niu being trapped. Meanwhile, Niu sat quietly in the pit as dusk started to come, with darkness soon to follow. He listened carefully and could hear little movements above him; not footsteps, but a rustling sound like leaves coming from above the pit.

Niu looked up and was surprised to see lots of little people staring back at him. He was afraid and had an idea that they might be night fairies. Niu had heard lots of stories about the fairies but had never actually seen them before. They were small people who otherwise looked no different from normal people. They wore old brown cloth-like sacks and had green-leafed headbands on their heads. They had no obvious wings but could still fly around above him, continuously staring.

Eventually the fairies worked together to pull Niu up out of the pit. He did not fight them, for they seemed to be rescuing him. They gave him back their enchanted flute as if they expect him to play. It was then that Niu discovered they did not speak but communicated through their eyes and gestures. Niu no longer felt afraid of them and he started to play the flute for them.

They were delighted to hear his music once again, for when they played the flute it did not have the same sound. It was the essence of Niu that flowed through the music as he continued to play the flute into the night for the fairies. Niu played for a good half an hour before he heard the sound of people approaching. The fairies all looked directly at Niu. As he looked into their eyes, they seemed to hypnotise him, which was one of their natural powers. It seemed as though they were saying that they wanted to meet him again, and Niu took heed of this. Then the fairies disappeared as Pele and his father arrived with a rope to rescue him.

fakapouligia e lautolu a ia, ko e ha lautolu a tau paoa pauaki. Ti fakatuogo foki a ia kia Pele ko e fia manako agaia a ia ke kitia e tau feari ha kua iloa foki e lautolu a ia. Ne nakai fiafia a Pele ke he mena na kae talaage a ia kia Niu to fano a ia ke fakatauō mo ia kaeke kua manako pihia a ia. Ne manako mooli a Niu ke fakatauō a Pele mo ia mo hoa kae hoko agaia ni e fano haana tokotaha ka nakai manako a Pele ke o mo ia.

A ti mole atu e gahoa tau aho ti kua liliu ke he tau fekau fa mahani. Ne pulega a Niu mo Pele ke liliu atu ke he maala he vao. Ne fafagu e Niu a Pele he nonoke taha po hahau ti tauteute a laua ke liliu ke feleveia mo e tau feari, ti fakatotomo fufū he tau nua he magafaoa, mole e malē he maaga mo e ohake ai ke he maala ha lautolu he vao. Ne matakutaku lahi a Pele ke heke nua he pouli ti pihia foki a Niu kae kua nenenene lahi ni a ia he fia kitia he tau feari.

Ne hohoko atu a laua ke he maala ti nonofo a laua he motie ti ekemai e Niu e pu mana mo e tā atu e ia ke he maagiagi he tuloto po. Ko e magaaho ia ni kae takatakai he tau feari tokologa a laua, ti felele fano a lautolu he fanau mo e patipati ke he piuni he pu mana. Ne kua ofoofgia lahi a lautolu ia Pele mo Niu. Ha ne onoono atu e fanau ke he tau pumata he tau feari ne

His father was indeed very surprised when he saw that Niu was out of the pit and sitting at its edge, playing his flute unharmed. He and Pele asked Niu how he had got out of the pit. At first Niu was unsure what to tell them, not knowing what their reaction would be, but then he decided to tell them about the fairies. Pele had no reason not to believe that her brother was telling the truth. Their father had heard many stories of the night fairies and questioned Niu about what they looked like and how they spoke to him. Niu explained everything to them as honestly as he could, especially about how the fairies could not speak. After that, they went home, thankful that Niu was safe and well.

Niu did not forget the fairies and the look that they had given him that evening.

He told Pele what he thought they had been trying to say to him and that he wanted to see them again, for they knew him now. He asked her to follow him for company, but told her he would still go without her if she didn't want to come.

Pele was not pleased about this, but she told Niu that she would follow him back to see the night fairies if he needed her to. After a few days had passed and they had got back to their normal routine, they decided

nakai mailoaga ia laua kua fitā he fakapouligia he tau feari a laua ki loto he lalolagi feari ha lautolu. Ne nakai mailoga foki e Pele mo Niu, ko e pete ni ko e tau feari totonu kae kua lahi ni e ofofofogia ha lautolu ke he tugaane mo e mahakitaga mahele ti manako a lautolu ke fakalataha a laua ke he lalolagi po ha lautolu, ke felele fano mo lautolu tukumalagi. Ko e mena ia to fakafaliu e lautolu a Pele mo Niu ke feari ke tuga a lautolu. Nakai uka e mena nei ke taute, na kua tokologa e tau feari ko e tagata mooli fakamua he fonua. Ne kehekehe e tau kakano ne manako ai a lautolu ke faliu feari he ha lautolu a gofua he tau loto. Ko e mena ni ne kehekehe ai ko e tau patu tagata a lautolu.

Ko Pele mo Niu ko laua ko e tau fanau fuataha ti nakai mailoga kia laua e manako lahi he tau feari ke takitaki e laua e tau fakalatahaaga po ha lautolu. Ne maeke lahi ke kitia maali e fanau ha ko e tau kili mamā tea mo e tau lau ulu ago ha laua ne kua kikila mahino ai he pouli. Ne manatu e tau feari kua lata tonuhia ni ke takitaki he tau fanau fulufuluola ia a lautolu ti tumau ni e ofoofogia ha lautolu ia Pele mo Niu. Ne nofo a Niu mo e tā e pu mana ti fakatupu fakaofo he pu e matagi malolō ne aagi mai he faahi toga mo e lagaki hake a laua ke he pulagi. Ne nakai matakutaku a laua ha kua malu agaia a laua ke he fakapouligia he tau feari.

Ne feonoaki a laua mo e malimali ha kua mailoga e laua kua felele a laua tuga e tau feari he pulagi tuloto po. Ha ne fae tā pu agaia a Niu, ko e pu mana ia foki mo e leo kofe haana kua fakpouligia aki foki e fanau. Ne nakai mailoga ia laua e mana mo e malolō he pu mana ti ko laua ha ne fae uta kehe mai he ha laua tau mamatua, kaina mo e tau magafaoa ha laua. Ko e mataono fakapouligia he tau feari, ko e tau pumata fulufuluola ha lautolu ke mamata ki ai, ne kikila mo e kalopalopa he pouli mo e tau lanu ne takai aki e tau pumata ha lautolu he pouli ne fakapoulitago aki e fanau mahele he felele viko fano a laua he pulagi.

to go back to the bush plantation. In the still of a cool night, Niu awoke Pele and they prepared themselves to go to meet the fairies. They secretly stole away on the family horses, past the village green and up to their bush plantation. Pele was scared to be riding in the dark, and so was Niu, but he was also overcome by his overwhelming curiosity about the fairies.

As they entered the bush plantation, they got off their horses and sat down on a grassy patch. Niu brought out the enchanted flute and played it in the midnight air. In an instant, lots of fairies surrounded them, and as they flew around the children, they clapped to the tune of the enchanted flute. They were fascinated with both Pele and Niu. As the children looked into the eyes of the fairies, they did not realise that they were being hypnotised into the fairy world. Even though the fairies were harmless, they were enchanted with the mahele brother and sister and wanted them to lead them in their night gatherings and fly with them forever as fairies like themselves. The children were easy to see in the dark because their skin was pale and their yellow hair shone so brightly. The fairies thought it only proper that they were led by such beautiful creatures.

This was not impossible, as many of those who were fairies had once been people of the land. For many different reasons, they had become fairies of their own free will. However, those who had chosen to be fairies before had been grown-up people.

Pele and Niu were only children and did not understand the desire of the fairies.

As Niu sat and played the enchanted flute, it created a sudden strong gust of wind that blew in from the south and lifted both them into the air. The children were not afraid as they were still being hypnotised by the fairies as well as the magical music of the flute that Niu was still playing.

Ne nakai mailoga foki ia laua ka tuku e tā pu ha Niu ti to mavete kehe foki e fakapouligia ia laua ti maeke a laua ke liliu atu ke fonua. Ne kua fiafia lahi e tau feari ke he fanau ke fakalataha mo lautolu he po na ti pete ni ko e nakai ko e tau feari mahani kolokolovao pauaki a lautolu ka e pulega agaia a lautolu ke taofi a Pele mo Niu ma lautolu. Ne nakai manatu e lautolu ko Pele mo Niu fai kaina ke liliu ki ai he lalolagi ha laua.

Ko e tau feari ko lautolu momoui magaaho ni ko e tau momoui he po ti galo noa ka hake mai e laa. Ti iloa maali ia lautolu ke kaeke ke maamo he maama he laa e tau kili ha lautolu to faliu mafiti ni a lautolu ke efuefu.

Ti ko Pele mo Niu ha ne fakapaagi fano fulufuluola he kautu he lagi he po maagiagi mitaki mo e tau feari ne fekī mo e fefeua tumau mo laua. Ha ne malikiti fakahaga e mitaki mo e fulufuluola he tā pu ha Niu he tau pulagi po ka ko e tau feari ha ne patipati he fiafia a ti kua liu mafola mo e milino foki e hagahaga matagi.

Ne pouligia agaia a Pele he lele fakatata atu a ia kia Niu, ko ia ha ne takatakai he tau feari ti nakai mavete kehe mai a Pele he tapa ha Niu pete ne fae lali e tau feari ke vevehe kehe a laua. Ha ne felele hake fakahaga a laua ke he pulagi mo e mamao fakahaga atu foki mo e kaina ha laua ne mavikoviko e tau ulu ha laua mo e hula ai ke he tau feua ia. Ti nakai mailoga kia laua ko e tokoluga fakahaga e lele ha laua kua ikiiki fakahaga a laua ti kaeke ke aamo e laua e mahina to faliu feari a laua tukumalagi.

Ne nakai popole e tau feari ke he manatu ne kua manako a lautolu kia Pele mo Niu tukumalagi ti hololoa e fefeua mo e hula he po ka e uka lahi ke fakaohooho e fanau ke felele hake fakahako ke he mahina. Ko e fanau liuliu foki ti fefeua viko a laua he tau fetū ha kua ofoofogia atu foki a laua ki ai. Ne fakatumau a laua ke fefeua he pulagi po mo e nimoia foki e tau magaaho.

Ne nakai mailoga he tau feari ko e leva e ohake ha lautolu ke he mahina, ko e mahina foki ha ne fae to fakahaga. Ha ne felele hake a lautolu ke he mahina ko

As they looked at one another, smiling, they realised that they were flying just like the fairies in the midnight sky. They did not realise the magic and the power of the enchanted flute and that they were being taken away from their home, and their parents and family. The hypnotising stare of the fairies, their eyes surrounded by colour and so beautiful to look at, shining and glittering in the darkness, enchanted the mahele children as they flew around the sky.

The fairies were so happy for the children to be with them that night that they clapped their hands with glee. And while they were not openly devious fairies, their plan was to keep Pele and Niu for themselves. They were oblivious to the fact that Pele and Niu had homes to go back to. The fairies lived in the moment only, as entities of the night, and disappeared as soon as the sun came up. They knew very well that if the light of the sun ever touched their skin, they would quickly turn to dust, and if they wanted to keep the children, this night was the best opportunity to do so.

Unknown to the children was that all Niu had to do for the spell to be broken was to stop playing the flute, and they would be transported back to the earth. However, Niu continued playing his flute, and his music just got better and more beautiful. The weather became peaceful and calm again.

Pele and Niu found themselves floating in a beautiful realm of night air with the fairies, who laughed and played with them continuously. Pele, still hypnotised, flew close to Niu, who was surrounded by the fairies. Although the fairies tried to split them up, she would not leave his side. As they flew higher into the sky and further away from their home, they became more giddy with the fun that they were having. They didn't realise that the higher they flew, the smaller they got, and if they touched the moon they would indeed turn into fairies forever. However,

e laa ha ne ala mai fakatekiteki. Ko e magaaho ne kitiia he tau feari e mena na ti kamata a lautolu ke tupetupe lahi ha kua kamata e tau hokohoko laa ke kikila atu kia lautolu ti manatu fakatepetepe ni a lautolu ke galo fakamafiti. Ne mailoga he tau feari ko e ofoofogia ha lautolu ke he fanau mahele ne aofia a lautolu ti nimoia noa e tau magaaho. Ne kamata fakaave a lautolu ke galo noa to hoko atu e tau hokohoko laa kia lautolu. Ne maeke he tokologa ia lautolu ke fehola kae nakai kautu e taha ti aamo atu he tau hokohoko laa a ia. Fakalofa ha ia ne faliu ke he efuefu he magaaho ia ni.

Ko e magaaho ne galo noa ai e tau feari ti galo foki tau mamata fakapouliaga ha lautolu ti oti noa e tā pu ha Niu. Ha ne aala mai a Pele mo Niu he fakapouliaga kia laua ti mailoga e laua kua fakaikiiki a laua ti kamata ke mokulu hifo ke he lalolagi mai he lagi likoliko. Ha ne mokulu a laua mo e matakutaku kae iloa e laua e mafanatia tokoua ni ti liliu foki a laua ke he ha laua a tau tino mooli. Ha ne liliu hifo mai a laua he pulagi he kaina Nukututaha ha laua ti fakafeleveia a laua mo e mafana he pogipogi laa.

Ne mokulu hifo a laua he pulagi he to hau fulufuluola he he pogipogi. Ha ne o hifo mai a laua he tau aolū ti mokulu hifo a laua mo e fakapapihi ki loto he Moana Pasifika hokulo. Ha ne mafuta mai a laua he mena ne tupu kia laua ne ofoofogia lahi a laua. Ne maama kia laua e mena ne tupu kia laua kae nakai maeke a laua fakaoti ha kua pouligia lahi a laua he tau mata he tau feari. Ne logona e laua e mavikoviko alagalaga fefeua ne puna mai he malolō mitaki he tau feari ne fiafia foki a laua ki ai

Ko e tau loto fiafia ha laua kua lahi e mahakehake mo e haohao noa ha ko e felele ha laua he pulagi he po. Ka e pete ia ne mailoga mo e maama mitaki e laua nakai ko e kautu ha laua a ia. Ha ne laka hui atu a laua ke he pokoahu tote a kua hohoko a laua ke he Mataafaga Avataele. Ne mategugū lahi a laua ha ko e

the fairies were having a difficult time getting the children to fly directly up towards the moon. The children were mischievous and played around the stars, which were also fascinating for them. They all continued to play in the night sky, completely losing all track of time.

What the fairies had not noticed was that, while it was taking so long for them to get to the moon, the moon was slowly going down and the sun was starting to awaken. When the sun's rays started to shine, the fairies panicked as they realised that their fascination with the mahele children had overcome them and they had lost track of time. They quickly started disappearing before the sun's rays touched them. Most of the fairies managed to disappear in time, but one did not, and as the sun's rays touched her, she turned into dust instantly.

When the fairies had all disappeared, their spellbinding gazes went with them, and Niu stopped playing the flute. Pele and Niu came out of their trance and realised that they had been reduced in size. They were afraid, but they knew they had each other, and while they were falling to the earth, they started growing back to their normal size again.

They fell through the sky with its heavenly morning dew and were greeted by the warm morning sun. They came through the clouds and then splashed into the deep Pacific Ocean. As they realised what had happened to them, they were amazed. They had seen what was happening but they had not been able to stop it because they were so overcome and spellbound by the eyes of the fairies. They felt a giddy playfulness that stemmed from the pure and positive energy of the fairies, who had been a delight.

Their carefree feelings of happiness from their flight in the night sky were uplifting. However, within their hearts, they knew that they did not belong with the

tau feua he po. Ti oatu a laua ke he maala ke tamai he tau nua ha laua ti heke ke oatu ki kaina i Vaiea.

Ne mailoga foki e Niu he matakavi ia kua liu tuai galo e pu mana ti talaage e ia kia Pele. Ne pehē atu a Pele kua liga mitaki lahi he pihia ha ko e mena ne tupu kia laua he feleveia mo e tau feari. Ne kua fetamaki ni a laua ke uta kehe mai he tau mamatua ha laua tukumalagi. Ne logona e Niu vivivi hake he polo tua haana ke he manatu uta kehe mai ia matuafifine mo e matuataane. Ko e manatu matakutakuina kua nakai lata ke fakatautonu ki ai.

Ne iloa e Pele ko e mena haia ne tupu ke he falu tagata maaga ne amanaki noa kua galo kehe mai he motu mo e nakai fai fakamaamaga. Ko e maaga ha lautolu ko Vaia ne ha hā i ai e tau tupuna he vahā fakamua ha ne fae leveki mai mo e laveaki mai agaia ke he tau fanau ne kua fitā ni he fa tomatoma hagaao ia ke he moana, tahi mo e tau maka ha Nukututaha mo e tau matakavi kua nakai fakaatā ke o ke fefeua ki ai. Ti pete he iloa e Pele nakai ko e tau tagata kelea e tau feari kua mitaki lahi ni a laua mo Niu ke liliu ke he kaina he motu ti fiafia foki a ia ha kua galo e pu mana. Ne talaage a kia kia Niu ke kaeke ke liu moua e ia e pu neke liu a ia ke tā ka e liti atu ki moana.

fairies. As they walked up the small shore area, they found themselves on Avatele Beach, exhausted from the events of the night. They made their way back to the bush plantation to pick up their horses and rode home to Vaiea.

It was then that Niu realised that he had lost the enchanted flute again, and he told Pele.

She said that it was probably for the best because of what had happened to them when they met the fairies. They could very well have been taken away from their parents forever. Niu felt a shiver go up his spine at the thought of never seeing his mother and father again. It was too unbearable to even think about.

Pele understood that this was what had happened in the past to other village folk, who had mysteriously disappeared from the island. Whilst Pele knew that the fairies were not evil folk, she also knew that it was better for her and Niu to be back home on the island, and she was glad to be rid of the enchanted flute. She told Niu that if he ever found it again, he must never play it, but throw it into the ocean.

The children arrived home hungry, wet and tired. They told their parents of their adventures with the night fairies and promised them that they would

Ne hohoko atu a laua ki kaina mo e hoge, pala mo e mategugū mo e fakatuogo atu ke he tau mamatua e tau feua ha laua mo e tau feari po ti mavehe taotao a laua foki ke he tau mamatua to nakai liliu a laua ke taute foki taha feua pihia. Ko e tau feari nonofo ke he tau fetū uho po mo e pulagi ti tu tonuhia ke pihia. Kae liu ni e matuataane matakutaku mae haana fanau mahele fulufuluola ti toka fakatata tumau e ia a Pele mo Niu kia ia he malolō mai a laua he mena matakutakuina ne tupu kia laua. Ti fakatapu e kia ke nakai liu ha pu ke tā he kaina he tau po he neke liliu mai e foki e tau feari fulufulola he po.

Nakai lali e tau feari ke uta a Pele mo Niu kia lautolu he po ha kua iloa e lautolu kua lata tonu a laua ke nonofo ni he laua a kaina i Vaiea mo e tau magafaoa ha laua. Kae pete ia ne manatu tumau e lauatolu e fanau mahele fulufuluola ko Pele mo Niu he motu Nukututaha ti fakatumau a lautolu ke patipati fiafia ke he pulagi tulotopo

never do anything like that again. The fairies belonged to the sky and the midnight stars, and rightfully so. Once again fearful for his beautiful mahele children, their father kept Pele and Niu close to him after they had recovered from their ordeal. He banned all flute playing at night in his house for fear of attracting the beautiful fairies of the night again.

The fairies made no attempt to bring Pele and Niu back to them in the night, for they knew now that they belonged in their home at Vaiea with their family. However, they always remembered and protected their beautiful mahele children, Pele and Niu, who lived on the land of Nukututaha, and they continued to clap with glee in the midnight skies.

## Ko E Mahina Mo E Tau Lauulu Lanu Aulo Ha Makauli Mo Makasea

Ne hahā he motu ko Nukututaha he vahā kua leva lahi kua mole atu mai he maaga ko Alofi, tokoua e lafu taane ne fanafanau fetataaki lahi ke he matua fifine mo e matua taane Niue ha laua. Ne fanau mai a laua ke he lalolagi mo e tau lauulu lanu aulo malilolilo mo e fulufuluola he ha laua a tau ulu. Kae uli lahi e taha lafu mai he taha lafu, ti fakahigoa he matua fifine ha laua a laua ko Makauli mo Makasea. Ne eke a laua mo tau hukui he tau maka he kautū he ha laua a matua fifine ti ko laua foki ko e tau maka he fakavēaga foou he haana a magafaoa ha ko e kakano he ha laua a tau higoa, ko e maka tea mo e maka uli. To lahi e fiafia matalahi h a laua matua taane he kitekite atu a ia ki a laua he lalahi vave mo e fakaako e ia a laua ke he tau tufuga ne iloa mo e tokiofa e ia.

Ne tutupu hake a laua ke eke mo tau fuata mitaki ti ko e tau laulu foki ha laua kua tutupu mo e loloa ti kua leveki fakamitaki foki he matua fifine e tau lauulu ha laua ke meā mo e fili tumau he tau aho oti. Ko Makauli, ko e taokete, uli mo e motua ti lito e tau pu mata, ko e mahuiga he matua taane a ia, ha kua malolo a ia he gahua tuga ni e matua taane, ti malolo foki e tau lima haana. Ko Makasea mo e haana a tau mata lanu kaki, ko e fakahelehele he matua fifine ha ko e tau fulufuluola haana tuga ni e matua taane ti lahi foki e

## The Moon and the Golden Hair of Makauli and Makasea

In the land of Niue Nukututaha a very long time ago, two brothers were born close together in the village of Alofi to their Niue mother and father. They came into the world with lots of golden curls on their heads. However, one brother was darker than the other, so they were named Makauli (black rock) and Makasea (white rock) by their mother. They represented the stones of her land and they would be the rock of the new foundation of her family. Their father was very proud of them and he watched them grow, teaching them all the skills that he knew.

They grew into fine young men and the curls from their hair lengthened and grew out while their mother kept their hair clean and braided every day. Makauli, the darker older brother with hazel eyes, was his father's favourite because he worked hard just like him and had strong hands. Makasea, who had brown eyes, was his mother's favourite because he was handsome like his father and very considerate like him as well. They were both well loved by their parents.

The brothers were also best friends and watched and supported each other all the time. In the summertime they were always outdoors, having adventures in the bushlands and playing in the trees. Makauli was always just a little bit faster than Makasea. They loved to run

fakalilifu haana tuga ni a ia. Ne ofania tokoua he tau mamatua ha laua a laua.

Ti ko e tau lafu fekapitigaaki, fekiteaki mo e felagomataiaki e laua a laua he tau magaaho oti. Kua tutupu olaola foki ha laua a tau lauulu mo e tau amaamanakiaga ha laua ke he aho lahi ka taute ai e hifiulu fakalilifu mo e utakehe ai e tau lauulu tama ikiiki ha laua. Ne fiafia lahi a laua ke tafepoi hifo ke he uaafo i Alofi ti tafehopo hifo mai he uaafo ke he loloto vai momoko mo e koukou ai ka hili e aoga.

Ne makaka lahi foki a laua ke he feua lagavaka ha ko e tau tino malolō mo e tau lima lekeleke ha laua. Ka e pete ia, mai i a laua tokoua, mahomo atu e makaukau ha Makauli ke he feua lagavaka. Ne mahuiga lahi a ia ke he tau fanau oti he aoga tokoluga ha lautolu ha ko e lagavaka. Ko e vahā mafana ne fa nonofo tumau a laua i fafo ha ko e ha laua a tau fiafia ke fefeua he vao mo e tau akau ti ko e tau fiafiaaga nei foki ne fa kitia ai ko e mua atu e mafiti ha Makauli i a Makasea.

Ne fa ōatu tumau a laua ke takafaga ika mo e matua taane he tau vaka ha lautolu ti kitia e lautolu e tau tūtū a Nukututaha hane kakau mo e tafehopo fiafia tata atu ki a lautolu. Ne ofoofogia lahi a laua ha ko e fulufuluola he tau tūtū mo e tau aga totonu ha lautolu ti kua manako lahi a laua ke fefeua tumau mo lautolu. Ka e to hahā i ai ni e magaaho ke fakamakamaka ai a lautolu ke he kakano pauaki ne ōatu ai a lautolu ki tahi, ko e takafaga ika ti fa monuina e takafaga ha lautolu ma e aho.

Ne fiafia lahi a Mama ke he haana a tau tama fuata malolō mo e tutupu olaola ti nakai fai mena ke tupetupe ai ka ko e matalahi ni ma laua. Ka taute e Mama e kai afiafi ha lautolu aki e tau ika foou ne hi mai e lautolu, ne fa hohogo atu e tau manogi hohofi mitaki ki a lautolu hane fae koukou. Ko e faikai - ko e tau vala ika tao aki e gako niu ne fa tauteute e Mama ke kai a lautolu, kai aki e tau talo foki mai he maala. Ko

down to the wharf in Alofi after school and dive off the wharf's edge to swim in the cool ocean.

They also became very good at vaka racing as they both had strong upper bodies and powerful arms. However, out of the two of them it was Makauli who was the better racer. He became well known to all the children at their local high school for his vaka racing.

They often went out fishing with their father in their vaka, and they would see the beautiful dolphins of Nukututaha frolicking beside them freely. The boys were mesmerised by the natural beauty of the dolphins and their friendly nature, and they would play with them all the time. Eventually they would get down to the serious business of fishing and they would have successful catches for the day.

Mama was pleased for her strong, young growing sons and felt nothing but pride for them. With the fresh fish that they caught, she would prepare for their dinner faikai – fish baked in coconut cream and eaten with taro from the plantation. The delicious aroma of her cooking would waft to them as they cleaned themselves up. Sharing food with loved ones made all their meals special and the family laughed and chatted all the time.

After dinner, they would help their mama clean up. Then she would sit out in the evening air, brushing their long beautiful hair and telling them old family stories before letting them go to sleep.

Makauli and Makasea's hair kept growing and they looked forward to the day when they would have a special haircutting ceremony and all their infant hair would be cut off. Mama treasured their long golden hair, but also looked forward to the haircutting ceremony, as did their father. They would have a grand celebration, as was their cultural tradition. There would be a great feast with lots of food cooked in large, hot, fiery umu pits to share.

e fekaiaki he tau mena kai mo e tau matakainaga kua fakalofa a lautolu ki ai, ne fa fiafia lahi e magafaoa nai ke taufekī mo e gutu talatala he tau magaaho kai oti.

Ne fa lagomatai e laua a Mama ke fakamaopoopo mo e fakameā ka oti mole ha lautolu a kai afiafi, ka mole ia ti fa nofo foki a ia he afiafi mo e hetu ha laua a tau lauulu leleva lanu aulo fulufuluola mo e talaage foki ki a laua e tau tala tuai fakamagafaoa to fakatoka a laua ke oatu ke momohe. Ne tokiofa lahi e Mama e tau lauulu leleva mo e lanu aulo ha laua ka e onoono atu foki ni a ia ke he aho ka taute ai e hifi ulu ha laua. Ko e magaaho haia ka taute ai e tau fakamonuinaaga ke he utakeheaga he tau lauulu ha Makauli mo Makasea ha ko e agamotu a ia a Nukututaha. Ko e aho foki ia ha nai ke taute ai e tau galue lalahi mo e tao foki e tau kai lolo loga he tau umu kakā mo e vela ke fakamonuina mo e fakafeofanaki ke he tau mena kai oti. Ne hagaao fiafia tumau atu a lautolu ke he aho homoatu nei, mua atu e matua taane ha laua.

Ka e hahā i ai ni e magaaho i Nukututaha ne mailoga fakatekiteki ai he tau fanau taane kua galo kehe fakaofo e afi mai he motu katoa. Ne lali lagaloga a laua ke tamata e afi aki e tau valavala akau kehekehe ka e kitia e laua kua nakai maeke i a laua. Ne hūhū atu a laua ke he tau katofia kaina oti ha lautolu mo e iloa ai kua tatai oti, nakai fai tagata ne maeke ke tamata e afi. Ko e tau Atua kia? Kua ita kia a lautolu? Ne hūhū atu e fanau taane ke he matua fifine mo e matua tupuna fifine ha laua ko e heigoa e mena kua tupu?

Ne talaage e matua fifine mo e tupuna fifine, ko e tau magaaho uka lahi a nai ti hahā i ai e magaaho mo e kakano he tau mena tutupu oti he kelekele a Tagaloa. Iloa e lautolu to hahā i ai e fono maaga hagaao ke he mena nei, ti kua lata a lautolu oti ke tatali ke iloa mai he tau ulumotua he maaga.

Ko e po na ne nakai maeke i a lautolu ke tugi e tau molī ti ko e magaaho ne hoko mai ai e pouli ne kai a

There came a time on Nukututaha, however, when the boys noticed that fire had mysteriously disappeared from the entire island. They tried many times to start a fire with several pieces of wood, but found that they could not. When they asked around all their neighbours, they discovered that it was the same everywhere – no one seemed to be able to start a fire. Was it the gods? Were they angry? The boys asked their mother and grandmother what was happening.

They said that they were lean times and that there was a reason and a season for everything in Tagaloa's land. They knew that there would be a Village Council meeting with regards to this, and they should all wait to hear from the elders.

That night they ate coconuts and pawpaw, the fruits of the land that did not require cooking. When darkness came they could not light their lamps; only the shining light of the moon brightened the night.

The moon smiled at the people of Nukututaha, and was happy to provide the only light of the land at that particular time. She could see Makauli and Makasea clearly for the lightness of their hair in the darkness. When they came out of their home, the moon was very close to them and they felt as though

lautolu he tau fuaniu mo e tau fualoku, ko e tau fua mai he fonua ne nakai tunu to kai. Ne momohe tuai foki a Makauli mo Makasea ha kua nakai fai maama ke maeke i a laua ke kitia e tau mena kua lata ke taute ha kua pouli tatago. Ko e tama kikila ni mai he mahina ne fakamaama aki e tau puhala ha lautolu he po.

Ne mamali atu e mahina ke he tau tagata a Nukututaha ti kua fiafia ke foaki e maama ke he fonua he tau magaaho tonu ia. Ne maeke i a ia ke kitia maali a Makauli mo Makasea ha ko e kikila he ha laua a tau lauulu mai he pouli tatago. Ka omai a laua ki fafo ne tata lahi e mahina ki a laua ti manako a laua ke aamo atu ki a ia ka e matakutaku foki ni ha ko ia lahi mo e homoueatu ka ko e tau fanau lekaleka noa ni a laua. Ne fehola kehe a laua ma i a ia he po ia mo e liliu atu ke he kaina ha laua ti momohe he mole e tau fakatūtalaaga hagaao ke he tau mena tutupu ke he ha lautolu a motu.

Ne aala tuai e maaga katoa mo e taute e tau fekau ne kua lata ke taute to hoko mai e po ha kua nakai fai afi puhopuho e motu katoa. Nakai fai menakai ne maeke ke tunu po ke tao, nakai fai afi ne maeke ke tugi ti kua fakahagahaga kelea lahi he mena nei e tau tagata kua mahani mo e tua ke he afi puhopuho. Ne lali a Makauli mo Makasea ke fakamahani ke he moui nakai fai afi ka e hauhauā lahi ha kua nakai loto a laua ke momohe tuai. Ne loto lahi a laua ke o ki fafo mo e taute e tau fekau mo e nonofo hakahakau.

Ne nakai hahā i ai he fono maaga e ha tali hako ti kua tumau ni e tau tagata he motu ne nonofo mo e nakai fai afi he tau magaaho na. Ko e magaaho ne liu hake mai ai e mahina kua tata lahi a ia he lagi ke he tau tagata he maaga ti kua moua e lautolu e maama mai he tau kikila fakalulapu haana he magaaho na.

Ne liu kitia e ia a Makauli mo Makasea ha ko e ha laua a tau lauulu lanu aulo kikila. He ha laua a ōatu he puhalatū lahi a Alofi ke o ke takafaga ika he afiafi ia. Ne

they could almost touch her. But they were afraid, for she was great and they were only young lads, so they ran away from her, back inside their home. After much discussion about what could possibly be happening on their island, Makauli and Makasea went to sleep early, because they had no light to see what they were doing in the darkness.

The village council did not have an answer, so the people of the land continued to live without fire at that time.

The whole village started to get up early and do the chores that needed to be done before the night came. No food could be cooked or baked and no lights could be lit. It became a huge inconvenience for the people who had become accustomed to the fire. When the moon came out she was so close in the sky to the villagers that her illuminating glow provided a light for them in the meantime.

Makauli and Makasea learnt to live without fire, but they were frustrated because they did not like going to sleep early. They liked to be out and about, doing jobs and being active.

One evening, as Makauli and Makasea walked up the main road of Alofi to go fishing, the moon once

mailoga e laua e mahina ha ne onoono age ki a laua, ti ligaliga kua tau muitua atu a ia ki a laua. Ka ko e ha la ne pihia ai a ia? Ko ia ko e mahina, nākai iloa e ia a laua. Ne lali a laua ke fetūtalaaki fakaeneene ki a laua nī hagaao ki a ia.

Ko e fakaotiaga ne vagahau atu e mahina ki a laua, "Ko e mena logona e au e tau mena oti ha mua ne tūtala ki ai hagaao ki a au."

Ne hopo e tau ate he fanau taane mo e amanaki ke fehola kehe ka e liliu e manatu a Makauli mo e vagahau atu ki a ia,

"Ko e heigoa haau ne manako mai kia maua ma mahina? Nākai fai mena a maua, fakamolemole ua fakamatematekelea a maua."

Ne tali atu e mahina,

Nakai manako au ke he ha mena mai ia mua ka ko e manako ke lagomatai e tau tagata ha mua. Iloa e au e mena ne tupu ke he motu he magaaho nei ti iloa foki e au e puhala ke lagomatai e mua tokoua ke liuaki mai e afi ke he tau tagata ha mua."

Ne ofo lahi e fanau taane ke he tau mena ne vagahau age he mahina ki a laua. Kaeke ke maeke i a laua ke liuaki mai e afi ke he motu ha laua, to fiafia lahi e tau tagata oti.

"Fakamolemole talamai la ki a maua ko e heigoa e mena ne tupu ke he afi he fonua ma mahina mo e ko e puhala fē ke liuaki mai aki e afi ke he tau tagata ha maua."

Ne fakatumau e mahina ke talaage e taha tala hagaao ke he afi ke he fanau taane.

Ko e tau tau loga kua mole ki tua ne hahā i ai e taha magaaho ne nakai fai afi ai e fonua katoa ka ko e laa ni he pulagi. Ne fioia he tau tagata kua lata a lautolu ke moua e koloa aoga lahi nei mo kaitunu, maama mo e mafana kaeke kua makalili, ha kua talaage pihia he tau tupuna ha lautolu. Ko e mena ni ne uka ai ko e kumi ni e lautolu e puhala ke moua aki e afi.

again saw them because of their beautiful shining golden hair. They noticed that the moon was staring at them, and it seemed as though she were following them. But how could she? She was the moon; she did not know them. The boys tried to speak quietly between themselves about her.

The moon finally spoke to them: "I can hear everything that you are saying about me."

The boys got such a fright that they just about ran off, but then Makauli changed his mind and spoke to her: "What do you want from us, moon? We have nothing. Please do not harm us."

The moon replied, "I want nothing from you but to help your people. I know what the land is going through presently, and I also know how you both can help bring the fire back to your people."

The boys were surprised by what the moon was saying to them. If they could bring the fire back to their island, everyone would surely be pleased.

"Tell us what has happened to the fire of the land, please, moon, and how we can bring it back to our people," they asked. The moon began to tell the story of the fire to the boys.

Many, many years ago, there was a time when there was no fire on the land at all, except for the sun in the sky. The people were told by the ancestors that they could have this valuable tool for cooking, light and warmth when they were cold. The only trouble was that they had to find their own way to get the fire.

No one was brave enough to put their hand up to source the fire except for two young warrior brothers from the village of Vaiea. They were very keen to get the fire but did not know how. The villagers prayed to Tagaloa for insight and help. The villagers then decided that the boys would fly up into the sky to the sun with

Ne nakai fai tagata kua loto malolō ke tuku hake e tau lima ki luga ke moua mai e afi ka ko e tau lafu fuata taane toa ni mai he maaga ko Vaiea. Ne manako lahi a laua ke moua mai e afi ka e nakai iloa e laua ko e taute fēfē. Ne liogi e tau tagata he maaga ki a Tagaloa ke fakakite age e puhala mo e lagomatai. Ne talitonu e tau tagata he maaga kua lata e fanau taane ke lele hake ke he pulagi ke he laa he tau tapakau ka taute e lautolu mai he tau fulu he tau lupe mana mai he vao uhi.

Ko e magaaho ne mau ai e tau tapakau to lahi e fulufuluola ti tuku fakamafiti e lautolu e tau tapakau ke he tau lafu. Ne fakataitai e laua e tau tapakau ti mukamuka lahi ke lele. Ka ko e kakano mooli he tau tapakau ke moua aki ni e afi, ti ka moua e afi to galo e tau malolō lele ha laua tuga ni he talaage e Tagaloa ke he tau tau tagata maaga. To mau amanaki e fanau taane ke he ha laua a fenoga atu ke he laa he aho hake ka kua tuku kehe fakamitaki he tau tagata maaga a Vaiea e tau tapakau he po.

Ne hoko atu ke he tupou laa he aho hake kua mau amanaki tuai e fanau taane ke oatu ke he laa. Ne figifigita fakamavehe e laua e tau magafaoa ha laua ti kamata e laua ha laua a fenoga fakahako atu ke he lagi likoliko. Ne uta e laua takitaha e taha gati puha akau ne talaage he faoa ko e maeke ke tuku aki e afi. Hane tata atu a laua ke he laa, he kua to kaunakai e vela ka kua tata atu a laua ke maeke i a laua ke tutala atu ke he laa. Ne ole atu a laua ke he laa ke age la e falu vala afi ke fakamafanafana aki e tau tagata a Nukututaha.

Ne nakai fiafia e laa, ne manako a ia ke age he fanau taane e taha mena fakalofa ke taui aki. Ne nakai fai mena e fanau taane ke age ka ko e tau gati puha akau mitaki ti manatu ai a laua ke age e taha ki a laa. Ne fiafia lahi e laa ha kua fai mena fakalofa a ia ti fakaatā e ia a laua ke uta taha vala he afi haana ka e talaage a ia ki a laua ke aua neke liliu atu. Ne age he fanau taane taha e gati puha ke he laa ti fakapuke e laua ha laua aki

wings that they would make out of the feathers of the magical lupe pigeons from the forest.

When the wings were completed, they looked magnificent. At once they were placed on the brothers, who tried them out and flew easily. The villagers of Vaiea had been told by their god Tagaloa that the wings' purpose was only for the brothers to retrieve the fire, and once this had happened they would lose their flying powers. The boys would prepare for their journey to the sun the next day, and their wings were placed away carefully for the night by the villagers.

By midday the next day, the boys were ready to go to the sun. They kissed their family goodbye and began their journey straight up into the sky. They took a container each that they were told would hold the fire.

As they neared the sun, the heat became unbearable, but they got close enough to talk to the sun. They asked him if they could have some of his fire to warm the people of Nukututaha.

The sun was not impressed. He asked the boys for a gift in return. The boys had nothing but their containers of fine wood and decided to give the sun one of them. The sun was, of course, pleased that he would get a gift and allowed them to take some of his fire, but told them they were never to return. The boys then gave one container to the sun and filled the other with fire. They thanked the sun and quickly returned to the earth and the land of Nukututaha.

What the brothers had not realised was that the fire would burn through the wood straight away. By the time they got back to land, the wooden container had become too hot to hold and had only cinders left in it as the fire had eventually burnt out.

The boys had failed in their journey to the sun. They told the villagers that they had been instructed by the sun never to return. The villagers were disappointed and resigned themselves to being without fire forever.

e afi e gati puha ne toe. Ne fakaaue age a laua ke he laa ti liliu fakamafiti atu a laua ke he lalolagi ke he fonua ko Nukututaha.

Ka kua nakai mailoga e laua kua vela he afi e gati puha akau he magaaho ia ni ti ko e magaaho ne hohoko atu ai a laua ke he fonua, ko e tau efuefu ni he gati puha akau ne toe ha kua to vela lahi e puha ke totō ti vela mo e otioti e afi. Kua kaumahala e fenoga atu he fanau taane ke he laa. Ne talaage foki a laua ke he tau matua he maaga na nakai maeke a laua ke liliu atu ke he laa. Ne fakaatukehe e tau mamatua maaga mo e iloa tonu kua nakai tuai fai afi tukulagi a lautolu.

Ne liu e fanau taane fifili hifo ki a laua ni ke liu lelele atu he aho hake ke he laa, ka ko e magaaho nei to ōatu tuai a laua he magaaho pogipogi ke hohoko atu he magaaho ne hahau agaia ka hohoko a laua ke he laa ka e nakai tuga he magaaho tupou laa ne vevela lahi ai. To nakai fai tagata foki ke iloa ti ko e magaaho foki ne nakai la fai tagata ia kua aala mai. Ko e magaaho nei foki ne taatu e laua ua e gati puha taute aki e akau maō, matolu mo e nakai vela otioti vave mo e tui foki e laua e tau afī aki foki e laua a tau lima ha laua aki e tau lau nonu mahuiga taute vai lakau he tupuna fifine ha laua mo laveaki e tau lima ha laua afī lima ti ko e magaaho tonu ne kitia ai e laua e laa kua hake mai ne lelele atu a laua ke he pulagi. Ne iloa e laua ko e hahā agaia i a laua e malolō he tau tapakau ha kua nakai la liu moua mai e afi.

Ti kua liliu foki lelele atu e fanau taane ke he laa i luga he lagi likoliko. Ha kua hane ala agaia e laa mo e hane fakakia hake laia, ne maeke e fanau taane ke kaihā e afi he hagatua agaia a ia, ti liliu a laua lelele atu ke he tau tagata he maaga. Ne kamata mai he aho na e fai afi he fonua a Nukututaha ke fakamafana aki, moua mai ai e maam,a ti tunu mo e tao aki e tau mena kai ha lautolu. Ne tugi he fanau taane e tau tapakau ha laua ha kua molea tuai e mana he malolō ke lelele ha kua moua

The boys then decided between themselves that they would defy the sun's orders and fly up again the next day. This time they would go first thing in the morning when it would be cooler when they reached the sun instead of the middle of the day when it was hottest. No one else would know because they would leave before anyone else woke up.

This time they got two containers of stronger, thicker, slower-burning wood. They wrapped their hands with nonu leaves – their grandmother's favourite medicinal leaves – to protect their hands, and as soon as they saw the sun rising, they flew up to the sky. They knew the wings still had flying powers because the fire had not yet been retrieved.

Once again the boys flew up to the sun, high in the sky. The sun was still waking up and rising, so the boys managed to steal the fire while his back was turned, and they flew straight back to the villagers.

From that day onwards, the land of Nukututaha would have fire to keep them warm, give them light and bake their food. The boys burned their wings as their magic flying powers had disappeared. The villagers were very happy and there was much celebration in the land.

tuai e laua e afi. Ne fiafia lahi e tau tagata he maaga ti hahā i ai e tau fiafiaaga homoatu ke he fonua.

Ne ita lahi e laa he kitia atu e tau tua he fanau taane he liu lelele atu a laua ke he lalolagi ha kua iloa e ia kua liliu mai a laua mo e kaiha e afi mai i a ia. Ne omonuo a ia to uta kehe e ia e afi mai i a Nuku-tu-taha ke tuga ni e po ne mui atu he aho, to fakamooli foki ni pihia e omonuo haana. Ti ko e magaaho nei kua fakamooli tuai ha kua nakai hahā i ai ha afi he motu a Nukututaha, kua fakamooli tuai e omonuo ha laa.

Ne ofo lahi a Makauli mo Makasea ke he tala nei ne talaage he mahina maama mo e fulufuluola ki a laua. Ka kua hūhū atu a laua ki a ia ko e heigoa ke taute e laua ke liuaki mai aki e afi ke he motu he tau tagata ha laua. Ne liga maeke nakai i a laua ke taute tuga he taute he fanau taane ia he tau tau loga kua mole ki tua. Ne talaage e mahina ke he fanau taane ia kua lotomatala lahi tuai e laa mo e fioia e ia to fai tauteaga foki e tau tagata maaga ke lali ke kaiha foki e afi haana. Kua amaamanaki e laa to liga liu lelele atu a lautolu ki a ia, ti liga kua lata i a lautolu ke taute he taha puhala kua kehe he magaaho nei. Ti ko e magaaho nei foki kua mautali tuai a ia ke tu atu ki mua ha lautolu. Ti ui fakahanoa e ia a lautolu ko e tau tagata moui fakateaga hane lali ke fe pa mo e haana a malolō e muaueatu.

Ne fakahakehake ni he laa a ia ko e mua atu ke he tau tagata oti kana ha ko e haana a malolō. Ne hūhū atu a Makauli mo Makasea ke he mahina ko e ha ne manako lahi ai a ia ke lagomatai a laua. Ne talaage e mahina ki a laua, ko e laa, to lahi e agavale he falu magaaho ti fa fakahoko e to laa he falu magaaho ke he fonua ti fakamatematekelea aki e tau tagata. Ha ko e mena ka matematekelea e tau tagata, ti matematekelea foki a mahina ha ko e mena hukui he mahina e moui he motu mo e fioiaaga he fonua mo e haana a tau tagata.

The sun had seen the boys flying back to earth and was angry, for he knew they had returned and stolen the fire from him. He vowed that one day he would take back the fire of Nukututaha and, as sure as night follows day, his prophecy has come true. Today there is no fire on the land of Nukututaha. The sun is fulfilling his promise.

Makauli and Makasea were amazed at the story told to them by the beautiful bright moon. They asked her what could they do to get fire back to the land of their people. Could they possibly do the same as the boys from so long ago had done? The moon told the boys that the sun had become very clever and would be expecting the villagers to attempt to steal his fire again. The sun knew they might try to fly to him, so they would have to do something different this time. The sun was now prepared to face them. He considered his powers way above humans', and he arrogantly thought of them as mere mortals trying to take on his greatness.

Makauli and Makasea asked the moon why she was so willing to help them. The moon told them how the sun could be very cruel, causing droughts on the land from time to time, resulting in the people suffering. When the people suffered, the moon always suffered too, as she represented the soul of the land and the feeling of the land and its people. If Nukututaha wept, the moon would weep too. The feelings were reciprocal and this was how it had always been, ever since she could remember.

The moon told Makauli and Makasea that she had always seen them as children and knew of their strength and resilience, just like the boys from Vaiea from so long ago. They shared the same vitality, energy and essence for the good of the land, and she knew that they would be the ones to help their people.

Ka momoko a Nukututaha, ti momoko foki a mahina, ne fetauiaki e tau logonaaga ti nakai la fai kehe ia tali mai he haana a iloa mo e manatu.

Ne talaage e mahina ki a Makasea mo Makauli ne fa kitia tumau e ia a laua ko e tau tali mai ikiiki ti iloa foki e ia e tau malolō mo e aga fakahautoka ha laua tuga ni e fanau taane ia mai i Vaiea he vahā ia. Fetataiaki e tau makaka, tau malolō mo e tau manako ke mafola e fonua ti iloa foki e laua ko laua ni ka maeke ke lagomatai e tau tagata ha lautolu.

Ne manatu e mahina ke taute e taha puhala mo e fanau taane ke liuaki mai e afi. To hahā i ai e hagahaga kelea ka ko e taui ke moua mai to mahomo atu e mitaki, mua atu ke he tau tagata a Nukututaha. Ne mautali mo e amaamanaki a Makauli mo Makasea ke laka atu ke he gahua kua fakamau ke taute ti kua maineine lahi ke liuaki mai e afi.

Ne manatu a mahina ke fakaaoga e tau lauulu loloa he fanau taane ke liu moua mai aki e afi he laā. Ne talaage a ia ke he fanau taane ke fakatali he matakavi ne fa hake mai ai e laā he magaaho pogipogi he tata lahi foki ke he fonua mo e ha laua a tau gati puha ne talaga aki e tau akau pauaki ke liuaki mai aki e afi. Ko e mena taha ni e hakemaiaga he laā ti ko e magaaho tonu ha nai ke moua ai e afi mai i a ia, ko e magaaho foki ha nai ka to ai e mahina, ka to liu a ia ke feleveia mo laua he afiafi hake.

To fakatutupu fakaloloa he mahina e tau lauulu ha Makauli mo Makasea aki e mana haana ni ke maeke i a laua ke fakaaoga tuga e tau toua. Ko Makasea ko e lafu ka liuaki mai e afi tata atu ke he matutakiaga he lalolagi ha ko ia makaukau lahi mo e mama haana tino. To pipi e tau lauulu haana mo e tau lauulu ha Makauli ko e lafu motua hake mo e malolō atu ia Makasea, ka tu mamao atu he kelekele ke maeke i a ia ke liu toho mai haana a tehina kaeke kua to a ia ke he afi puhopuho ha laa he magaaho ka fakakia hake a ia.

The moon decided to make a plan with the boys to get the fire back. It would have some risk, but the benefits for the people of Nukututaha would definitely outweigh any risk. Makauli and Makasea were ready to step up to the job and were very excited about getting the fire back.

The moon decided to use the boys' long hair to retrieve the fire once more from the sun. She would use her magic to make both Makauli and Makasea's hair grow long so they would be able to use it like a rope. Makasea was to be the brother who would retrieve the fire close to the earth's edge because he was the most agile and lighter in body. His hair would be tied with that of Makauli, the older and stronger brother, who would be standing further into the land and able to pull his brother back should he fall into the flames of the sun's fire.

The moon told them to wait at the place where the sun would rise closest to the land early in the morning with their fire containers of special wood. The sun could only rise one way, and the best time to get the fire off him was when she, the moon, was setting.

The brothers stood in the early morning dew of the heavens the next day and watched their golden hair grow longer and longer from the moon's magic. They then braided their hair as their mother had taught them. Everything was set to go and the moon wished the boys good luck for what they needed to do for their people. They gave thanks for her help and prayed to Tagaloa for strength and courage for themselves and their people of Nukututaha.

As the moon slowly set, watching the boys, the sun slowly rose with its back turned as it had always done, before fully turning to face the world. Makasea got ready, standing on the earth's edge, as he watched the sun rise. Then he secretly reached out and caught the sun's flames in his special wood container. But

Ne tutū e tau lafu he hahau mai he pūlagi he pogipogi kī he aho hake mo e onoono a laua ke he tau lauulu lanu aulo ha laua hane tutupu loloa mo e leleva mai he mana he mahina ti fili e laua tuga ni he fakaako age he matua fifine ki a laua. Kua mau katoatoa tuai e tau mena oti ke fakahoko, ti kua folafola atu foki e mahina e tau manatu fakakautū mo e fakamonuina ke he tau mena kua amaamanaki e fanau taane ke taute ma e tau tagata ha laua he magaaho pogipogi kī ia. Ne tuku atu foki e laua ha laua a tau fakaaue ki a ia mo e tuku liogi atu ki a Tagaloa ke foaki age e tau uho malolō toa mo e makaukau ma laua mo e ha laua a tau tagata i Nukututaha.

Ha ne to fakatekiteki e mahina mo e onoono atu ke he fanau taane, ko e laa hane hake fakatekiteki mai mo e haana a tua kua fuluhi mai tuga ni ne fa mahani ki ai to fuluhi katoatoa mai haana a mata ke fekiteaki mo e lalolagi. Ne mau amanaki a Makasea he kitekite atu ke he laa he tu a ia he tapitapi he lagi mo e lalolagi ti fakaolo fufū atu haana a gati puha akau talaga pauaki mo e tapaki aki e tau lupalupa mai he laa. Ne heke fakaofo a Makasea ti liu fuluhi atu a ia ki a Makauli mo e liti atu ki a ia e gati puha ne hahā i ai e afi ma e tau tagata ha laua. Ko e magaaho ne hapo ai e Makauli e gatipuha afi ne fakatoka kehe fakaofo e ia e tau lauulu ha laua ne pipi fakalataha ti logona e ia a Makasea ha ne to atu ke he afi puhopuho he laa mo e tagi fia manako lagomatai.

Ne fuluhi mai e laa mo e kata fakafiufiu he kitia atu e fanau taane tuga ni he kitia e ia e fanau taane ne kaiha e afi haana he tau tau loga kua mole atu. Ne uulo he laa e afi puhopuho haana hagaao atu ki a Makasea ha ne fae tauhea atu ke he haana a fai taokete ke lagomatai. Ne liu taofi e Makauli e tau lauulu ha laua mo e lali ke toho mai haana a fai tehina ki a ia ha ne tu he fuga kelekele. Ne liogi foki a Makauli kae ha ne toho fakamalolō mo e fakamakamaka ha kua kamata foki tuai e vevela

then Makasea accidentally slipped. He turned back to Makauli, throwing him the container of fire for their people. As Makauli caught the container he accidentally let go of their hair that was tied together, and felt Makasea falling away into the flames of the sun, crying for help.

The sun turned and laughed wickedly as he discovered the boys stealing his fire. The sun blew his scorching fire towards Makasea, who was calling out to his brother for help. Makauli grabbed their hair again and tried to haul his brother back towards him onto the land. Makauli prayed to their god Tagaloa as he pulled with all his might. The heat was starting to make him sweat profusely and Makauli could feel his brother slowly slipping away from him and into the flames. He started to panic, but found strength in himself and did not give up on Makasea as he watched the pain in his brother's eyes.

The sun continued happily to play out his revenge on the brothers for the wrongdoing of the boys of Vaiea from so long ago and for the people of Nukututaha. Makauli kept on praying loudly to Tagaloa for help and wept uncontrollably for his brother while still pulling on their long rope of golden hair.

mai he afi ke aofia ai a ia mo e kavakava kua tafe lahi. Ne logona foki e Makauli e haana a fai tehina ha ne mamulu atu mai i a ia ke he afi puhopuho. Ne kamata a ia ke tupetupe e loto ka e liu moua e ia e malolo mai he uho manava haana ke nakai fakatikai ki a Makasea ha kua kitia e ia e mamahi ne kua fakakite mai he tau mata he haana a fai tehina.

Ne fakatumau e manako he laa ke taui atu ke he tau lafu e tau hehē he fanau taane mai i Vaiea mo e tau tagata mai i Nukututaha he tau vahā loa kua mole atu. Ne fakatumau foki e liogi fakaleo lahi a Makauli ke he Atua ha lautolu ko Tagaloa ke lagomatai mai. Ne momoko lahi a ia ma e fai tehina haana ka e ha ne toho he tau lauulu lanu aulo loloa ha laua ne fakaaoga mo e tau toua.

Ne kua teitei a Makasea ke to atu ke he tau puhopuho afi ka e hoko mai ni a Tagaloa ma laua ti mahafagifagi ai e tau pahala he lagi likoliko ke he uha lahi kua maligi hifo mai ki a Makauli mo Makasea. Ne tamate he uha e afi ke nakai vela a ia mo e foaki atu ki a Makauli e malolō katoa ke toho hake e fai tehina haana ke he kelekele aki e tau lauulu ha laua. Ko e magaaho ne ha hā i ai a laua he fuga kelekele ne fakaaoga e laua e tau kanavaakau ha laua ke helehele aki e tau lauulu loloa mo e lanu aulo ha laua mo e tafepoi atu a laua ki kaina fakalataha mo e afi ha laua ne liu kaiha foki mai he laa.

Mategugū mo e otioti e tau manava ka e foaki atu agaia ni e laua e afi ke he tau tagata maaga a Alofi. Ne fiafia lahi e tau tagata he fanogonogo a lautolu ke he tau tala he lafu hagaao ke he mahina mo e haana a tau lagomatai ki a laua ke fakatoka e puhala ke liuaki mai aki e afi ne galo kehe mai he motu.

To lahi e fakaaue he tau tagata maaga ke he mahina he logona e lautolu e haana tuaga pauaki ha ko e fakalofa ke he tau tagata he lalolagi, ti nava e lautolu a ia ke he haana mitaki lahi. Ko e magaaho ne hake ai e

Makasea was just about to fall into the ball of flames when Tagaloa came through for them; the heavens opened up and rain fell heavily on both Makauli and Makasea. This stopped Makasea from getting burnt and gave Makauli enough energy to pull his brother with all his power and strength up onto the land with their hair. Once they were both on land, they used their own weapons to chop off their long golden hair, then they ran home with the fire, stolen from the sun once again.

Tired and out of breath, the brothers presented the fire to their villagers in Alofi. They relayed the story of the moon and how she had helped them to retrieve the fire that had been lost to the island.

The villagers were very happy and extremely grateful to the moon. They knew of her special presence and how she cared for the people of the land, and they praised her for her greatness.

When the moon arose that evening, she saw the burns of Makasea and how both the brothers' long golden hair had been cut short for their bravery. She was sad that they would never have a haircutting ceremony.

mahina he afiafi ia, ne kitia e ia e tau mahunuhunu ha Makasea mo e tau lauulu lanu aulo loloa he lafu kua helehele fakakukū ha ko e ha laua a tau loto malolō. Ne iloa foki e ia he magaaho ia to nakai fakamooli e amaamanakiaga he fanau ke he fiafiaaga ke he utakeheaga he ha laua a tau lauulu ti momoko a ia ha kua pihia.

Ka e pete ia, ne nakai fakaatukehe a Makauli mo Makasea ha kua liuaki mai e laua e afi ke he lalolagi ma e tau tagata maaga ne aofia ai foki ha laua a tau mamatua fifine mo e taane ne kua fiafia foki ki a laua. Ne maama e laua ko e helehele e tau lauulu he fanau taane ha laua, ko e tama foaki tote ka fakatatai atu ke he liuakimaiaga he afi ki Nuku-tu-taha, ti ko e mena nei kua fiafia lahi ai foki e tau tagata oti. Ne fiafia a laua ti fiafia ai foki e mahina.

Ne manatu agaia ni e tau tagata maaga ke taute e taha galue lahi ke fiafia fakaaue ke he mahina mo e mae malolo he tau lafu. Ne tauteute e lautolu e tau mena kai moho vela i loto he tau umu he afiafi hake ti ko e magaaho ne kamata ai e mahina ke hake mai ko e magaaho ia foki ni ne kai fiafia oti ai a lautolu. Ne fiafia lahi foki e tau mamatua a Makauli mo Makasea ha kua lauia ai foki ni e tau fanau taane ha laua ha kua nakai fakahoko e fiafia hifiaga he tau lauulu ha laua.

Ne fiafia lahi a mahina he mole atu e tau mena oti nei, ti vagahau atu a ia ke he fanau taane, "Haku fanau na e ko Makauli mo Makasea, kua taute e mua e tau mena ke matalahi ai ha mua a tau magafaoa. Kua lagomatai e mua au ke lagomatai ha tautolu a tau tagata. To mahu mo e muhukoloa tumau e tau momoui ha mua he tau aho i mua ha kua taute e mua e mena lahi nai ke he ha tautolu a kautu, to tokaloto tumau a mua ko e tau toa a Nukututaha."

Ne fakamonuina takitokotaha he mahina a laua ke he tau koloa ke momoui loloa mo e tau momoui olatia, ti foaki atu foki e ia ki a laua e mena fakalofa, ko

However, Makauli and Makasea had no regrets, for they had got the fire back on the land for the villagers, including their mother and father, who were also pleased. They understood that both their sons' lost hair was a small sacrifice for getting the fire back to Nukututaha, and because of this, the people were happy once again. They were happy and the moon also became happy.

The villagers decided to have a great feast in celebration of the moon and the bravery of the brothers. They made hot cooked food in big fiery umu pits the next evening when the moon started to rise, and they all feasted. The celebration pleased Makauli and Makasea's parents, for it more than made up for their sons not having a haircutting ceremony.

After all this, the moon was happy as she spoke to the boys, thanking them:

"My boys, Makauli and Makasea, you have done your families very proud. You have helped me to help our people. Your futures will be prosperous, for you both have made a huge difference to our land, and you will be remembered for all time as heroes of Nukututaha."

e kelekele talumelie ke moua mai ai e tau fua loga, ti to nakai oti tukulagi e tau mena kai he fonua.

Ha ne hake fakahaga a ia he afiafi, kua tafea mamao atu foki ke he pulagi pouliuli ha kua nakai tuai aoga a ia ke he tau tagata ke tuga ne mahani ki ai, ka e to tokaloto mo e matalahi tumau a ia ki a lautolu oti.

Kua toka fakaoti tuai e afi i Nukututaha ha kua mailoga he laā e fakatokolalo lagaua he tau fuata he kautū a ia ti to nakai liu lali foki a ia ke uta kehe e afi mai he tau tagata. Ka e iloa e ia ko e mena lagomatai he mahina e fanau taane he magaaho nei ti nakai fiafia a ia ha kua nakai humelie mitaki e taui ne fakafehagai aki e ia a laua.

Ne fifili ai e laā mai he aho na to fakafano atu e ia e afi ki Nukututaha ke he tau afā mo e haana a malolō ke he tau kapa uhila. Ko e ha tagata ni kua lauia ha kua nakai monuina mo e hahā i fafo he magaaho ia, to logona ia e loto vale he laā ke he tau lupahila mai he lagi ti ko e taui nei to tokamau he kelekele a Nukututaha.

Ne liu tuku atu e Makauli mo Makasea ha laua a tau fakaaue ke he mahina ha ko e haana a loto fakaalofa ti pihia foki ni ki a Tagaloa ha kua fakatō e ia e uha he aho ia ne matematekelea ai ti hao ai a laua. Ne manatu tumau he mahina e loto malolō he tau lafu mo e tau

The moon blessed each boy with the gifts of living a long, productive life and having abundant and fruitful lands so they would never run out of food.

Makauli and Makasea gave thanks to the moon for her kindness once again and to Tagaloa for bringing them the rain that day when they were saved. As she rose in the evening, the moon floated further away into the night sky as she was no longer needed by the people in the same manner. However, she was always acknowledged by them all.

The fire was now back on Nukututaha for good. The sun knew that the moon had helped the boys this time and he was not happy. He decided that, since twice he had been outsmarted by the young men of the land, he would never attempt to take the fire away from the people again. Instead, from that day forward, he would send fire to Nukututaha through his powers of lightning during storms. Whoever got struck from the bad luck of being out at that time would feel the wrath of the sun through his electric firebolt from the sky. This would be his revenge forevermore on the land of Nukututaha.

The moon always remembered the bravery of the brothers and what they were willing to do for their

manako ke taute ha mena ma e tau tagata ha laua. Ne manatu he tau lafu e mahina ha ko e haana a loto fakaalofa mo e haana a manako foki ke lagomatai e tau tagata he kautū. Ti pihia foki ni ke he haana a malolō fakaigati ke age ki a laua e tau lauulu loloa he magaaho tonu ne lata ai, ti eke ai foki mo tau kave moui ma laua.

Ne tumau e fekapitigaaki ha lautolu ke he loga he tau aho fakamui he kikila atu e mahina ke he tau momoui fulufuluola he tau lafu ulu lanu aulo nei ko Makauli mo Makasea. Ne uhu lologo tumau atu a laua ke he mahina he po he tapa he afi mafana, ha ne kai he tau kai mafana mo e talaage e tau tala ke he tau fanau ha laua hagaao ke he puhala ne liuaki mai aki e laua e afi ki Nukututaha.

Ka ko e mahina, ne hao tumau a ia mai he ita mo e agavale he laa ha kua fakatoka pauaki ni pihia he agaaga ke kikila mo e maama a ia he po ka e kikila mo e maama e laa he aho, ti pihia foki ni e nonofo monuina mo e mahu tumau ha Makauli mo Makasea i Alofi ke he tau aho oti ne toe he ha laua a tau momoui.

people. The brothers remembered the moon for her kindness and the help she gave the people of their land. They acknowledged her special powers that gave them their long, long hair when they really needed it, and which became their lifeline.

The beautiful moon shone on the bright futures of the golden haired brothers Makauli and Makasea, and their friendship continued long into their days. They always sang to the moon at night by their warm fire while eating their cooked food and telling their story to their own children of how they brought the fire back to Nukututaha.

As for the moon, she was always safe from the sun's wrath, as nature had intended. She shone only by night and the sun shone only by day on the land where Makauli and Makasea lived at Alofi for the rest of their days in prosperity.

*This is a tale is written for both my sons, Zethan & Allexander, and their long golden hair when they were little boys.*

## Ko E Tau Tātatau Homoatu Ha Lagi, Lupo, Lio Mo Lutiano

Ko e tau aho he vahā i tuai ha Nukututaha ne nonofo ai tokofa e tau lafu fuata ne higoa ko Lagi, Lupo, Lio mo Lutiano. Ne nonofo a lautolu he maaga ko Lakepa mo e ha lautolu a tau tupuna ne leveki a lautolu mai he ikiiki mo tau fuata alaala malōlō mo e lagomatai tumau atu kia laua. Ko e tau lafu taane ka taute e tau fekau ha lautolu he kaina, to talo he maala he vao ti loga lahi e tau kai, ti nakai o hoge a lautolu.

Ne fiafia lahi a lautolu ke fakanogonogo ke he ha lautolu a nena ka talahau tala ke he vahā ne tupu hake ai a ia ha ko ia fa hemu tuga na lautolu. Kae mohā ko e matua tupuna taane ha lautolu kakā lahi kia lautolu ti taute fakatonu tumau ni e tau mena ka talaage e ia kia lautolu. Na hau a ia i Samoa ti fakaeneene lahi a lautolu ka tata kia ia.Ne mua atu ke nakai fekī a lautolu ka fetataaki mo ia. Kae mohā ka tata mai a nena fiafia lahi a lautolu ke tau fekī mo e fefeua mo ia.

Kae fiafia agaia ni e tau fanau taane ke he ha lautolu a tupuna taane, fai tātatau to maveka mo e mua atu e mitaki ke he haana tau hui mo e tua. Ne talaage a ia kia lautolu ke he kakano ne moua ai e ia e tau mena ia he tupu hake a ia i Samoa āto muitua a ia kia nena ki Nukututaha he vaka toga. Ne nofo fakakū a nena i Samoa mo e haana a matua taane ka ko ia ha ne fano futi ika. Ai maeke a nena ke nofo i Samoa ti talaage a

## The Magnificent Tattoos of Lagi, Lupo, Lio and Lutiano

In the old days of Niue Nukututaha, there lived four teenage brothers named Lagi, Lupo, Lio and Lutiano. They lived in the village of Lakepa with their grandparents, who brought them up to be strong, lively lads. The brothers always helped their grandparents. They would do their tasks around the home and plant taros in their bushland plantation, which was always abundant, so they never went without food.

They loved to listen to their nana tell them stories from when she was growing up long ago, because she was just as mischievous as they were. Their grandpa, who came from Samoa, was more strict with them, so they did exactly as he asked them all the time. The boys were very careful when they were around him, making sure they didn't laugh too loudly. However, when their nana was nearby, they loved to laugh and play with her.

The boys still loved their grandpa. He had the most amazing tattoos on his legs and back. He told the brothers how he got them as a young man growing up in Samoa before he followed their nana back to Nukututaha on a boat. She had lived in Samoa for a short time with her father, who was visiting on fishing trips. Grandpa knew after a time that he loved her very much. Nana loved him just as much, but she was not allowed to stay in Samoa. Grandpa decided that

tupuna taane ke he tau fanau taane ko e mui a ia kia nena he liu a ia ki Nukututaha. Pihia foki ni he iloa e ia fia loto lahi a ia kia nena ti manamanatu a ia ko e lata ni ke fano a ia ke nonofo mo ia. Mateloto foki ni a nena kia ia.

Ne tutala tumau e tau fanau taane ke he tau tātatau he ha lautolu a tupuna taane mo e tomaveka he kitia e lautolu. Ne talaage a lautolu kia ia ko e fia manako foki a lautolu ke fai tātatau ke talahau aki e tau tala kia lautolu. Ne matalahi a tupuna taane ke he tau fanau taane he iloa e ia ko e to moua e tau mamahi ka tātatau ha lautolu a tau tino. Matalahi foki a ia ha kua manako a lautolu ke fakakite ha lautolu a tupumaiaga Samoa matutaki atu mo e ha lautolu a tupumaiaga Niue. Aala e tau mata he tau taokete toko tolu he tutala a lautolu ke he tau tātatau ha Samoa. Kae , kitia e tupuna taane e tehina fakahiku ne nakai mataalaala a ia ke he magaaho ia.

Ne manatu a Lagi ke tātatau e uga Niue ke he haana a tino mo fakakite aki e toto Niue haana mo e tau fakatino tuai ha Niue mo Samoa. Mafana a ia ke he agaaga mo e tau hagahaga he uga. Ko ia ko e leveki he motu Nukututaha mo e haana kili maō, mo e gaugau mamahi ka fakalaga e koe a ia.

Ne fia loto a Lupo ke he tātatau magō ko ia ko e leveki ke he moui he tau vai i Nukututaha. Fakakite haana agaaga mo e atāina he nofo kaina he Pasifika mo e haana fiafia ke he moana mo e tau ta tikitiki agamotu ha Niue mo Samoa foki.

Ne manako a Lio ke he agaaga he afi ke tātatau ke he haana a tino ke fakakite aki e manako lahi i loto he haana a manava ke he haana loto fakalofa ke he motu Nukututaha mo e koli afi mai i Samoa. Fakakite he afi e malōlō ha Lio mo e haana agaaga loto ma o ma Nukututaha.

Ka ko Lutiano ko e tama mā a ia. Ai fia loto a ia ke he tau mena tuga ne manako e haana a tau lafu

he needed to be with her, so he followed her back to Nukututaha after she left. The three older boys spoke constantly of their grandpa's tattoos and how magnificent they looked. They each told him that they would like their own tattoos one day to tell the story of themselves. Grandpa was proud of the boys, for he knew that having their bodies tattooed would be an enduring and painful experience that they would have to go through. He was also proud that they wanted to show their heritage from Samoa joined with their Niue ancestry. The three older brothers' eyes lit up as they spoke of the tattoos of Samoa. However, Grandpa noticed that the youngest brother lacked their enthusiasm. Lutiano was the shy son. He did not want the same things as his brothers.

The time came when the three older boys decided that they were ready to get the tattoos. They had thought about their tattoos and the styles they wanted in depth. They tried to convince Lutiano that he should do the same, and they offered ideas they thought would appeal to him. They were excited about their own tattoos and wanted to share their energy with their brother. But Lutiano was not keen, so the other brothers approached Grandpa without him.

They were very clear about what they visualised in their minds for their individual designs. Lagi had decided that he wanted the Niue land crab – the uga – tattooed on his body to represent his Niue blood, with traditional designs of Nukututaha and Samoa. He felt close to what the spirit of the uga represented. It was a safe keeper of the land of Nukututaha, and had a tough exterior and deadly pinch if you got it angry. For Lagi, the uga represented the pride of his home and its hard shell represented his own hard strength.

Lupo wanted a tattoo of the shark, which was the safe keeper of the waters of life around Nukututaha, as well as the traditional designs of Niue and Samoa.

taokete. Ko e tau lafu haana hokulo ha lautolu a tau manamanatuaga ke he tau tātatau mo e tau faga ne loto a lautolu ki ai. Lali a lautolu ke fakaohooho a Lutiano ne taute haana ke tuga ha lautolu mo e talaage falu faga tātatau ka fia manako a ia ki ai. Fiafia lahi a lautolu ke he tau tātatau mo e fia loto a lautolu ke tufatufa ha lautolu a tau malōlō mo e ha lautolu a fai tehina.

Ti ō mua na lautolu e tau lafu taokete mo e tala fakaloi mo tupuna taane. Iloa tonu e lautolu e mena kua kitia ke he ha lautolu a tau loto he talaage e lautolu kia tupuna taane. Ka ko e tau faga ta tikitiki ne manako a lautolu ki ai iloa e tupuna taane to liu a ia ki kaina i Samoa mo e tau fanau taane ke taute ha lautolu a tau tātatau.

"Ko fe e tehina ha mutolu? Nakai ka fia tātatau a ia ke tuga a mutolu?"

Ko Lagi, Lupo mo Lio ne feonoaki mo e nakai iloa ha mena ke talahau.

"Ko fe e tehina ha mutolu? Ai ka fia tātatau a ia ke tuga a mutolu?" Feonoaki a Lagi, Lupo mo Lio mo e ai iloa ha mena ke talahau."Ka tātatau a mutolu ti pihia foki ni mo Lutiano. O a mutolu mo e talaage to ai ko e hafa tagata a ia ke tuga a mutolu oti mo e tau mamatua ha mutolu ne tātatau ke he ha mutolu a tau tino! Talaage kia ia to liuaki e au a mutolu oti ki Alafua ke fakamanatu kia mutolu haku Samoa!"

Ko e mogo ne logona ai e Lutiano e mena ne talaage he tau taokete haana kia tupuna taane ne momoko lahi a ia mo e tagi a ia kia nena.

"Kae mohā ka fia tātatau a lautolu, ai fia loto au ke he tau mena ia ma nena! Ko e heigoa haaku ka taute??"

Ne fakamafanatia e nena haana pulapulaola mo e talaage a ia ke fano a ia ke o motupuna taane.

"Lata a koe ke o mo e haau a tau lafu taokete mo tupuna taane mo e taute haau a tātatau. Ko e lilifu a ia he manako agaia na tupuna taane ke uta a koe ha ko e kakano ko koe ko e taha vala lahi haana a koe. Ko

The shark represented Lupo's spirit and freedom being home in the Pacific, and his love of the ocean.

Lio decided that he wanted the spirit of fire tattooed onto his body. It represented the powerful passion in his belly for his land Nukututaha and the dance of fire from Samoa.

Because of the particular styles they wanted, Grandpa told them he would have to take them to Samoa to get their tattoos. He then noticed that Lutiano was missing from the brothers.

"Where is your other brother?" he asked. "Does he not want a tatau like the three of you?"

Lagi, Lupo and Lio all looked at each other and did not know what to say.

"If you are all to get a tatau, so must Lutiano," Grandpa said. "Go and tell him that he will not remain half a man, as you all are until your ancestral lines are tattooed onto your bodies. Tell him that I will take you all back to Alafua with me so that you can remember my Samoa!"

When Lutiano heard what his grandpa had said, he was most upset and cried to his nana.

"I don't want a tattoo just because they want them, Nana! What shall I do?"

Nana comforted her grandson but told him.

"You should go with your brothers and grandpa to Samoa and have your tattoos done, Lutiano. It is an honour that your grandpa still wants to include you because it means that you are a very big part of him. I will be fine staying here, for I am home already with your parents and our extended family. The village will also take care of me while you are all gone."

Nana was a very clever old woman and this was how she convinced Lutiano to go to Samoa for his tattoo.

Lutiano was troubled about the trip and considered running away on the morning of the journey. The fear of tatau was starting to create unrest in his mind, and he

e lilifu a ia ma Lutiano- lata a ko e ke fano ki Samoa. To mitaki au he ha ko au ha e i kaina mo e haau a tau mamatua mo e ha tautolu a tau magafaoa. To leveki mai foki he maaga a au ka momole atu a mutolu."

Ko e fifine fuakau iloilo a nena mo e ha nā e puhala ne fakaohooho e ia a Lutiano ke fano foki ki Samoa mae haana tātatau.

Ne manamanatu kelea a Lutiano ke he fenoga mo e manatu a ia ke hola he pogipogi he fenoga. Ko e hopoate ke he tātatau, kamata ke manatu kelea haana a loto mo e manatu a ia to nakai maeke a ia ke tutala ke he haana a tau lafu taokete. Ka e mohā, manamanatu tumau a ia ke he haana a nena mo e tau mena ne talaage e ia kia ia ti fai mafola a ia. Fakamamali tumau e nena a ia mo e haana mata mo e uta kehe e matakutaku. Ko ia ko e haana matua fakaohooho ti tuku ke he fakaoti e ia e tau manamanatu ia mo e tuku haana manamanatuaga ke he fenoga.

Ko e mogo ne mau ai ha lautolu a tau tauteuteaga ke o ki Samoa ne tagi a nena he iloa e ia ko e tau fanau taane hā ne lalahi hake. Ko e tātatau foki ko e fakakiteaga ke mailoga ha lautolu a motua mo e mailoga ke kupukuputi e vala he ko hai a lautolu, ti ko e fakatoka e ia a lautolu ke o mo e haana tau fakamonuinaaga ke

felt he could not talk to his brothers. However, he kept of thinking of his nana and what she had told him, and this gave him some peace. She was his inspiration, so he put away his negative thoughts and became focused on the trip. Nana always made him smile and when he saw her face the fear seemed to go away. When they had finalised their plans to go to Samoa, Nana cried, for she knew that the boys were growing up. The tattoo represented their maturity and was a sign that they embraced a part of who they were. She allowed them to go with her blessings for a safe journey until they all returned with their grandpa. They would travel on one of the boats that always came through Nukututaha. While Nana worried about Grandpa going, she knew that she could rely on the boys to take good care of him and themselves, especially Lagi, who was the oldest and most responsible of the brothers, and Lutiano, who would be by his side taking constant care of him.

They waved goodbye to their nana at home and set off on their journey to Samoa.

During the long trip, Grandpa told them stories of when he was growing up in his village, Alafua, in Samoa with his younger brothers, just like them. He spoke of long nights sitting in the dusk and singing

haohao mitaki ha lautolu a fenoga ato liliu mai oti a lautolu mo tupuna taane. To o a lautolu he taha toga ne fa hau tumau ki Nukututaha mo e ka kapaletū a nena kia tupuna taane he fano, na iloa e ia ko Lagi, Lupo, Lio mo Lutiano ka leveki fakamitaki a ia mo lautolu ni. Mua atu ni kia Lagi ha ko ia ko e uluaki mo e lago fekau he tau lafu oti mo Lutiano ka nofo mau he tapa haana ke leveki a ia.

Ko e mogo ne aloalo fakamavehe ai a lautolu kia nena he kaina, ne fakatoka atu ha lautolu a fenoga ki Samoa. Ko e puhala loa ne o ai a lautolu ne talahau e tupuna taane e tau tala ke he vahā ne tupu hake ai a ia he maaga haana ko Alafua i Samoa mo e haana tau fai tehina tuga na lautolu. Ne tala a ia ke he tau po loloa he afiafi, lologo mo e haana tau mamatua ka oti e tau kai mitaki. Ne fakapoogi e tupuna taane haana a magafaoa ti to mitaki ke liu ke kitia a lautolu oti ha ko lautolu ha ne fae fakatali mai he fenoga ha lautolu.

Ko e mogo ne hohoko ai a lautolu ke he loto ava Apia i Samoa ne fakafeleveia mo e tau lafu ha tupuna taane a lautolu. Ne fiafia lahi e tau fanau taane he feleveia e tau magafaoa i Samoa mo e ke moua ai ha lautolu a tau tātatau. Ne o a lautolu ke taute mua e tau nonofoaga mo e pulega mo e magafaoa ke he ha lautolu a tau mena ne manako. Ne fiafia lahi a tupuna taane he kitia e magafaoa mo e fiafia lahi foki ha ko e tau fanau taane ati moua ai e magaaho na. Ne nakai manatu a ia to fakapoogi lahi pihia e ia haana kaina mo e magafaoa ti fiafia lahi a ia ke kitia a lautolu oti.

Ko e po ia he oti e tau fakafiafia he aho, ne tauteute a lautolu ke momohe ka kua to lahi e uha. Ko e tau fanau taane ko e uka ke tukutuku hifo ha lautolu a tau fiafia ha ko lautolu i Samoa ti to mole falu magaaho to momohe totoka a lautolu. Ko e mogo fakamui he fenoga loa ne tutala a tupuna taane ke he magafaoa, loa lahi atu ke he po e tala mo e fekī ai na. Iloa oti e lautolu e kakano he fenoga ko e tau fanau taane mo e

with his parents after a good meal. Grandpa missed his family and it would be good to see them all again.

When they arrived at Apia, the port of Samoa, they were greeted by Grandpa's brothers. The boys were excited at meeting their extended family in Samoa as well as getting their tattoos. Grandpa was very happy to see his family and was glad the boys had presented him with an opportunity to do so. He hadn't realised how much he missed his home and family, and he was pleased to see everyone.

That night, after all the excitement of the day, the boys settled down in bed while rain fell heavily. They could hardly contain their excitement at being in Samoa, and after a time they fell into a heavy slumber.

Grandpa spoke to his family long into the night, catching up and laughing. They all knew the purpose of the trip was for the boys' tattoos, but they would let them get settled in first. They would go through the discussions with the family about what the boys wanted over the next few days.

Lagi, Lupo, Lio and Lutiano awoke early the next morning when they heard the roosters crowing loudly. Grandpa was ready to go to the markets, so they all walked there slowly.

The boys found the markets fascinating, with all the food stalls and the large taros for sale. They bought taros, yams, fish and some bread. The old women were ready to say hello as the children ran around them. After they left, they went over to the other markets around town, but grandpa got tired so they walked home slowly.

After resting at home, evening time came quickly. Grandpa's brother, Uncle Akele, called a meeting for Lagi, Lupo, Lio and Lutiano, as well as Grandpa, to discuss the tattoos and their understanding of them. The boys realised the significance of their tattoos. They said that they wanted their Niue and Samoan heritage

to kikite ke he ha lautolu a tau mena ne loto ki ai he tau aho i mua.

Ko e mogo ne āla ai a Lagi, Lupo, Lio mo Lutiano he pogipogi hake ne logona e lautolu e tau moa taane ne fae ko fakalahi he pogipogi kī ti mamatike oti a lautolu ke tauteute ke mau. Kua mau a tupuna taane ke o ke he makete ti o oti a lautolu fakatekiteki.

Ne ofogia e tau fanau taane ke he makete ke he tau laulau kai oti mo e tau talo lalahi ke fakafua. Ko e tau fuakau fifine kua fitā he leo ke vagahau e tau fanau he tafepoi viko e ia lautolu. Ne fakatau talo, ufi, ika mo e falaoa a lautolu. O fano a lautolu ke he falu makete he taone ka kua lolelole a tupuna taane ti liuliu hui fakatekiteki a lautolu ki kaina.

Ko e mogo fakamui he hohoko ki kaina ke okioki, ne hoko mai vave e afiafi. Ko e lafu ha tupuna taane ko agikolo Akele, hea e fono ma hā Lagi, Lupo, Lio, Lutiano mo tupuna taane ke pulega ke he ha lautolu a tau tātatau mo e ha lautolu a tau fakamaamaaga ke he mena ia. Ne kua tumau e tau mamanatuaga he tau fanau taane mo e kitia e lautolu e mailogaaga he mena ia. Kae fakamaama ni a lautolu, ko e manako a lautolu ke he fakaNiue mo e fakaSamoa he ha lautolu a tau tino mo e kamata taki taha a lautolu ke fakamaama ha lautolu a tau tātatau mo e tau kakano ne fia loto ai a lautolu ke he tau mena ia. Ne kua fiafia lahi a agikolo Akele mae tau fanau taane he fia tātatau ka ko e ka taute ko e tātatau ni ke he puhala agamotu tuai.

Ne tamai he tau fanau taane mai i Nukututaha e tau mena fakalofa ko e hiapo mai ia tupuna fifine ke he tau tufua tātatau ka tātatau lautolu. Ne maama katoatoa e lautolu ko e tau ta tikitiki oti to taute fakalilifu ha ko e falu mena he vahā i tuai mo e hokulo ke he tau aga ne tahifo mai he tau ohi magafaoa i Samoa. Ne taute liogi ti ko e kakano ko e tātatau kua moua ke he tau kupu fakamafana, foaki tumau e laveakiaga mai he tau mena hagahagakelea.

on their bodies, and they each proceeded to explain their separate designs and the reasons why they wanted them. Uncle Akele was very pleased that the boys had chosen to have the tatau, and that it would be done in the traditional way.

The boys brought from Nukututaha gifts of hiapo from their grandmother for each tatau master who would perform the ritual of applying their tattoos. They fully understood that all designs were to be treated with respect as they were a part of an ancient and deep tradition that had come down through the family lines in Samoa. The tattoos would be done with prayers to capture the words of praise, offering permanent protection from all that was not good.

It was decided that the tattoos would be started in a few days' time, and they were happy with that. Lagi, Lupo, Lio and Lutiano said their prayers for the evening. They were not really looking forward to tatau day, for they had heard about the sharp-edged comb that caused excruciating pain, but they tried to be brave and appreciated that they could all support one another. This made their journey to Samoa extra special. They all fell into a deep sleep that night.

After a few days, the four brothers awoke early

Ne manatu a lautolu ke kamata e tātatau he tau aho fiha i mua ti fiafia a lautolu ke he mena ia. Ko Lagi, Lupo, Lio mo Lutiano ne talahau ha lautolu a tau liogi he afiafi ia mo e ai fia onoono atu a lautolu ke he aho tātatau ha kua fitā he logona e lautolu e hetu matamatila ke moua ai e tau fakamamahi lahi. Ka ko lautolu ne momohe mitaki he po ia mo e fiafia ha kua felagomataiaki ni a lautolu. Ko e fenoga ha lautolu ki Samoa kua oka lahi.

Ti mole atu e fiha e tau aho, ne aala tuai e tau lafu toko fa he mogo pogipogi mo e iloa ko e to fakameā a lautolu ka fakahoge to taute e tātatau. Ko e iga ni a lautolu mo e ha lautolu a tufuga tātatau mai he magafaoa ke ai loa e tau magaaho ka tātatau ai ka taha ni e tufuga tātatau. Iloa he tau tufuga tātatau e tātatau he tau tama taane taki toko taha he liliu a lautolu ke fakamaama foki. Ko e ha lautolu ko e tātatau ne fai maama ni kia lautolu.

Ti tamai e Lagi e fakatino uga mo e age ai ke he haana tufuga tātatau. Mukamuka lahi ke fia taute ha ko e fakatino ta tikitiki ha Lagi he kitekite he tufuga tātatau, ko e fakatino he uga mo e falu mena fakahoua mo e tau fakatino ta tikitiki he magafaoa. Ma hā Lagi, fakakite e tātatau he uga mai i Niue hukui aki e pulotu he haana kaina, mo e tua maō ke fakakite e haana a malōlō. Ko e tātatau ha Lagi ha he fuga tukeua matau mo e ka lima ni hokoia. Ko e iloaaga i loto he haana a ulu ko e tau fanau taane mai i Nukututaha mo e aga fakaSamoa, ko e tau tātatau ha lautolu ko e fakalilifu ke tukuatu mo mailoga mo e fiafia ke he ha lautolu a toto Samoa. Ko e tātatau ha Lagi to loga e tau tulā fakamamahi, fakamaō lahi a ia he hetu matila ne fae fakamahukihuki haana kili tino. Ne pa e tau mata ha Lagi mo e liogi ke moua taha malōlō mai loto ke hoko ke he fakahikuaga.

Ne manako a tatatau Lupo ke he magō ko e leveki ke he tau vai he moui he kau tahi katoa ha Nukututaha.

one morning to hear that they would be cleansing themselves by fasting before the tatau session. They were each appointed their own tatau master from the family as it would take too long for one master to complete all the tattoos. The masters knew that each boy had an idea of what they wanted, and because the boys were from Nukututaha with Samoan heritage, their tattoos were a privilege to give as acknowledgement of their pride in their Samoan blood. Theirs were tattoos that meant something to them.

Lagi brought his design of his uga tattoo and presented it to his tatau master. It was easy to be inspired by Lagi's artwork, and his tatau master admired the main image of the uga with the complementing family designs. The area that Lagi was to be tattooed was his right shoulder and arm.

Lupo's shark tattoo was also to be on his right shoulder and arm, and he showed his master what he envisioned the design to look like. The tatau master understood what Lupo wanted and showed him ideas of what he could do. Lupo was very happy with the designs he saw.

Like his older brothers, Lio's tattoo was to be on his right shoulder and arm. His spirit of fire was an easy design, and the master showed him what he had envisioned. Lio was very pleased. Lutiano was the only brother who had not already shared what he wanted his tattoo to be. When he finally revealed his design, his brothers were surprised. Lutiano wanted the frigate birds that warned the people at home when cyclones were coming. The birds would be illustrated in beautiful colours of blue within the traditional designs. Lutiano said the design made him feel protected, but he was afraid and was not looking forward to the pain of the tattoo.

Lagi, Lupo and Lio embraced Lutiano for his differences, and because of this, the three older

Ko e hukui haana agaaga mo e ataina he nofo kaina he Pasifika mo e fakalofa ke he moana mo e tau ta fakatino tikitiki fakaNiue mo e fakaSamoa. Ko e haana foki ta ke he faahi lima matau mo e tukeua he fakakite e ia ke he tufuga tātatau e haana a manamanatuaga ke he fakatino, ke fēfē ka kitia he mogo fakahiku.

Ko e tufuga tātatau kua maama mo e fakakite e tau puhala ke he falu mena ke taute e ia ma hā Lupo, kua fiafia lahi ke he tau ta fakatino tikitiki ne kitia e ia. Ti kamata e tātatau ha laua mo Lupo, ti malutu a Lupo kae fakamaō lahi ni a ia he iloa e ia ko e to pihia foki haana tau lafu taane. Fia loto a ia ke tagi atu kia tupua taane ke he tau mamahi he nila tātatau kae fakamaō ni a ia ha ko e kitia foki e ia e fakaotiaga ti to hula foki a ia. Iloa e Lupo to kitia atu foki he haana tau tupuna i tuai a ia ke he fakaotiaga.

Ne manatu a Lio ko e manako a ia ke tātatau e agaaga he afi ke he haana a tino ke fakakite e malōlō mo e agaaga fakalofa ke he haana motu Nukututaha mo e koli-afi fakaSamoa. Ko e fakatino ta tikitiki mukamuka a na mo e fakakite he tufuga tātatau kia Lio e haana a kitiaga ke he haana fakatino ta tikitiki mo e ti fiafia lahi a Lio. Ke tuga ni mo e haana tau lafu, ko e tātatau ha Lio he fu lima mo e tukeua he faahi matau. Kae ai tatai a ia mo e haana tau taokete, ne tagi a ia he mamahi kae lagomatai he magafaoa he moua haana tātatau, maō mo e malolō.

Ko e mogo ne hoko ai ke he magaaho ha Lutiano, ne matakutaku lahi a ia mo e talaage e ia ke he haana tau lafu taokete. Ko ia ni ne nakai talahau e fakatino ta tikitiki haana he haana tātatau mo e ai fia ono ki mua a ia ke he mamahi. Ko e mogo ne fakakite e fakatino ta tikitiki tātatau haana, ofo haana tau taokete he fia loto a Lutiano ke he tau kota ne fa fakailoa ke he tau tagata i kaina he afā ka to. Ko e tau fakatino ta tikitiki fakatuai fakakite a lautolu he tau lanu moana fulufuluola. Ko ia he talahau e Lutiano mafanatia mo e fakalaveaki.

brothers decided to have their tattoos done first. Then they would support Lutiano, the youngest. This was important to them. They told their wise old grandpa, who was proud of them all.

The tatau masters took each boy on his own individual personality and identity. The tatau they had each chosen would make a statement about who they were inside. It would be alive within them as reverence for their Samoan blood, and their being the sons of Nukututaha. The tatau would display their respect and pride.

Lagi's tatau took hours to complete and he endured a long, painful session as the sharp comb pierced his skin. He closed his eyes and prayed to find the inner strength to see it through to the end.

Lupo flinched during his session, but he stayed strong, enduring the pain just as he knew his brothers would. He felt like crying for Grandpa at every painful beat of the tatau application, but he willed himself on, visualising the end result that he would be extremely proud of. He also knew that his ancestors would help him through to the end.

Unlike his brothers, Lio cried from the pain, but he was supported by his family, who gave him courage and strength as he received his tatau and Lutiano was the same.

At the end of the tatau sessions, the boys were in a lot of pain. They were told to take good care of themselves so they did not get infected, and they were sent home to rest. In return for the gift of their tatau, the boys presented each master with the hiapo from their grandmother and food baskets specially prepared. The brothers then stood back and looked at each other. Lagi's shoulder proudly showed the Niue land crab, Lupo's the shark as the protector of Niue waters, Lio's the burning passion of fire in his belly for his beloved Nukututaha, and Lutiano's the frigate birds as protectors. They all then cried, for they were

Ko Lagi, Lupo mo Lio ne kukukuku a ia ha ko e haana tau kehekeheaga. Ti ko e mena ia ne taute ai he tau taokete ke tātatau mua a lautolu, ke lagomatai e lautolu e tehina ko Lutiano-ka tā haana ko e mena uho a ia kia lautolu oti. Talaage e lautolu pihia ke he ha lautolu a tupuna taane , ko ia kua ne matalahi ha ko lautolu.

Ne uta he tau tufuga tātatau e tau tama taane taki toko taha ke he ha lautolu a tau fakamahani mo e fakakiteaga. Ha ko e tātatau taki toko taha ne fifili e lautolu, ke fakakite aki e tala kia a lautolu ni. Ko e tātatau to moui i loto ia lautolu mo fakamooli aki e toto Samoa ha lautolu mo e tau tama taane ha Nukututaha. To fakatātā ai ha lautolu a tau matalahi mo e tau lilifu.

Ko e mogo ne oti ai e tau tātatau ko e tau fanau taane kua lahi e mamahi, ti hataki ke leveki fakamitaki a lautolu ke nakai kona e tau tatau mo e fekau a lautolu ke o ki kaina ke okioki. Ko e totogi ke he fakalofa he ha lautolu a tau tātatau, ne age he tau fanau taane ke he tau tufuga taki toko taha e haana a hiapo ne foaki age he tupuna fifine ha lautolu mo e tau kato kai ne tauteute pauaki. Lafi mo e lagomatai ha tupuna taane ne kua kautu e ha lautolu a fenoga.

Ko e mogo ne oti ai e tātatau ha lautolu, ne tūtū ki tua a e tau lafu taane mo e feonoaki ke he taha mo e taha. Ko e tau tukeua ha lautolu matalahi ke fakakite e uga Niue ia Lagi, ko e magō ko e leveki he tau vai i Niue ha Lupo, ko e afi vela he manava ha Lio mae haana a Niue fakahele, mo e tau manufolau mo leveki e motu ha Lutiano. Ti tagi oti a lautolu ha kua mua atu e matalahi ke he tau mena ne kua moua e lautolu. Ha ko e tau mena ne taute he tau tufuga tātatau ma ha lautolu, ko e ha lautolu a tau fakaaue lahi ke he ha lautolu a tupuna taane ne fakaātā lautolu ke kitia a Samoa fulufuluola haana.

Ko e po fakahiku ha lautolu i Samoa, ne momohe pulumohea a lautolu mo e momohe miti ke he ha lautolu a tau tātatau. Kitia e Lagi he haana miti ko ia

immensely proud of what the masters had done for them and what they had done as brothers. With the help of their grandfather, they had achieved what they set out to do on their trip. They would be eternally grateful to their grandfather, who had given them the opportunity to see his beautiful Samoa.

On their last night in Samoa, they all slept deeply and dreamed about their tattoos. Lagi dreamed of being home at Lakepa, watching the largest land crab walk through his village. When the crab arrived on Lagi's doorstep, he thanked it for being the safe keeper of Nukututaha. The crab turned around and beckoned Lagi to follow him, then it took him to a place of many uga. When Lagi turned to look for the large uga, it was gone, but he knew that what it had shown to him was his land of abundance.

Lupo could feel the ocean in his dream. He saw the shark's teeth as it broke through the ocean's surface and lunged at him. However, far from feeling fear, Lupo felt that the shark was protecting the waters of Nukututaha from all that was not good. He took a strong hold on the shark's fin, and they swam together freely and easily in the ocean. When he awoke he remembered the beautiful blue waters

ha i kaina i Lakepa fae onoono ke he uga lahi ha ne fae laka hui i loto he maaga ti hoko ke he haana sitepe gutuhala fakaaue age kia ia ha ko e tagata leveki ha lautolu. Fuluhi a ia mo e alo atu kia Lagi ke mui kia ia ti uta e ia a Lagi ke he matakavi ne loga lahi e tau uga. Ko e mogo ne fuluhi ai a Lagi ke ono ki tua kua fitā e uga lahi he galo kae iloa e ia ko e fakakiteaga kia ia ko e motu mahu haana.

Ne logona hifo e Lupo e moana he haana a miti. Ne kitia e ia e tau nifo he magō he hake mai he moana mo e oho kia ia. Kae pete ia, nakai matakutaku, nakai maini foki e ate ha Lupo ha ko e magō leveki he tahi ha Nukututaha mai he tau mena ne nakai mitaki. Ti tapiki atu e Lupo e tau palā he magō mo e kakau mukamuka mo e ataina a laua he moana. Ne ofo mai a ia ti manatu ni he kitia e tau tahi lanu moana fulufuluola ha Nukututaha. Ka e fakatupeau he moana a ia he tua he magō ti ataina mo e haohao noa ni he logona e ia.

Ne tu a Lio he afi vela he umu i kaina i Nukututaha he miti haana, he mena ne matakutaku ai e tau tagata he maaga ia ia. Kae mohā, ai matakutaku a ia he iloa e ia kua laveaki a ia mo e iloa foki e ia ko e afi ke fakakite e haana a fakalofa ne toka ia ia mae haana Nukututaha. Ne maeke ia ia ke logona he haana a miti e tau tagata he maaga fae tau hea kia ia ke fakahao a ia ni, kae nakai mailoga ia lautolu ko e afi ne laveaki a ia.

Ne logona e Lutiano ko e tu a ia he tapitapi feutu he haana a miti ko e ha ne fae to ke he tukulagi he tau lagi ti o mai e tau manufolau mo e fakahao mai a ia. Tuga ko e o mai e tau manufolau ke laveaki he tau tagata he motu ti pihia foki a Lutiano he manatu e ia ko e laveaki he haana a tau tagata. Manamanatu a Lutiano kua fakamonuina tuai a ia.

Ne aala oti a lautolu mo e fakatukuogo ha lautolu a tau miti ke he taha mo e taha he po fakahiku ha lautolu i Samoa ti maama ni kia lautolu. Ha ko e tau miti oti ke he tau tātatau ne kua moui ki loto ia lautolu he mogo

of Nukututaha from his dream and how free he felt surfing the ocean's edge on the back of the shark.

Lio stood on the burning fires of an umu back home in Nukututaha in his dream. The villagers were afraid for him, yet he was not afraid because he knew that he was protected and that the fire represented the love he had for his Nukututaha. He could hear in his dream the villagers calling him to safety, yet they did not realise that the fires protected him.

In Lutiano's dream, he felt as though he were falling over a cliff's edge and through the skies into eternity when the frigate birds rescued him. As the frigate birds protected the islanders so, too, did Lutiano feel as though he were protecting his people and that he was blessed.

When the brothers all awoke, they retold their dreams from their last night in Samoa to one another and made their own sense of them. The dreams were all about the tattoos that were alive inside them now and forevermore. They agreed to make a special trip back to Alafua, Samoa in the future, for this was their home now, too, and where they had got their tattoos.

As they went to the port, Grandpa's heart was heavy, for he knew that this might be the last time he

nei ke he tukulagi. Ne talia oti e lautolu ke taute pauaki taha fenoga ke liliu ki Alafua, Samoa he vahā i mua ha ko e taha kaina foki a ia ha lautolu ti moua ai foki ha lautolu a tau tātatau. Ha ne o a lautolu ke he loto ava i Samoa, mamafa e atefua ha tupuna taane he iloa e ia ko e liga kitia fakahiku a nei ke he haana motu ha ko ia kua fuakau tuai. Kae pete ia taute e ia e maveheaga mo e fanau taane ke liliu a lautolu ki Samoa ti talia e lautolu e maveheaga ia.

Ko tupuna taane , Lagi, Lupo, Lio mo Lutiano ha ne o hake oti a lautolu ki luga he toga ke liliu ki Nukututaha, mo e aloalo a lautolu ke he ha lautolu a magafaoa i Samoa he magaaho fakahiku na mo e tagi e tau hihinamata he uga, he magō, he afi mo e manufolau ato hoko e magaaho ka liliu mai ai a lautolu. Ko e tau tātatau homo atu ha Alafua Samoa ne tātatau ke he ha lautolu a tau tino, to matalahi ha ko lautolu ni e tau lafu toko fa ha Nukututaha ke fakamooli ha lautolu a tupumaiaga ke he fonua katoa ha lautolu. Ne nakai la matalahi ia a tupuna taane ke he haana tau fanau taane ke tuga a ia he aho na.

saw his land; he was now old. However, he asked the boys to promise to come back to Samoa one day, and they made this promise to him.

As Grandpa, Lagi, Lupo, Lio and Lutiano all boarded the boat that would take them home to Nukututaha, they waved goodbye to their family in Samoa. They cried the tears of the uga, the shark, the fire and the frigate bird. With the magnificent tattoos of Alafua, Samoa tattooed onto their bodies, they were proud to be the only four brothers of Nukututaha to claim their heritage in their land. Grandpa had never been so proud of his boys as he was that day.

## Lani –
## Ko E Tama Fifine Mafiti Lahi He Motu

Ko e vahā leva lahi kua mole atu he mogo mahu lahi e motu, ne nofo ai taha e tama fifine he motu ko Nukututaha. Ne fakahigoa he tau mamatua haana a ia ko Lani ko e ha laua a tama futaha ne fanau he magaaho ia. Ko Lani ko e tama hakahakau lahi. Ko e kaina haana ko e maaga ko Hikutavake mo e fiafia lahi a ia ke he haana matua taane mo e matua fifine. Ko e tau aho laa vela, na fa poi hifo a Lani ke he Ava Koukou Matapa mo e haana tau kasini ka oti e tau fekau haana he taute mo e fefeua fiafia he ava koukou lanu moana fulufuluola i ai.

Na mafana lahi a Lani ke he haana matua taane. Ne fa onoono a ia kia ia he gahua malolō ti lali tumau a ia ke fifitaki kia ia. Ko e tagata malolō he futi ika mo e mafiti he poi he vahā fuata a ia. Ne talaage a ia kia Lani ko e kamakama ne tuku ki luga he haana a tino he mukemuke a ia ke moui hake a ia ko e tagata poi malolō moli ni. Ti ko e mogo ne fanau ai a Lani, ne manatu e matua haana ke taute pihia foki a ia. Ne tuku e kamakama ki luga he haana tino ti ko ia foki mafiti he poi.

Ko e mogo ne tupu hake ai a Lani, ne talahaua lahi a ia ha ko e tama mafiti lahi he poi he atuhau haana. Ne maeke ia ia ke poi iloilo mo e poi fakamui e haana

## Lani –
## the Fastest Girl in the Land

Long, long ago, during a time of great abundance, there lived a young girl on the island of Niue Nukututaha. Her parents named her Lani, and her home was the village of Hikutavake. She was the first child born of her parents and she adored her father and mother. Lani was a very active child. On hot sunny days, after she had finished her chores, she would run down to the Matapa swimming chasm with her cousins and play happily in the beautiful clear blue pool there.

Lani was very close to her father. She watched him work hard and was always trying to emulate him. He was a strong fisherman and had been a fast runner in his younger days. He had been told that the kamakama crab was placed on his body as a baby to ensure that he would grow up to be a strong runner, and this had come true. So when Lani was born, her father decided to do the same thing for her. He placed the kamakama crab on her body, and she, too, became a fast runner.

Lani was well known for being the fastest runner in her age group. She could outsmart and outrun all her opponents, even the boys. At school she would easily get cheeky to the boys because she could outrun them all, much to their frustration. They could not believe the speed of the girl from Hikutavake.

atuhau pihia foki ni ke he tau tama taane. Ne matalahi e matua taane ke he haana tama fifine ka ko e matua fifine, ne nakai fiafia a ia ke he tama fifine haana ha ne tuga fakahaga e matua taane. Ne fia loto a ia ke mahani poke fifine a ia. Ne fiafia lahi e matua taane ke he haana tama fifine ha kua tutaki lahi atu kia ia he vahā he atuhau pihia a ia. He aoga, ne mukamuka a ia ke hemu ke he tau fanau taane he fa mui a lautolu ia ia ti auatu ai na e hogohogomanava ha lautolu kia ia. Ne nakai tuahā a lautolu ke he mafiti he tama fifine mai Hikutavake. Ne fakaako foki he matua taane a ia ke toli niu mo e hē niu tuga a ia ati ha ne mua atu haana mafiti kia ia.

Ko e magaaho ia ne fanau e tama taane ke he tau mamatua haana. Tuga ni he taute he matua taane kia Lani, ne tuku e ia e kamakama he tino he haana tama taane, ke fakatatai e mafiti mo e haana mahakitaga. Ne fakahigoa e tama ha laua ko Afā he fanau a ia he vahā to afa mo e fiafia lahi e matua taane ke he fanauaga he tama taane fakamua ha laua.

Ne fiafia lahi foki a Lani kia Afā mo e lagomatai foki haana tau mamatua ke leveki a ia. Ti fakaako e ia haana tugaane tote, ke he tau mena oti haana ne iloa mai he haana a tau mamatua ka ko ia agaia ni e tama poi mafiti lahi he motu he tau magaaho ia. Mafiti mo e mukamuka a Lani ke toli niu mo e fakaako a Afā ke he tau mena ia he magaaho ne kamata a ia ke lakalaka e tau hui.

Ti hoko atu a ia ke he vahā loto he tau tau he vahā fuata mui, na kua leva tuai e fakaako he tau gahua kua lata kia ia ke taute i kaina mo e matuafifine haana, tuga e kai tunu mo e fakameā. Ka ko Lani fiafia agaia ni a ia ke taute gahua foki mo e haana matua taane mo Afā. Ne matalahi e tau mamatua ha Lani kia ia ke he tau puhala leveki e ia a Afā. Ko e magaaho ia foki kua tupu hake a Lani mo falala fulufuluola kae nakai la fia loto ke he tau fuata he maaga. Ko e pihia noa ni he nakai

Lani's father was very proud of his daughter. He adored her because she was so much like himself at the same age. He even taught her how to climb coconut trees and husk coconuts like he did, and she became even faster than him at climbing. However, Lani's mother was not impressed that her daughter was becoming so much like her father. She wanted her to be more ladylike. It was at this time that Lani's parents had a baby boy. Lani's father was overjoyed at the birth of their first son. Just as he had done with Lani, he put a kamakama on the baby to run up his body. He hoped the boy would one day match the speed of his older sister. They named their son Afa, for he was born during the hurricane season.

Lani adored Afā and helped her parents to look after him. She taught her little brother everything she knew from their parents as he grew up. She was still the fastest runner on the land at that time and could still climb the coconut trees with speed and ease. She started to teach Afā the same, as soon as he could walk. Lani's parents were very proud of the way that she took Afā into her care.

When she entered her mid-teenage years, Lani was taught the jobs of cooking and cleaning that she was required to do around the home with her mother. But she still enjoyed doing the other jobs with her father and Afā.

Lani was blossoming into a beautiful young woman, but she still had no interest in the local boys. This was merely because they could not match her speed or wit. Lani still teased them all and would run away faster than any of them, quite easily and happily.

At this time, a Samoan family came to Nukututaha to help build houses on the island. They stayed in Hakupu and grew to love living on the island. They decided to stay; it would be their new home. With this family came a young man named Levi, who was in Lani's class at

fai taha ia lautolu ke tatai e tau mafiti po ke mahifi haana. Ka e fa vaiga agaia ni e Lani a lautolu mo e mafiti mukamuka agaia he hola kehe mai ia lautolu, mo e fiafia.

Ko e magaaho na ne taha magafaoa Samoa ne o mai nonofo i Nukututaha ke lagomatai tā fale he motu. Ne nonofo a lautolu i Hakupu ti fia manako ke nonofo mau ke he motu mo e taute foki e motu na mo kaina foou ha lautolu. Ke he magafaoa nei, ne hau e fuata mui ne higoa ko Levi, ko ia foki he vahega taha mo Lani he aoga. Ne kua fitā ni he logona e ia e falu tala ke he tamaafine fulufuluola ko Lani ne mua atu e mafiti he poi ke he tau tama taane oti he aoga. Ne manako a Levi ke paleko atu kia Lani ha kua nakai leva lahi ti kitia e ia mahani liuliu a ia ke he fanau taane. Ka hola mai a ia he fanau taane ne fa taute fakalepaga e ia ko e mena fakafiakata ke kitekite e fanau taane ha ne kavakava mo e faguhē noa he lali ke tutuli ia ia.

Ka ko Levi ko e tama poi malolō foki ti mole ai e manamanatu fakalahi a ia, ti fakatoka e paleko kia Lani ia Afā ke poi tufi mo ia he aoga ka hili ke he magaaho tatai tonu a laua ki ai. Na kua kitia e Lani a Levi he aho fakapā he aoga ti nakai fai tuahā a ia ke he tama Samoa ia ne nofo i Hakupu. Mogo ne logona e Lani e paleko ti talaage a ia kia Afā ke talaage kia Levi kua talia e ia. Ne Logona oti he aoga e tufi ha Lani mo Levi mo e fia iloa ke he tufi ha ko e mena nakai fai ia kua fakamui a Lani he leva lahi he manatu e lautolu. Ti kua fakamau ke he taha aho mai he ua e faahi tapu ki mua ke he fonua aoga.

Ne hau a Levi mai i Samoa mo e loto mitaki, makaka mo e mafiti. Ne iloa e ia ka to lali a ia ke fakamui e tama fifine mai Hikutavake mo e to lali fakalahi a ia. Ka e manako ni a Lani ke fakamui a Levi he tufi ka ko Levi na manako a ia ke he tama fifine mafiti mai Hikutavake ti fia loto ke kitia e Lani a ia. Ti ko e puhala ni a ia haana ke moua e ia e haana fakalilifu ha ko e fa kata

school. He had heard much about the beautiful young Lani who could outrun all the boys in the school. Levi wanted to challenge Lani, for it did not take him long to witness first hand how cheeky she was to the boys. She ran away from them so easily, and it was laughable to watch the boys trying to chase her, as they would sweat and breathe so hard.

Levi was also a strong runner and, after much thought, put a challenge to Lani through Afā for a race after school at a time that would suit them both. Lani had seen Levi on his first day at school, but she was not impressed with the Samoan boy who lived at Hakupu. When she heard the challenge, Lani told Afā to tell Levi that she accepted it. A date was set for two weeks' time and was to be on the school field.

The whole school heard about the race between Lani and Levi. They became fascinated with it simply because of the fact that no one had beaten Lani for as long as they could remember. Levi had come from Samoa with a good mind, agility and speed. He knew that he could at least try to beat the fast girl from Hikutavake and would give it his best shot. Lani did not have feelings for Levi; she simply wanted to beat him in the race. But Levi actually liked Lani and wanted her to notice him. Winning the race appeared to be the only way that he could win her respect, because she just laughed at all the other boys.

Levi knew that he did not want to be made a laughing stock in front of the whole school, so he decided to go into training with Afa at his side.

Afā was impressed with the boy from Samoa because he knew he was a worthy opponent of his sister, but he would have to train well to be able to beat her. Afā watched him do this every day at school.

Lani was not impressed with her little brother and how he had taken such a liking to Levi; he was supposed to be her main supporter. She decided to

a ia ke he tau tama taane oti. Ne iloa foki e Levi nakai manako a ia ke eke mo fakafekī i mua he aoga katoa ti manatu a ia ke tuleni mo Afā he tapa haana.

Ne nakai fiafia a Lani ke he haana tugaane tote ha kua fiafia lahi a ia kia Levi, ka ko ia kua lata tonu ko e matapatu lagolago haana. Ne fiafia a Afā he iloa e ia ko e tama taane mai Samoa ko ia fai pona mooli ke feoka mo e haana mahakitaga- kae lata a ia ke tuleni fakamitaki ke tatai atu mo e haana mahakitaga. Ne kitekite a Afā kia ia ne fae taute pihia he tau aho oti he aoga. Ne manatu a Lani ke tuleni toko taha a ia ha kua ofoofogia a Afā ia Levi. Ne tuleni a ia he fonua aoga, he maaga haana mo e poi hake mo e hifo he halatahi ki moana.

Ne hoko mai mafiti e ua e faahi tapu ti kua fakatoka e aho ke poitufi ai a Lani mo Levi. Ne hili e aoga he aho afua mo e mahino he vahā mafana, ne feleveia a laua. Ne oatu tokoua a laua ke he laini ke amaamanaki ke poitufi. Ne fai tutala tote faka hemu a Lani he lali a ia ke fakalavelave e manamanatuaga ha Levi ti hūhū atu a ia kua mau nakai a ia ke mui. Ne nakai ono atu a Levi kia Lani ha kua manamanatu fakatonutonu a ia ke he fekau na ni, ke fakamui ke fakamui e haana fetokotoa fulufuluola. Ne kitekite atu a Lani kia Levei mo e manamanatu ko e ha ne nakai tali atu a ia kia ia, kae manatu loto maō fakaeneene foki to fakamui e ia e tama taane nei ha ko ia ko e fifine makaka ke he feua sipote- nakai fai tama taane ke fakamui a ia.

Ha ne lalaka atu a laua ke he kamataaga laini ko e tau fanau aoga ne fakapotopoto mo e onoono mai he tau faahi ne ua. Ne mainiini noa e fiafia lahi ke onoono ke he tama taane ne paleko fakamooli kia Lani ti loto toa foki ke taute pihia. Ko Lani mo Levi ha ne fakatiketike tokoua ki lalo mo e tau manamanatu ni ke he fakaotiaga laini. Ne fafagu fakatekiteki mo e fakatotoka a Levi ka e lali agaia a Lani ke tutala kia ia ke fakalavelave aki haana manamanatuaga, kae nakai

carry on with her training on her own, as Afā was obviously fascinated with Levi. She trained on the school field, at her village and up and down the track to the ocean.

The two weeks went by very fast and soon it was time for the race between Lani and Levi. They met after school on a clear summer's day. They both stepped up to the line in preparation for the race. Lani tried to weaken Levi's concentration with some light-hearted banter, teasing him by asking if he was ready to get beaten. Levi did not even look at Lani as he became completely focused on the task at hand, which was to beat his beautiful opponent. Lani watched Levi, wondering why did he not respond to her, but also quietly confident that she could beat him, for she was a natural athlete whom no boy could beat.

The school children had gathered and were watching from the sidelines. They were excited to be watching someone who could challenge Lani properly and was bold enough to do so. Lani and Levi both crouched down with thoughts of the finish line in their minds. Levi breathed slowly and evenly as Lani still talked to try to him to put him off his concentration. However, it did not work.

gahua. Ne hea a Afā kia laua ke amaamanaki ke tufi mo e fakatutū, "O!!!"

Kua tufi fakamaō lahi a laua. Ne to ki mua fakatote a Lani kae fitā ni e maunuunu fakahaga ki mua. Ko e matagi he haana a tau lau ulu ne logona e ia haana a tau hui ha fae tafoutu he hala poi. Ne tuga kua poi a ia ma e moui haana kae mau agaia e faga poi fakalepaga haana ne kua talahaua a ia ki ai, kae logona e ia a Levi he haana a tau mui hui. Ha ne poi a Lani he makeu kae kitia agaia e ia a Levi ha i tua haana. Ne nava lahi a ia ke he tama taane mai Samoa ha kua nakai fai ne kua tatai pihia mo e haana a mafiti. Kae nakai fakaai a ia ke age fakamukamuka pihia he tufi fakamafiti a laua mole e lotoga. Ha ne tauhea mo e fakatutū tau fanau oti he fiafia ke he poitufi mo e fakapaleko ha Levi. Pihia ni mo Afā ne fae kalaga fakaohooho atu kia Levi. Na fakalofa lahi a ia ke he haana a mahakitaga kae manako a ia ke fai taha, ha taha noa ni ke fakamui a ia ke he poi tufi.

Ha ne hohoko mai a laua ke he laini fakaotiaga ne logona e Lani a Levi ha ne fae totolo fakahaga mai i tua haana mo e teitei fafagu hifo ke he haana kakia. Ka e poi agaia ni a ia ke he laini fakaotiaga kae uuku atu a Levi mole fakatote ia ia. Ne mua a Levi he tufi! Ne ofoofogia lahi a Lani ha ko e tau tama oti ne fae kalaga kia ia. Ofo lahi a Lani ha ko e feleveia la ia a ia mo e haana a fakafetoko ti tupetupe lahi e loto kae tuku age e fakahakehake kia Levi. Pete ni ia, ne manatu a ia ke malikiti ki mua paleko ke fakamitaki aki a ia i mua he tau tagata oti.

"Ahumate e tafepoi ma Levi -fēfē ke kitia ko hai ka toli mafiti e niu loa lahi ke ua foki e tufi kae maeke nakai ia koe?"

Ne ono ofo atu a Levi kia Lani kae mamali mo e talia ke tufi foki ha ko e to nakai liutua po ke kaga a ia ke fakamā a ia i mua a lautolu oti na. Ne nakai mitaki e loto ha Lani ke he loto malolō ha Levi he mua he feoka

Afā called out for them to start the race, yelling, "Go!" They were off, running as hard as they could. Lani was in front by not much and was gaining momentum. With the wind in her hair, she could feel her feet pounding the field track. She felt as though she were running for her life in the same easy style she was well known for, but she could feel Levi right on her heels. As Lani ran around the bend, she saw Levi running just behind her. She was most impressed with the boy from Samoa, as no other had matched her speed in this manner. But she was not going to give in so easily as they sprinted past the halfway mark.

All the children were yelling and screaming over the excitement of the race and Levi's challenge. Even Afā cheered for Levi. He adored his sister, but he wanted someone, anyone, to beat her in a race.

As they came onto the home straight, Lani could feel Levi creeping up behind her and almost breathing on her neck. She was very close to the finish line when he dived over it, just past her. Levi had won the race! Lani was amazed as all the children cheered for him. She had finally met her match. She was really upset, but she congratulated Levi. She then decided to take the challenge a step further to hide her shame in front of everyone.

"Running is so boring, Levi. How about we see who can climb a tall coconut tree the fastest in another race? Unless of course you are not up to it."

Levi looked surprised at Lani's suggestion, but he smiled and agreed to race again, for he was not going to back down or let her embarrass him in front of all the others. Lani felt a bit uncomfortable at Levi's confidence in winning against her, but she was smug about the fact that she was making the ground rules for them both now.

They found two of the tallest coconut trees near the school. Lani, sounding bossy, said,

mo ia kae fiafia fufū ha ko ia ka fakatokatoka e tau mata fakatufono ma laua.

Tata ke he aoga ne moua e laua ua e niu mua atu he tokoluga mo e loloa lahi. Makakā e gutu ha Lani he pehē atu ,

"Ko ia ka liti fakamua e fuaniu ki lalo ka mua."

Ti liu foki fakapotopoto e tau fanau ke he taha fakakiteaga he taha feoka ha Lani mo Levi. Ne tūtū tokoua a laua i lalo he niu fifili mo e feonoaki ti manatu malolō a Lani to mukamuka ke fakamui e ia a Levi. Ti ko Afā foki he kamataaga he tufi ha ne fakaohooho kia laua tokoua. Ne manatu fakahautoka lahi a Lani ko ia ka mua he tufi ia mo e nakai manako ke mui agaua ke he tamataane mai Samoa.Ne kikila atu e laa ke he ha laua a tau mata he pale laa ti kamata a laua ke kavakava ha ko e vela. Ti kalaga a Afā"O!!"

Ti kamata fakamaō tokoua. Ne logona foki e laua e tau fanau fae kakaā atu he fonua i kelekele. Ko e kakia ke he kakia a laua he tatai he toli hake he tau niu, mo e tau hui ne kuku ke he tau niu, ko e ha laua a tau lima ne kuku fakamaō foki ke he tau patu niu he lali ke mua. Ko Lani ha ne mamulu hake ki mua kae liu foki tuga ni he tufi fakamua, ne malika e ia a Levi fae mamulu hake foki ki mua. Ne toli fakamafiti mo e makekakeka hake

"The first one to throw a coconut down to the ground wins."Once again, all the children gathered at the prospect of another exciting race between Lani and Levi. The two stood at the bottom of the chosen coconut trees and looked at one another. Lani was confident that she would easily beat Levi. Once again, Afā was at the start of the race, willing both opponents on. Lani was determined to win this race and was not about to lose twice to the boy from Samoa. The sun shone on their faces in the afternoon and they started to sweat because of the heat. Then Afā shouted, "Go!"They were both off again with a very strong start. All they could hear once again was the screaming children from the ground below. They were neck and neck as they climbed up the coconut trees, their feet gripping the trunks of the palms and their arms holding on with a vice-like grip, trying to outdo one another.

Lani was forging ahead once again but, just as in the previous race, she glimpsed Levi making as much gain as she was. They climbed with speed and agility up towards the top, not looking down or at each other, but clearly feeling one another's presence and hearing the screaming of all the children on the ground.

ki luga he tapuni mo e nakai ono ki tua po ke ke he taha mo taha kae logona tonu a laua ni mo e tau kakaā he tau fanau i lalo he kelekele.

Hoko hake a Lani mo e tama vala maō atu , mo e faki fakamafiti e ia e fuaniu mo e manatu fiafia, ti liti hifo ki lalo ke he kelekele mo e haana malōlō katoa. Kae pete ia, ai talitonu ke he tau teliga haana he logona e ia e fuaniu ha Levi ne to ki kelekele ke fiha ni e sekone he mole haana. Tata lahi he manatu e Lani mo e nakai fiafia ha ko e tau sekone teao ne mua ai a ia.. Ne kalagà mo e tau hea agaia ni e tau fanau kia Levi, kae mamali atu a ia kia Lani. Pete ni ko e mua fakatote a Lani ia ia na iloa e Levi e ko ia ni ko e totoko mooli haana.

Ne nakai fiafia a Lani kia Afā ha ne fae tau hea kia Levi, patipati mo e kalaga ke kautu e tama taane Samoa. Ne Fakapapaho e tau mata ha Lani kia Afā ti fakaoti noa e kalaga mo e patipati haana.

"Ko e toe taha e tufi ha taua ne toe ma Levi ha kua taki taha ha taua a tufi ne mua. Ko e tufi agaia ni kae lata ke taute fakaalaala. Ko e ke hapo tolu e tau maka momole e mo e tufi ke he fuaniu. Ko e fuaniu ka to mua ke he e kelekele ka mua. Maeke nakai a koe ke lata mo e paleko fakahiku ha taua ma Levi ti hako nakai e tau puhala ia kia koe?"

Liu foki a Levi gakigaki fakaholoi lalo haana e mo e nakai fai uhutau ke he tau fakatokatokaga ha Lani ha ne tauteute a laua ke kamata e tufi fakahiku. Ko e mitaki lahi haana a logona kia ia he fakamui e ia a Lani he poitufi mo e tata lahi kia ia he tufi ke uaaki. Ti ko e tufi na ke tolu aki, iloa e Levi to age oti haana tau makaka ke moua e fakalilifu ha Lani. Na loto mōli a Levi kia Lani, kae manako agaia a ia ke fakamui a ia he tufi na.

Ko e magaaho fakahiku ko Afā ha he niu ke kamata e tufi ha Lani mo Levi. Ko Lani mo e tau maka tolu he kato fihui haana, ha ne fae leo tokoua a laua he tau fu niu. Ne hea a Afā "O!!!" Ti o a laua he kamataaga ne

Lani burst forth with a little bit more energy as she neared the top. She grabbed a coconut and, feeling triumphant, threw it towards the ground with all her might. However, she could not believe her ears when Levi's coconut hit the ground just seconds after hers. This was too close for Lani, who did not appreciate the fact that she had only won by seconds. All the children still cheered for Levi, and he smiled at Lani. Even though she had just beaten him, he knew he was her worthy opponent.

Lani was not impressed with Afā, who was also cheering for Levi, clapping and shouting victory for the Samoan boy. Lani glared at Afa, and that stopped his cheering instantly.

"We need to have one more race, Levi, since we have won a race each," she said. "Let's do the same race up the trees, however, to make it more interesting, you must catch these three smooth stones that I will throw at you on the way up. The winner's coconut will hit the ground first. Are you up to our last challenge Levi, and do these conditions sound fair to you?"

Once again, Levi nodded a humble yes, with not a single complaint about Lani's demands as they prepared to start their last race. He was feeling pretty good about himself because he had beaten her in the running race and was very close to her in the second race. In this third race, Levi knew that he was going to give it his everything to win the respect of Lani. He really liked her, but he still wanted to beat her.

Afā stood under the coconut trees to start the last race for Lani and Levi, who each waited at the foot of their coconut tree. Lani had the three smooth stones in the pocket of her shorts.

Afā shouted, "Go!" and they were off to another great start. This was the final and best challenge of the three, and would declare the winner once and for all.

mua atu he mitaki. Ti ko e tufi fakahiku mo e paleko mitaki lahi na ti to fakakite ai foki ia ka mua mooli. Ko e tau fanau ha ne fae kalaga fakalahi mae tufi. Ne loto mitaki a Lani ke he paleko ne tuku age e ia kia Levi. Ha ne toli tufi hake a ia he niu ne logona e ia a Levi fae tata hake kia ia ti āki mai e ia e maka fakamua haana mo e liti hifo kia Levi ke fakavahā a laua mo e fakaeto aki a ia. Ne taute e ia pihia ha ko Levi ha ne tata atu kia ia. Tua a ia kua iloilo lahi a ia he taute e mena ia kia Levi. Kae nakai iloa e Lani ko e na loga e tau sipote polo ha levi ne fa pelē i Samoa ti makaukau lahi he pelē mo e hapo polo. Ne hapo fakalepaga e ia e maka fakamua mo e matutaki e tufi mo e nakai kapeletū a ia.

Ha ne fano fakahaga e tufi ti moua fakahaga e Levi e mamulu ki tua haana ha kua fai magaaho ne mole he hapo a ia he maka ne liti fakamua e Lani. Ti liti e Lani e maka ke ua he lotoga hake a ia he niu. Ka e tau hea hake ha ne leo lahi fakahaga he falu fanau he kakaā fiafia kia Levi. Pete ni na loto a lautolu oti kia Lani, ka e tomahofi ke kitia a Lani kua fakamui mooli ke he haana feua. Ne oho atu a Levi ke mo e hapo e maka ke ua aki ti tuku ki loto he kato tapulu mo e liu tufi fakamafiti he tutuli ia Lani he tufi hake a laua he tau niu. Ne kikila e laa ke he ha laua tau mata ti uka ke kitia

The children once again cheered madly during the race. Lani was feeling good about the challenge she had put down for Levi. While racing up the tree, she could feel him gaining on her, so she got her first stone and threw it down to Levi to create distance and slow him down. She thought herself very clever doing this. However, what Lani did not realise was that Levi had played a lot of ball sports back in Samoa, and he was an excellent ball player and catcher. He caught the first stone with ease and carried on the race with no problem.

As the race continued, Levi gained the ground lost from catching Lani's first stone, so Lani threw her second stone from halfway up the coconut tree. The cheering was getting louder from the other children as they screamed madly for Levi. As much as they all loved Lani, it was a pleasure to see her get beaten at her own game, fair and square. Levi lunged for the second stone, which he caught with magnificent ease. Once again, he put it in his pocket and returned to the race, gaining momentum and quickly chasing Lani up the tree.

The sun shone in their eyes and it became hard to see, but they both kept going strongly, neither wanting to give up on the race. Lani was racing Levi because

124

kae o hake fakamaō a laua ai loto taha ke tiaki e tufi. Ko e tufi a Lani mo Levi ha ko e nakai la fai kua fakamui a ia. Ko e tufi a Levi mo Lani he fia manako a ia ke fakato lalo a ia pihia foki na fia loto a ia kia Lani.

Ha ne hohoko atu a laua ke he vala fakahiku he tufi, hohoko hake ki luga ke he tapunu ti liti fakamamao pauaki e Lani e maka fakahiku haana mai ia Levi ke loaloa e vehā ha laua he mogo fakahiku. He ne leo lalahi e tau fanau ka ko e mena ni ha Levi ne kitia ko e maka ne kua liti atu e Lani. Ne oho a ia ki ai ko e mogo fakahiku ti teitei ke fakato e maka he māto ke he lima matau haana. Ne tuku e ia he kato tapulu mo e tau maka ne ua. Ne ono hake a Levi ti kitia a Lani ne kua teitei hoko hake ke he tapunu he niu haana.

Ne fakamatoho mai e Levi haana tau malolō oti ke liu moua e mafiti haana ke liu ke he tufi mo Lani ne kua fia lahi ha kua i mua a ia ia Levi. Ne fakamatoho hake a Levi he akau mo e haana tau malolō katoa mo e hopo taki ua hake he mogo, ko e makaka ne fakaako mai he haana matua taane i Samoa. Ne ono a Lani ki tua ti kitia a Levi ne fae hoko mai kia ia ti kamata a ia ke tupetupe lahi he tua na ia kua mua atu a ia ia Levi, kae nakai mamaō mooli a ia. Ko e maeke fefē e tama taane mai Samoa ke mafiti pihia?

she had never been beaten before. Levi was racing Lani because he wanted to put her in her place, but mostly because he liked her.

As they reached the top part of the tree, Lani threw her last stone deliberately away from Levi. The children below cheered loudly with excitement. Levi saw the stone being thrown away from him. He lunged for it and nearly dropped it as it toppled into his right hand. As he put the stone in his pocket with the other two, he looked up to see Lani going for the top of her coconut tree.

Levi used all his might and energy to get back his speed and continue the race against Lani, who was feeling smug at the fact she was ahead of him. He pulled himself up the tree with all his strength, taking double the jumps up the tree, a skill he'd learned from his father in Samoa.

As Lani turned back to see Levi gaining on her, she started to panic as she'd thought she was way ahead of Levi, when in reality she was not. How was it possible that the boy from Samoa could be so fast?

They reached the tops of their coconut trees at the same time and both lunged for their coconuts at the same time too. Then they threw them down to the

Ko e taha ne mogo ne hohoko hake a laua ki luga he tau niu ha laua ti oho tokoua na laua ke he tau fuaniu he taha ne mogo. Ne ti liti ki lalo ke he kelekele mo e tau malōlō katoa oti ha laua. Ko e tau kalaga mahaki toili mo e fiafia he lau mua e fuaniu ha Levi ki kelekele he fiha ni e sekone he ha Lani. Ko e tau kalaga mo e fiafia he tau fanau he hifo ki lalo a Levi mai he niu mo e mamali e mamali he samipiani. Kua fakamui e ia a Lani ke he haana feua, ne kua kautu ia mai he haana a tau fakatū fakatufono. Ko e mogo ne hoko hifo a Lani ne lolelole a ia kae fakahakehake e ia a Levi mo e fakalilifu ha ko ia ko e tagata fakatautoko mitaki mo e aga hako. Tau kukukuku a laua mae feua sipote mitaki ti talahaua a Levi i Nukututaha katoa.

Ti tali mai he aho ia ko laua ko e tau kapitiga mitaki lahi ka e nakai nimo he tau fanau oti ha Nukututaha e aho ne fakamui ai e Levi ko e tama taane mai i Samoa a Lani ko e tama fifine mafiti lahi he motu.

ground with all their strength and might. Levi's hit the ground first, only seconds before Lani's. To much cheering and excitement from the children, Levi came down from the tree with the smile of a champion. He had beaten Lani at her own game; he'd outplayed her at her own rules and won.

When Lani came down, she was tired, but she congratulated Levi. She now respected him as a worthy and fair opponent. They hugged for good sportsmanship, and Levi became well known around Nukututaha.

From that day onwards, they became the best of friends, and all the children of Nukututaha never forgot the day when Levi the boy from Samoa beat Lani, the fastest girl in all the land.

*This story is loosely based on the tale "Diana the Huntress & the Tale of the Three Golden Apples" – retold in a Niue style and one of my favourite childhood stories.*

## Kulasea Mo Tiana –
## Ko E Tala Mateloto Fakalofa A Niue

Ko e vahā leva lahi kua mole atu ke he motu ko Nukututaha ne nofo ai e fuata mata fulufuluola, ko e higoa haana ko Kulasea mai he maaga ko Hakupu. Ko ia ko e toa malolō ne lagomatai a ia ke he haana magafaoa ke he tau gahua he tau maala mo e lagomatai foki ke he haana matua taane ke talaga e tau vaka ti kua talahaua a laua ko e tau pulotu he tufuga vaka. Ne moui hake a ia mo taha fuata mitaki mo e tokoluga ti nakai hogeia foki a ia kia lautolu fa navanava kia ia mai he maaga haana mo e motu katoa. Kae taha ni e mena ha Kulasea ne fiafia lahi ki ai ko e talaga vaka. Ke kamata mai he puke he vaka, ke he hama ke hoko ke he tau fohe. Ne fakamatafeiga e talagaaga he haana a tau vaka. Ne manako lahi e tau tagata he motu ke he tau vaka ha Kulasea ha ko e tau vaka haana ne mua atu he maō.

Ko e tau aho Falaile ne fa taatu e Kulasea e haana matuafifine ke he taone i Alofi ke fakafua e tau koloa haana he makete. Ko e tau pitako mo e tau koloa tufuga lima haana. Ne fiafia lahi a Kulasea ke fai magaaho ke fakatutala mo e haana matuafifine, ti ko e mena ia ne fiafia a Kulasea ke taatu a ia ke he taone he tau aho Falaile. Ne hoko ke he taone ti fa hifo atu a Kulatea ke he uaafo he falu magaaho ke fakamole magaaho. Ne fa onoono atu a kia ke he fanau ha ne taufekī, kakau,

## Kulasea and Tiana –
## a Niue Love Story

A long time ago in the land of Niue Nukututaha lived a handsome young man named Kulasea from the village of Hakupu. He was a strong warrior who helped his family in the plantations. He also helped his father build canoes, and they became well known vaka builders. Kulasea grew up into a tall, fine looking young man, and was never short of admirers from around the island and his own village. However, Kulasea was only ever interested in building canoes. From the body of the vessel, to the outriggers, to the paddles, Kulasea took great care in his work. Men from all around the island wanted canoes like Kulasea's because his were the strongest.

On Fridays, Kulasea would take his mother to the Alofi township to sell her goods at the market. She sold pitako and woven handicrafts. Kulasea loved to spend time talking with his mother, so he liked taking her to town on Fridays.

Once in town, Kulasea would sometimes go down to the wharf to pass the time. He would watch the children jump off the wharf's edge, and laugh, swim and play in the ocean. He even joined them when it was unbearably hot or when he just felt like it.

One particular Friday, as Kulasea walked down to the wharf, the breeze was cool on his face and the

fefeua he moana mo e tafehopo hifo he tapitapi uaafo ki loto he tahi. Ne fa fakalataha atu foki a ia kia lautolu ka manako pihia po ke ka to lahi e vela.

Ko e taha aho Falaile ha ne laka hui hifo a Kulasea ke he uaafo ti kua havilivili hauhau e matagi ke he haana fofoga, ko e tau niu ne tuga kua aloalo atu kia ia. Ko e tokologa he fanau kua o ti nofo hifo a ia he tapitapi he uaafo mo e navanava ke he moana ko e mena nakai fiu a ia he taute. Ko e kolokolō mo e hahau mahino he lanu moana he Moana Pasifika ne fakamafanafana ki loto he manava ha Kulasea. Ha ne nofo ai a Kulasea mo e onoono atu ti ko e mogo ku malika noa ne kitia e ia e taha fakakiteaga. I loto he tahi e tamafifine tahi mua atu he fulufuluola ka ko e magaaho ia ni ne galo noa a ia.

Ne manatu a Kulasea na liga kua hoko mooli ka e vela ki a ia ha kua hoko tuai ke he magaago vela lahi he aho. Ko e heigoa la a ia? Ne loloa mo e lanu kakī e tau laulu ulu haana mo e tau mata lanu kakī foki ne kua fe pakaki ai mo e haana. Ti fuluhi a kia mo e galo hifo ke he moana. Ne manatu a Kulasea na kitia e ia e hiku ika he tamafifine. Na kua fitā ni he logona e ia e tau tala ke he tau tagata ika taane mo e fifine kae nakai tali tonu e ia. Ko ia ofoofogia e fulufuluola, kae mata momoko foki. Ne manatu a Kulasea to liu mai a ia ke kitia ko e mooli po ke haana manamanatuaga noa ni.

Ko e tau falu faahi tapu he mole kua hagaao fiafia atu tumau a Kulasea ke ohifo ke he taone ko Alofi mo e haana matuafifine ke kumi foki he tamafifine tahi. Ne mailoga he matuafifine kua fai kehe a ia kae nakai huhū atu a ia ha ko Kulasea ko e tamataane mitaki haana. Ti ko e tau aho Falaile oti ne fafao oti e tau koloa ha laua mo e o hifo ke he taone ke fakafua ai. Ka mole e lagomatai haana kia matuafifine ti poi hifo a Kulasea k e he moana ke kumi e tamafifine tahi ne fakakite kia ia. Kae to leva lahi e magaaho to liu mai ai a ia.

Ne iloa e Kulasea e mena haana ne kitia mo e liu hifo tumau a ia ke he uaafo mo e fakatumau e kumi

coconut palms seemed to wave at him. Most of the children had gone, so Kulasea sat on the edge of the wharf and admired the ocean. This was something that he never tired of doing. The sight of the rippling, cool, clear blue Pacific Ocean made Kulasea's stomach warm inside.

As Kulasea sat and watched the ocean, he suddenly had a vision: he saw the most beautiful sea girl. Her hair was long and dark and her brown eyes appeared to lock with his. She was mesmerising, but she also looked very sad. Then, in a split second she turned around and disappeared back into the ocean.

What was she? Kulasea thought he'd seen the girl's fishtail. He had heard stories of fish men and women, but never believed they were true. Kulasea wondered if the heat was getting to him, as it was the hottest part of the day. He had to come back again to see if she was really true or had just been his imagination.

For the next few weeks, Kulasea looked forward to going to Alofi town with his mother so he could search for the sea girl. His mother noticed a change in him, but did not question him, as Kulasea was a good son. As always, every Friday morning, they would pack up all their goods and head to town to sell them. Then, after helping his mother, Kulasea would run down to the ocean and look for the sea girl who had appeared to him.

Weeks turned into months until, after what seemed liked forever, Kulasea finally spotted the sea girl again. He waved to her to get her attention. The sea girl got a fright because she thought he was just another handsome stranger who could not see her.

"Hello there, my name is Kulasea," he called out. "Do not be afraid. I mean you no harm."

The sea girl was about to turn and leave when Kulasea said to her, "If you go, come back again, for I will be here when you return. I will be your friend."

129

he tamafifine tahi. Ne mole e tau faahi tapu ke he tau mahina, ti mole ai foki tuga e tukumalagi he manamanatu e ia ti liu malika e Kulasea e tamafifine tahi mo e aloalo atu kia a. Ne ofo matakutaku a ia ha kua nakai mailoga kia ia kua fai tagata ne kua maeke ke kitia a ia kae aloalo atu fakatumau a Kulasea ke kitia mai e ia a ia.

"Fakaalofa atu, ko au ko Kulasea, ua matakutaku – nakai fakalekua e au a koe."

Ne kamata e tamafifine tahi ke fuluhi ke fano ka e pehē atu a Kulasea kia ia.

"Ka fano a koe, ti liu mai to nofo au i hi nei to liu mai a koe – kua manako au ke kapitiga mo koe".

Ne matakutaku e tamafifine tahi ti liu fano kehe a ia, kae maama e ia e tagata he uaafo ti moua foki e ia haana fekau mai i loto he tau mata mafanatia haana.

Ne fiafia a Kulasea ha kua tutala a ia ke he tamafifine tahi ti kitia foki e ia ko e maama e ia e tau kupu mo e tau hagahaga tino haana. Ne mafanatia a ia he iloa to liu mai e tamafifine tahi ha kua pete ni e matakutaku a ia, ne fuluhi mai mo e ono fakahako mai kia ia ke fakakiteaki e haana maama. Ti iloa e Kulasea to liu mai a ia. A to hoko mai e aho ia, to fakatumau e tau fenoga ha Kulasea ki Alofi he tau Aho Falaile ka ko e magaaho na ko e hifo pauaki ni a ia ke he haana a fekau ka e nakai ni ha ko e haana matuafifine.

He kainaa i Hakupu, ha ne fae nofo a Kulasea i lalo he malu he tau niu mo e manamanatu ke he tamafifine tahi fulufuluola. Ko hai a ia? Ne fano a ia ki fe? Ko e ha ne mata momoko ai a ia?

Ne fakatumau e hifo ha Kulasea ke he uaafo i Alofi he tau aho Falaile, mo e kitekite atu fufū ke he tamafifine tahi ha ne fae fakamumuli mai he moana. Ne manatu ni e tamafifine tahi ne nakai kitia e Kulasea a ia. Ne iloa e Kulasea to fakatali a ia ato loto malolō e tamafifine tahi ke hau kia ia a ti fakatali fakahautoka ai a Kulasea to mau mooli a ia.

The sea girl was afraid and left, but she had understood the man on the wharf and received his message in his warm eyes.

Kulasea was pleased, for he had finally got to speak to the sea girl, and he could tell that she understood his words and gestures. He was also confident that the sea girl would indeed return, because although she was afraid, she had turned around and shown that she understood him by staring directly at him. Kulasea knew that she would be back. He would continue his Friday trips to Alofi, but now he was definitely going for his own purpose rather than just for his mother.

At home in Hakupu, Kulasea sat under the shady coconut trees and thought about the beautiful sea girl. Who was she? Where did she go? Why did she look so sad?

Kulasea continued to go to the Alofi wharf on Fridays and secretly watched the sea girl as she hid in the ocean. The sea girl thought that he could not see her. Kulasea knew that he must wait patiently until she was confident enough to approach him. This went on for many Fridays before the sea girl finally appeared to him again. Kulasea was excited but calmed down to reintroduce himself to her. "Hello, my name is Kulasea and I come from the village of Hakupu."

The sea girl looked at Kulasea strangely, then also introduced herself. Kulasea listened intently as she spoke.

"My name is Tiana and I am from Alofi. I live here at the wharf as I have done for many long years, Kulasea. I was told years ago that I would not be free until the one who can see me releases me. It seems that you are the only one who can see me, Kulasea."

Kulasea was confused, and he said,

"But how can anyone not see you, Tiana? I can see you as clear as day, and you are beautiful." Tiana was embarrassed at Kulasea's words, and she left again, not

Ne fakatumau e mena nei ke he loga he tau aho Falaile a ti fakakite ai tuai ni e tamafifine tahi kia Kulasea. Ne mainiini e fiafia ha Kulasea kae fakamalolō ke fakamilino ke liu ke fakailoa a ia kia ia.

"Fakaalofa atu, ko e higoa haaku ko Kulasea, ti hau au ke maaga ko Hakupu".

Ne onoono atu fakagogoa e tamafifine tahi kia Kulasea kae fakailoa foki a ia

Ne fakanogonogo hukimata a Kulasea ke he tamafifine tahi he vagahau age a ia.

"Ko e higoa haaku ko Tiana ko au mai Alofi"

"Na nofo mau au he uaafo nei ke he loga mo loga he tau tau ma Kulasea. Ne kua talamai kia au he loga e tau tau kua mole atu to nakai atāina au a to hau a ia ne maeke ke kitia au ke fakahao au. Ti liga tuga ko koe ni ne maeke ke kitia au ma Kulasea."

Ti ko Kulasea ne kua fakagoagoa he magaaho na mo e vagahau atu.

"Ka e maeke fefē ha tagata ke nakai kitia a koe ma Tiana? Maeke ia au ke kitia a koe mahino mitaki tuga e aho ti ko koe fulufuluola foki".

Ne kua logona hifo ia Tiana e ma ke he tau kupu ha Kulasea ti liu a ia fano kehe foki mo e nakai iloa ko e ha ne kua fai loogonaaga pihia ai ia. Ka ko Kulasea ha ne fakatumau e fakatali fakahautoka kia Tiana ti iloa foki e ia to liu mai a Tiana ha kua nofo ogoogonoa a ia ti kua fai tagata foki ke fakatutala mo ia ti maeke foki ke kitia a ia. Ti mole ai e falu faahi tapu gahoa ti liu mai a Tiana ati fakatu e fakafetuiaga kapitiga ke he vahāloto ha laua. Ha ne lotomalolō fakahaga a ia mo e fakatuogo e tala haana kia Kulasea.

Ne loga mo loga he tau tau kua mole atu ne fa felakutaki a Tafiti mo Motu he motu ha mautolu. Ne nofo ai au i Fonuakula mo e haaku a matua tupunafifine. Ko ia ko e taulatua ekekafo pulotu talahaua he tau tagata ti lahi foki e mahuiga haana. Ne ekekafo foki mo e tului e ia e tau Patuiki ha Niue. Ne mahekeheke kelea e falu

knowing why she felt that way. But Kulasea, as always, was patient and continued to wait for Tiana. He knew that she would be back, if only because she was lonely and she wanted to talk to someone who could see her.

In a few weeks' time, Tiana did return, and a friendship developed between them. Tiana built up her confidence and, when Kulasea asked her where she came from, she sat next to him on the wharf and revealed her story to him.

"Many, many years ago during the wars of Tafiti versus Motu on our island, I lived at Fonuakula with my grandmother. She was a great healer of the people and was very popular. Grandmother had proved her worth as many people were healed with her remedies. She even served and healed the kings of Nukututaha. The other local healers became very jealous of Grandmother as she was considered the best healer of her time. They were also jealous because she was only a woman; how dare she think herself to be above the men in the village.

"The healers found out that Grandmother was teaching me her healing ways, so they kidnapped me. They told Grandmother that if she did not stop healing, they would drown me. Well, Grandmother continued

he tau taulatua ekekafo he fonua ke he tupunafifine haaku ha ko ia foki ne talahau ai kua mua atu ke he magaaho na. Ne fakakite mooli he tupunafifine haana pulotu aoga ha kua tokologa ne tului mo e fakamalolō aki e ia e tau vailakau haana. Ne mahekeheke foki e tau taulatua ekekafo na ha ko ia ko e fifine – ko e fia lahi ha ia ke manatu ko e tokoluga atu a ia ke he tau tagata taane he maaga he talahau e lautolu.

Ne iloa ai foki e lautolu ha ne fakaako mai he tupunafifne haaku kia au e tau puhala ekekafo haana ti kaiha e lautolu au. Ne fakaneinei vale a lautolu ke tupunafifine haaku ke ka nakai fakaoti, ti to fakatomo e lautolu au. Ka ko tupunafifine, ko e fifine lototoa malolō ne fakatumau ke taute e tau gahua fakaekekafo haana ha ko ia foki ko e fifine fakaikaluga mo e malolō. Ne iloa foki e ia kaeke kua fakatomo e lautolu au ke he moana to taute e ia ke nakai mate au. Ko e magaaho ne kaiha ai au ne mohe taha milino au he po. Ti hau a tupunafifine he tau miti haaku mo e talamai ke ua popole au ke tua age kia ia to laveaki e ia au.

Ne mafanatia mitaki au he manatu to fakahao he tupunafifine au. Ne loto toa a ia ti nakai mahalohalo a ia ke he tau fakaneinei vale. Kae pete ia ne fakamooli e tau fakaneinei vale ha lautolu ti liti au ki loto he mena nei he uaafo i mua ia ia. Ne fakamooli e maveheaga ha tupunafifine to nakai mate au kae nofo he mena nei he uaafo ha Alofi ko e tamafifine tahi ke fakahao ni he taha ka maeke ke kitia au. Ti tutupu e tau vaha mo e hiku haaku.

Ne kaiaalu e tupunafifine a lautolu ne lago tonu ki ai e liti au ki moana ti mamate fakalutukia a lautolu he magaaho ne hoko ai e felakutaki kelekele ke he motu. Ne nakai fakatoka e tupunafifine au ke mate kae talamai kia au ke nofo he mena nei a to hau a ia kua maeke ke kitia au ke fakahao au. Ti ko e tau tau oti ha ne nofo ai au he mena nei ma Kulasea, ne fakakite au

doing her works because she was a proud and strong woman. She also knew that if I got thrown into the ocean, she could make it so that I would not die.

"During the time that I was kidnapped, my grandmother came to me in my dreams and told me not to worry and to trust her to keep me safe. So I slept peacefully at night and had great comfort in the knowledge that she would rescue me.

"Grandmother was very bold and never gave in to the kidnappers' demands. However, they made good on their threats and eventually threw me into the sea in front of her at this wharf. Grandmother kept her promise that I would not die, but her wisdom and healing could only help me so much. I grew fins and a tail and have been here ever since. Grandmother could not give me back my old life. She said I would have to live here at the Alofi wharf as a sea girl and could only be released by the one person who could see me. She told me to wait here patiently for that person to rescue me. "Although her power was not strong enough to completely overpower her enemies, I still give thanks to Grandmother, for we would not be talking now if it were not for her. Grandmother

ke he tokologa kae nakai kitia he taha au ato feleveia a taua, nakai fai foki ko tupunafifine ni ne maeke ke kitia au.

"Ko e haana pulotu mo e ekekafo kafokia ne nakai katoatoa e lagomatai mai kia au. Nakai malolō lahi e paoa haana ke totoko atu ke he tau fi haana, kae fakaaue agaia au kia tupunafifine ha ko ia a ti maeke a taua ke fakatutala he magaaho nei".

"Ne ahiahi mai tumau e tupunafifine au a to mate a ia he mena nei he uaafo he tapa kia au. Ne manatu e tau tagata Alofi ne kua gagao a ia ha ko au ha kua nakai kitia e lautolu au. Ne manako au ke tuku a ia ke mohe ke he moana mo au ke maeke ai au ke leveki a ia. Kae omai ni e tau magafaoa ha maua mo e uta a ia ke tanu ke he fonua. Ne mafanatia au he iloa ko e agaaga haana ha ne takai mai au ma Kulasea".

"Ne to lahi e manamanatu haaku kia ia mo e momoko foki au he kakau fano tokotaha au ko e tamafifine tahi ke he loga he tau tau to hoko mai e magaaho nei. Ne fa lali au ke fakakite au kia lautolu oti i hinei. Kae tuga ko e tau fanau mukemuke ni ne maeke ke kitia au mo e fefeua mo au kae momoui hake mo e momotua a lautolu ti nimo e lautolu au. Na liga ko koe ni ma Kulasea ne maeke ke kitia au".

Ne kua ofoofogia a Kulasea ke he fulufuluola mo e momoko ha Tiana ti fakalago viko e tau kalima haana ia Tiana mo e fakamafana atu a ia. Ne kua to lahi e kapaletū ha Tiana a ti fakaatā e ia a Kulasea ke aamo e kili haana ti mafana foki a ia kae makalili a Tiana ha ne fakatuogo haana tala. Ne logon foki e Tiana e mafanatia mai ia Kulasea he nonofo pihia a laua he tapitapi he uaafo ti kua matutū hifo e nakai tuahā fakapa haana kia Kulasea. Ne kitia foki e Kulasea ko e pete ni kua mua atu e fulufuluoal he lanu moana he hiku ika ha Tiana kae kaloplopa foki hake ke he pulagi laa kikila e loga he tau lanu tagaloa.

cursed those who were responsible for throwing me into the ocean, and they met an untimely death when they became involved in the land wars of the old days.

"In all the years that I have stayed here, Kulasea, I have appeared to many, but until I met you, no one but Grandmother could see me.

She continued to visit me and kept me company until she died here on the wharf next to me. Because they could not see me, the Alofi people thought that she made herself sick over me. I wanted her to be put into the ocean to sleep with me so I could take care of her, but our family took her away to bury her on the land. I have great comfort knowing that her spirit is all around me anyway, Kulasea."I miss her so much that I am sad, and I have been swimming alone as a sea girl for many years. I have tried to show myself to all who come here. Until now, only babies have been able to see me and play with me, but then they grow up and forget me. It seems that you are the only adult who can see me, Kulasea."

Kulasea was overcome with Tiana's beauty and sadness, and he put his arms around her to comfort her. Tiana was so upset and cold from retelling her

Ne nakai manako a Kulasea ke fakamatakutaku atu foki a Tiana kae kua iloa e ia e mena ke vagahau atu kia ia.

"Kua maama ia au e mena ne tupu ma Tiana. Kua maama foki e au he tali mai he tau magaaho ne fae hau au ke he taone ne fa hifo mai tumau au ke he uaafo. Ti ko e magaaho nei hanei au mo koe ti tonuhia mooli e manatu haaku ne kua fakafano pauaki mai au ki hinei ke feleveia mo koe. Tali mai he magaaho ne malika e au a koe ne fae hifo tumau mai au mo e fakatali kia koe ke he loga he magaaho a to liu au kitia foki a koe kae piko teao noa na koe kua nakai kitia e au a koe".

"Kua fuata agaia a koe mo e fulufuluola tuga ni he aho ne lali e tau ekekafo mahekeheke ke fakatomo a koe he moana nei. Ko e tau lauulu haau ha ne tafea fano tuga e tau limu kakī molū I loto he tahi ne fae kakau ai a koe, ko e haau a kili kua momole ai tuga e tau peau moana ti matalatala moui mai e kikila he haau a tau pumata ha kua feleveia a taua ke fefakatutala".

"Kia iloa e koe ma Tiana, ko Kulasea ne kua fifli ke fakahao a koe. Iloa e au kua mateloto fakalofa au kia koe haku Tiana tali mai e aho ne malika fakapa e au a koe. Ti hae fae hau tumau au ke he loga he tau faahitapu ke moua a koe ke fakalataha mai ke he haaku a moui."

Ne ofo a Tiana ke he fakakiteaga fakalofa mateloto ha Kulasea kia ia ha kua manatu ni a ia ko Kulasea ko e taha fuata fulufuluola tafiti teao ne nakai maeke ke kitia a ia he magaaho fakapa ne kitia e ia a ia. Ne figita fakatotonu e Kulasea a Tiana mo e fakamafanatia atu kia ia. Ne figita foki e Tiana a ia mo e fakamaviko e tau kalima haana kia ia he fakato hifo a laua ki loto he tahi hokulo.

Ko e magaaho tonu na ni ne faliu e hiku ika mo e tau vaha ha Tiana ke he tau hui ti kamata a ia ke tomo. Ne kua fakaofo fetalia pihia e faliu ti kua nimo ia Tiana ke kakau mo e tau hui ha kua leva lahi ne nakai kakau a

story that she allowed him to touch her skin. He was very warm and she felt close to him. As they sat on the wharf together, Kulasea noticed that, although Tiana's fishtail was the most beautiful blue, it sparkled a rainbow of colours under the sunny sky.

Kulasea did not want to scare Tiana off but he knew what he had to say to her:

"I understand what has happened, Tiana. Ever since I have been coming to town, I have been drawn to the wharf. Now that I am here with you, I firmly believe that I was sent here to meet you. After the very first time I spotted you, I kept coming back and waited for the longest time before I actually saw you again. But you assumed that I did not see you.

"You are still as young and beautiful as the day the jealous healers tried to drown you in this ocean. Your hair flows like soft brown seaweed in the sea, your skin is as smooth as the ocean waves and the light in your eyes has started to come alive since we found one another to talk to. "You must know, Tiana, that it is I, Kulasea, who has been chosen to save you. I know that I have loved you, my Tiana, ever since the day I first spotted you. I have been coming back for many weeks now just so I could have you in my life."

136

ia mo e tau hui haana. Ti ko Tiana ha ne fae tomo hifo mafiti ke he toka ha kua mafiti e mena ne tupu, ti tagi atu a ia kia Kulasea. Ne lolelole lahi e tau hui haana ti logona foki e ia kua tuga kua toho hifo kehe fakahaga a ia ke he toka mai ia Kulasea.

Ti hiki fakaofo e hagahaga matagi ke kelea lahi. Ko e pulagi ne kua faliu lanu efuefu mo e pouliuli fakaofo foki, ko e uha kua to topā to pī mo e matagi ha ne tomumu fakaleo lahi fakahaga. Ne mafiti lahi e hiki ti tuga kua lali e tau malolō katoatoa he lagi mo e lalolagi vevehe a Tiana mo Kulasea. Ne pā fakaofo e pakūlagi mo e lupa uhila ne kua kalopa ai ke he pulagi fakahako hifo tonu kia laua he uaafo. Kae pete ni ia kua nakai fakaai a Kulasea ke fakatoka kehe haana Tiana fakahele.

Ne uku hifo a Kulasea ki loto he moana mo e mui atu kia Tiana. Ne nakai manako a Kulasea ke fakagalo a Tiana ka ko e mena moua la ia e ia. Ha ne lali a ia ke kumi a ia ka kua tomo fakamafiti lahi a Tiana ha kua tupetupe lahi a ia ti tele fakatafitifiti fano haana a tau hui. Ne matakutaku lahi a ia ha kua leva lahi foki e haana fakatali ke fakahao, ke mate pe hē? Ne kakau fano a Kulasea ti moua a ia kua loeloe lahi. Ko e tau lima malolō haana ne lali a ia ke toho hake a Tiana ki luga he fuga moana ka ko Tiana ha ne matomo kehe fakahaga mai ia ia. Na kua mukamuka foki ni a ia ke lalapo hake ka ko e haana tupetupe lahi ne kua fakalavelave atu kia Kulasea.

Ko e magaaho tonu na ni ne logona fakaofo e Kulasea e tau fekī fakaleo lalahi mai he pulagi. Ne ono hake a ia mo e hea atu fakatutū fakalahi, "NAKAI - TO NAKAI UTA KEHE E MUTOLU A IA MAI IA AU!!!

Ko e tama sekone ia ni ne fuluhi a Kulasea mo e ono atu ki loto he moana mo e iloa ai ko ia ni ka fakahao haana Tiana. Ne maama kia ia ko lautolu ne fakatomo a Tiana kua liliu mai ke fakamomoli ke aua neke moua e Tiana ha fiafia ma haana ha kua kitia e

Kulasea gently kissed Tiana while comforting her. She kissed him back and wrapped her arms around him, and they both slipped into the deep sea.

At that very moment, Tiana's fins disappeared and her fishtail turned into legs. She started to sink. The sudden change was unexpected, and it had been so long since she'd swum with legs that she had forgotten how to. Her legs were weak and she felt as though she were being pulled away from Kulasea, down to the bottom of the ocean. She panicked and started kicking about frantically, crying out for Kulasea. She was so afraid that, after waiting for so long to be rescued, she would now die. As this was happening, the weather took a sudden turn for the worse. The sky turned dark grey, rain fell, and the wind howled louder and louder. The change was so fast that it appeared as though the forces of the heavens and the earth were trying to keep Kulasea and Tiana apart. There was a sudden thunderbolt and a flash of lightning was directed at them. Kulasea heard loud laughter coming from the sky. He realised that those who had originally tried to drown Tiana did not want her to be happy with him, and they had come back to ensure that she died this time. He knew had to rescue her. He was not about to

lautolu ko Kulasea ka moua mai e Tiana e fiafia nei. Ne kua amanaki a lautolu ke liu fakatomo foki a Tiana.

Ha ne to fakatatuki ai e uha lolo, ne ukufeke fakamalolō a Kulasea mo e liu uku hifo ke he moana mo e kumi pouli kia Tiana haana. Ne fuluhi a ia mo e kitia a ia ha ne tomo fakamafiti. Ne kakau mo e haana tau malolō katoa ke fakahao a Tiana, ti hamuti mai e ia a ia he kupu manava mo e toho hake a ia ki luga he fuga he moana. Ne kua lolelole lahi a ia kae toho mai e uho malolō ma haana Tiana ti mafuta hake ke he fuga moana mo e fakapuhaki fafagu ma laua tokoua. Ko e uha mo e matagi ha ne uloulo tomumu fakataviko agaia kia laua he toho hake e Kulasea a Tiana ki luga he uaafo ha ne tagi mo e koho a ia.

Ko e magaaho ne fakapuhaki hake e fafagu ha Tiana ka e mao fakaofo ni e to uha tuga ni he to fakaofo foki. Ko e kehe he hagahaga matagi kae nakai fakatehaua a Kulasea ke eke ma haana e tamafifine tahi. Ne onoono hake a laua ke he pulagi ti kitia e tagaloa ha Tagaloa mo e iloa ai ko e fakakiteaga monuina ha ko e mena ne hoko kia laua ti mailoga ia Tiana na kua mateloto fakalofa lahi foki a ia kia Kulasea tali mai he magaaho fakapa he kitia e ia a ia.

"To mafola e tau mena oti ma Tiana. Ko au hanei ma haau he magaaho nei."

Ne logona e Kulasea e matua fifine haana ne hea hifo age kia ia mai i luga he fuga matiketike. Ne laka hui hifo atu a ia ke kitia ti fakailoa e Kulasea a Tiana ke he haana matuafifine.

"Ko Tiana a nei ko e tamafifine kua mateloto fakalofa au ki ai mo e manako ke mau mo au ma matuafifine".

Ne Kua ono atu e matua fifine ha Kulasea kia ia mo e iloa e ia kua mateloto fakalofa lahi e tamataane haana kia Tiana ti fiafia lahi a ia kia laua tokoua.

Ne taatu e Kulasea a Tiana ki kaina ti tau mau a laua mo e nonofo he maaga ko Hakupu ti tupu mai ia laua e magafaoa lahi. Ne tuku fakaaue a Tiana ke he haana

lose his beloved Tiana after just finding her. He looked upwards and yelled, "No, you will not take her away from me!"

In the pounding rain, Kulasea dived with all his strength under the water and blindly searched for his Tiana. He turned and finally saw her sinking fast. He swam down with all his power, grabbed her around the waist and pulled her back up to the surface of the ocean. He was exhausted, but he pulled out an inner strength for his Tiana and burst through the surface, gasping for air for them both. The rain still beat down and the wind still howled loudly around them as Kulasea pulled Tiana up onto the wharf, crying and coughing.

Once Tiana regained her breath, the rain and wind stopped as suddenly as they had started. The strange weather did not deter Kulasea from having his sea girl. They looked up at the sky and saw the rainbow of Tagaloa, and smiled. They knew that this was a sign of good fortune after what they had just been through, and Tiana realised at that very moment that she had loved Kulasea from the day she'd first seen him.

"Everything will be fine, Tiana. I am here for you now," Kulasea told her. Then he heard his mother

tupunafifine fakahele ha kua iloa mooli e ia e mena kua mitaki lahi ma haana. Ne nonofo fiafia lahi, mahu mo e muhu koloa a Kulasea mo Tiana ke he tau aho oti ha laua i Nukututaha.

calling down to him from the top of the hill. When she came down to see what was happening, Kulasea introduced her to Tiana.

"This is Tiana, the girl that I love and wish to marry, Mother."

His mother looked at him and could see that her son did indeed love Tiana very much. She was happy for them both and wrapped Tiana up quickly in the warm blanket she had with her.

Kulasea took Tiana home with him. They married and lived in the village of Hakupu, and had a large family. Tiana always gave thanks to her beloved grandmother, who knew what was best for her. Tiana and Kulasea lived very happily in abundance for the rest of their days on Nukututaha.

## Makalita Mo E Atua Fifine Afi

Ko e vahā leva lahi kua mole atu ke he maaga ko Liku i Nukututaha ne nofo ai e tamafifine ne higoa ko Makalita. Ne moui hake a ia mo e haana tau mamatua ko ia ko e tama fuataha ha laua. Ko e matuafifine haana mai he maaga ko Liku, ko e matua taane ne hau a ia i Samoa. Ne makaka lahi a Makalita ke lagomatai e matuataane haana ke tufuga vaka ti fiafia lahi foki a ia ke ō mo ia ke takfaga ika. Na mailoga foki e Makalita ko ia ko e tamataane ne manako lahi e matuataane haana ke fai kae nakai fai. Ti fiafia a ia ke hakahakau ke he tau feua fanau taane tuga he kikite atu e tau tagata he maaga kia ia.

Ti pihia foki ni a Makalita ke he haana matua fifine, lahi foki haana lagomatai atu kia ia ke he tau fekau oti mai he kaina kae ka hoko e magaaho ke ō ke he maala ne mainiini fiafia lahi a ia. Ne fiafia lahi foki a Makelita ke fakaoga falu magaaho mo e haana matuataane ne kua leva lahi e hau he haana kaina mooli. Ko e tau matua haana ne fenoga mai ki Nukututaha ke lagomatai ke tufuga he faituga he malē he maaga, ti manatu hifo ke nonofo mau i Nukututaha.

Ka oatu a Makalita mo e matuataane haana ke takafaga ika ti ohifo a laua he halatahi a Liku mo e tamai e vaka ha laua. Na iloa e Makalita nakai maeke a ia ke fano takafaga ika he vaka ha kua nakai fakaatā e tau fanau fifine, ko e fakatokaaga he Fono Takitaki

## Makalita and the Fire Goddess

Long, long ago in the village of Liku on Niue Nukututaha lived a young girl named Makalita. She grew up with her parents as an only child. Her mother came from Liku and her father came from Samoa. His parents had come to Nukututaha many years earlier to help build the church on the village green, and they had decided to stay there.

Makalita always helped her mother with her normal household chores, but she loved to spend time with her dad. She knew very well that she was the son her father never had. She was happy to engage in what was seen to many villagers as boys' activities. When she got to go with her father to the plantations, she became very excited. She was skilled at helping her father build vaka, and she loved to go fishing with him.

Makalita and her father would walk down the Liku sea track and get their vaka to go out fishing. Makalita knew that she was not supposed to go fishing in the vaka, as girls were not allowed to by tradition, but she did so with her father anyway. Their catch for the day was always successful, and they would bring home scores of fish to share with their family.

Makalita had a little bit of a rebel streak, which she got from her father, and she was proud to be like him. Her mother did not object. She was quietly proud of Makalita for the skills that her father had taught her.

Maaga, kae fa fano tumau a ia mo e haana matuataane. Ne fa monuina tumau e takafaga ika haana mae aho mo e matuataane haana ti fa taatu e laua ki kaina e loga he tau ika mo e tufa fakafeheleaki mo e tau magafaoa ha laua. Na fa onoono fakatekiteki atu e matuafifine haana kia ia mo e matalahi he haana tau makaka mo e lotomatala ke he tau tufuga ia ne kua fakaako age he matuataane haana kia ia ti nakai popole foki a ia.

Ka ko e mena ne ofoofogia lahi a Makalita ki ai ko e makaka he matuataane haana he koli afi ne kua fakaako atu tuai kia ia mai he vahā tama tote. Ko e falu magaaho he tau afiafi ka oti e kai afiafi ti tugi e ia e akauafi koli haana he tau matapotu ne ua ti koli fakafiafia atu kia Makalita. Na ofoofogia tumau a Makalita ke he koli afi ha Samoa. Na fakakite he tau koli haana e agaaga malolō tuga e afi i loto he tau tagata momoui oti. Ne nakai fia fakatali a Makalita ke lahi kae finatu a ia ke kitia e motu ne fanau ai haana matuataane. Ne iloa e ia to hoko mai e aho ti to takitaki he Atua haana i Nukututaha a ia ki ai.

Ne finatu ai a Makalita he Aoga, mo e fakatukuogo e ia e tala, ke he haana tau kapisiga, hagaao ke he koli afi he matuataane haana ke tonuhia ke fakalilifu ki ai. Ka ko e fanau taane fia lalahi, ne talaage a lautolu kia Makalita to maeke ia lautolu ke ako mafiti e koli ti maeke foki a lautolu ke makaka atu he matuataane haana. Ne fakatupetupe ai e loto ha Makalita ti poi atu a ia ki kaina he hili e aoga mo e nakai fiafia e loto mo e talaage ke he matuataane ti fakamafana atu e matuataane haana kia ia ke fakamalolō. Ne talaage a ia kia ia ko e fia kitia noa ni mo e liga ita tafuā e fanau taane ia kia ia he nakai fakakite he tau mamatua taane kia lautolu e taha koli homo atu ke tuga e koli he afi. Ti matutū hifo e loto ha Makalita mo e hau fakahaga e mitaki ha ko ia fakalataha mo e haana matuataane. Ne manatu foki a ia ke talaage ni e tau tala ke he falu kapitiga fifili he tau magaaho ne toe.

Makalita was fascinated with the fire dancing of Samoa and the fact that her father could perform the dance of fire. He had been taught long ago as a child. Sometimes in the evening after their dinner, he would light his firestick on both sides and perform for Makalita. His dances told the story of a resilient human spirit and the fiery strength inside every human being. Makalita could not wait to get older so she could visit the land of her father's birth. She knew that one day her god in Nukututaha would lead her there.

Once, when Makalita was at school, she told her friends about her father's dance of fire and how the fire was to be respected. The boys who thought they knew better than Makalita told her that they could probably pick up the dance with no problem and do it better than her father. This upset Makalita, and when school was over she ran home upset and told her father, who consoled her and told her to be stronger. He said that the boys were only showing off and were probably jealous because their fathers had not shown them a dance as spectacular as the dance of fire. Makalita was relieved and felt a lot better in the company of her father. She decided that she would only share her stories with a few selected friends.

When Makalita slept that night, she dreamed of fires in a volcano that kept on bursting while she stood on the edge looking in. The heat was unbelievably intense, but somehow Makalita withstood it. When she turned around, she saw someone throwing some flowers into the volcano, but she could not see who it was.

Makalita's grandmother had always told her that her dream state was when her spirit left her physical body sleeping and found faraway places to go to. Makalita believed this to be true. She adored her grandmother and they always shared their dreams. Some of Makalita's dreams were recurring and some

Ne mohe a Makalita he po ti miti a ia ke he tau afi i loto he mouga afi ne fae pa mai, mo ia ha ne tu he tapitapi mo e onoono hifo. Ko e vela ne puhopuho noa mo e ahua vela lahi kae maeke ia Makalita ke tu hokohoko fakamalolō atu. Ko e magaaho ne fuluhi a ia ne kitia e ia taha tagata ha ne tolo e tau fiti lakau ki loto he mouga afi kae nakai kitia e ia ko hai. Na fa talaage e tupuna fifine haana kia ia ko e mohe miti ko e magaaho haia ne fano kehe mai e agaaga he tagata mo e fano ke he tau matakavi mamao kae toka e tino tagata ke mohe. Ne talitonu a Makalita ko e mooli e mena ia ti na lahi foki haana fakalofa ke he haana tupunafifine ti fa fe talahauaki foki ha laua a tau miti. Ne fa liu miti foki e falu miti haana ka ko e falu ne manatu a Makalita ko e tau matakavi tuga ni kua fitā a ia he finatu ki ai kae mailoga e Makalita nakai maeke ke pihia.

Ko e magaaho ne logona he tupunafifne e miti haana ti iloa e ia kua finatu a Makalita ke he motu he haana matuataane ha ko e mena nakai fai mouga afi a Nukututaha ti talaage pihia e tupunafifine haana kia ia. Ne talaage foki e Makalita e miti haana ke he tau lafu kaasini haana ko Puni mo Tau kae pete ni e fakanogonogo a laua kia ia, fiafia atu ni a laua ke he koli afi he matuataane haana. Na fa makaikai tumau tuai na laua ke kitekite ke he matuataane haana ka koli tali mai he kitia fakamua e laua a ia mo e afi he taha afiafi ne ō a laua i mua he kaina haana. Ne nakai nimo ia laua e ofoofogia ha laua ne logona. Ko laua ko e tau lafu kaasini tata lahi kia ia ha ko laua ko e fanau taane he tehina he matuafifine haana.

Ne talaage a Puni mo Tau kia Makalita kua lata a lautolu ke lali ke koli e koli afi, tuga ne kitia e laua e matua taane haana he koli. Pokua fai mena he koli afi he matuataane haana e hagaaoga he tau miti haana. Ne talaage a Makalita ke he haana tau lafu kaasini ke ua taute e laua e mena na, ha ko e mena to nakai maeke

left her with a feeling of having been somewhere before, although she knew that was not possible.

When Grandmother heard of Makalita's volcano dream, she told her that she must have visited the land of her father since Nukututaha had no volcanoes.

Makalita told her cousins Puni and Tau about her dream. They were the closest cousins she had and were the sons of her mother's younger sister. But, although they listened to her, they were more interested in her father's dance of fire. They had been fascinated by his dance since they'd first seen him with the fire one night when they were walking past her home. They had never forgotten how it made them feel. Puni and Tau told Makalita that they wanted to try to do the dance of fire that they had seen her father do and that maybe her father's fire dance had something to do with her dream. Makalita told her cousins that they should not attempt the dance as they were not able to handle the fire. Puni and Tau listened to Makalita as she was the oldest one of them all, but they still secretly wanted to try it. They decided to do it at a later time, for they had to rush home as the sun was setting. The three arranged to meet the next day and go for a walk to the Liku sea track. They would bring some fish and taro for their lunch.

Puni and Tau arrived at Makalita's home the next day and they walked together down the sea track. The sun was hot, but the wind also blew, so they were quite cool. They fell into the water, splashing, and spent the afternoon swimming, playing and laughing with much joy.

At one point, they saw whales far off in the ocean and called out to them. The whales acknowledged them by blowing great spouts of water way up high into the sky. Tau wanted to swim out to the whales but was discouraged by Makalita and Puni. They did not

ia laua ke fakaaoga fakahako he afi. Ne fakanogonogo a Puni mo Tau kia Makalita ha ko ia e uluaki ha lautolu kae manatu fufū agaia na laua ke lali. Ti pulega a lautolu ke feleveia he aho hake ki mua he kaina ha Makalita ke o hifo he hala tahi ke kakau he loloto ana i Togo. To tamai foki e laua e falu ika mo e talo ke lata mo e kai laa ha lautolu.

Ne hohoko atu a Puni mo Tau ke he kaina ha Makalita he aho hake ti o hifo auloa a lautolu he hala tahi i lalo he tau akau ki Togo ne tata atu ke he moana. Ne vela lahi e laa kae agiagi foki ni e matagi ti hauhau a lautolu. Ne tafepoi hifo a lautolu he hala tahi ki Togo tata ki tahi ti fakamokulu hifo ke he loloto mo e fakapapihi. Ne nonofo a lautolu he palelaa katoa mo e kakau fiafia ai ti kitia foki e lautolu e tau tafuā mamao atu he moana ti tauui atu a lautolu ki ai. Ne puhi hake he tau tafuā e tau hoko tahi lalahi fakatokoluga ke he pulagi ke fakatautonuaki a lautolu. Ne fiafia lahi e tau lafu kaasini ha ne fefeua mo e tau fekī a lautolu.

Ne manako a Tau ke kakau atu ke he tau tafuā kae taofi e Makalita mo Puni. Ne nakai tuahā a laua ke he tafe he moana ti kua kamata foki ke havili atu e matagi, pete ni ia ko e laa ne kikila mitaki agaia. Na fiafia lahi a lautolu ke kitekite tafuā ti ko e mena haia ne taute e lautolu mai he matakavi mamao. Ne lologo e lautolu e tau lologo he maaga mai he vahā fakamua he liliu atu a lautolu ki kaina.

Ha ne fakameā ai a Makalita ti ole age a ia ke he tau lafu kaasini haana ke nonofo ke kai afiafi. Ne poi atu a Puni ki kaina ke ole e fakaatā ma laua ke nonofo ke kai afiafi he kaina ha Makalita ti talaage ai kua fakaatā a laua. Ti kamata agataha e tau lafu kaasini tokotoluke lagomatai e matuataane ha Makalita ke fakaafu e umu. Ne lagomatai a lautolu ke okomai e tau gaafi mo e tau maka ti tafu he matuataane ha Makalita e afi lahi ne puho mo e kakā hake mo e hake tokoluga. Ne fakavela aki e tau maka ke tao aki e tau mena kai.

trust the current of the ocean, for it was windier than usual even though the sun still shone brightly. They all loved to watch whales so they did so from a distance.

As they walked home for the day, they sang old songs of their village from long ago.

Makalita asked her cousins to stay for dinner at her house. As she got cleaned up, Puni ran home to ask for permission for him and Tau to have dinner, and they were allowed.

The three cousins went to help out with the umu. They gathered firewood and stones, and Makalita's dad built a fire that rose higher and higher. It heated up the rocks to cook the food.

Makalita's mother made takihi (a taro dish), taro pitako (bread) and faikai (a fish dish) to be cooked in the umu for the evening meal. While Makalita helped her parents prepare the umu and the delicious dishes, she spoke to her father about his land in Samoa and where he lived. Her father told her that he lived near an inactive volcano that belonged to the goddess of fire. She was a beautiful goddess and some people believed that she appeared when the volcano threatened to erupt, but no one had ever really seen her. Makalita's father had never

Ne taute he matua fifine ha Makalita e takihi, pitako talo mo e tau faikai ke tao he umu ke lata mo e kai afiafi ha lautolu. Ha ne lagomatai ai a Makalita ke he tau mamatua haana ke fakaafu e umu mo e tauteute e tau kai lolo ti vagahau atu a ia ke he haana matutaane hagaao ia ke he motu haana ko Samoa mo e ko fē ni ne nofo ai a ia. Ne talaage e matuataane haana kia ia na nofo a ia tata atu ke he mouga afi nakai gahuahua he Atua Fifine Afi. Ko ia ko e Atua Fifine to lahi e fulufuluola ti talahau e falu tagata ne fa kitia e lautolu a ia he tau magaaho tuga ko e pa mai hanefai e mouga kae nakai fai tagata ne kua kitia mooli a ia. Ne nakai monuina pihia e matuataane ha Makalita ke kitia e Atua Fifine Afi kae logona e ia loga e tau tala ke he Atua Fifine. Mua atu e talahauaga ke aua fakaita e Atua Fifine. Ko e ita mo e vale haana ko e mena matakutakuina ke kitia. To pa mai a ia mo e puna hake e huhua lava vela puhopuho ke aofia ai e motu katoatoa.

Ne monuina e matuataane ha Makalita he magahala ia he moui haana ha kua okioki milino e Atua Fifine Afi pete ni e fa gulugulu mai a ia he falu magaaho. Ko e tau tagata ha Samoa ne ha hā ia lautolu e fakalilifu hokulo ke he ha lautolu a Atua Fifine Afi ti fa mahani a lautolu ke fakatokatoka e tau fiti lakau he matafū mouga. Ne fatalia tumau e ia. Na iloa e lautolu he fa galo tumau e tau fiti he aho hake. Ko e taliaga he tau fiti ne fakamanatu aki e miti ha Makalita ne kitia e ia e taha tagata ne tolo hifo e tau fiti ki loto he tau afi he mouga afi. Ne ofoofogia lahi a ia ke he tala nei ne fakatuogo he haana matuataane.

Ne huhū atu foki a Makalita hagaao ia ke he koli afi he motu Samoa ti fakatukuogo age mo e matalahi he haana matuataane ko e mooli ko e koli afi puna mai he Atua Fifine Afi. Ko e agaaga he koli afi kamata mai he tau aho he vahā fakamua mai he tau tupuna haana ne fa mahani a lautolu ke koli kia ia e Atua Fifine Afi ke fakakite aki e fakalilifu, ke he tau fakakiteaga oti

been privileged enough to see the goddess, but he had heard many stories about her anger, which was a frightening thing to see. She would erupt and her molten lava would flow over all the land.

Her father was lucky, for during his time of growing up, the fire goddess had laid dormant, although she had rumbled sometimes. The people of Samoa had a deep respect for their fire goddess. They laid offerings of flowers at the foot of the volcano for her, and she always accepted them. They knew this because the flowers were always gone the next day. The acceptance of flowers reminded Makalita of her dream, in which she had seen someone throwing flowers into the fires of a volcano. She was amazed by the story her father told her.

She then asked about the dance of fire from Samoa, and her father proudly told Makalita that the fire dance was indeed connected to the fire goddess. The spirit of the dance of fire had originated in the days of old, when his ancestors had danced to the fire goddess in respect for all she represented and to give thanks for all she gave to the people. Everyone agreed that the fire goddess was indeed a gift to the people, as they used her fires for warmth and to cook their food. Everyone also agreed that the dances of fire represented her spirit, her greatness and her generosity of giving.

However, Makalita's father said there was another side to the fire goddess. She was a jealous goddess and did not want the people of Samoa to take the dance away from the land. Although he had performed the dance for Makalita, he was forbidden to perform it publicly to crowds of people. The dance belonged to the fire goddess. If she knew that it was being wrongly used she would punish the people who abused the privilege with the misfortune of the sun shining continuously and causing long droughts on the land. The sun was a ball of fire and the fire goddess could

haana mo e fakakite foki ha lautolu a tau fakaaue ke he tau mena oti ne foaki age e ia ma e tau tagata. Ne moua e lautolu e mafana mai he haana afi, mo e afi foki mo fakamoho aki e tau menakai. Ne talia auloa he tau tagata katoa ko e Atua Fifine Afi ko e koloa uho mooli mae tau tagata. Ti Talia auloa katoa foki he tau tagata ko e tau koli afi ne fakakite fakamooli e agaaga haana, haana mua ueatu mo e haana a loto foaki.

Kae talaage foki e matuataane ha Makaalita na ha hā i ai foki e taha faahi ke he Atua Fifine Afi. Ko ia ko e atua fifine ita tafuā foki ti nakai manako a ia ke uta kehe he tau tagata Samoa e koli afi mai he motu. Ti pete ni ia kua fitā ni he fakakite e ia e koli kia Makalita na fakatapuina a ia ke koli fakakite ke he tau toloaga tagata. Ko e koli tu tonuhia mooli ko e ha Atua Fifine Afi. Kaeke ke iloa e ia kua taute fakahehē e koli to fakahala e ia a lautolu na ke he tau matematekelea tuga e tau to laa leva lahi ke he motu katoa ti to puhopuho foki e laa he tau aho oti mo e nakai fakamaoki. Ko e pihia foki ha ko e laa ko e fua polo afi ti maeke he Atua Fifine Afi ke pule ke he laa tuga he pule atu a ia foki ke he tau afi katoa ha Samoa. Na taha ni e puhala ke fakamafola aki e Atua Fifine Afi, ko e tauteaga taha poa. Ti fa mahani ko e tamafifine uluaki mai he magafaoa ne taute e hepe ia ka eke ia mo poa. To liti hifo e tamafifine ki loto he mouga afi vela puhopuho ke fakaoti aki e to laa mo e fakamafola aki e Atua Fifine Afi

Ko e tala ha nei kua fakatukuogo age ai he he matuataane ha Makalita kia ia ti kua ofoofogia lahi a ia. Ne manako a Makalita ke fakaako he matuataane haana e koli afi kia ia kae fakamaama age a ia kua nakai maeke a ia ke fakaako ha ko ia ko e tamafifine. Pete ni ia kae fakatumau ni a Makalita ke tenetene atu ke he matuataane haana. Ti manamanatu ai a Makalita pehē, ka fakaatā a ia ke fano takafaga ika he vaka ti kua lata tonu foki a ia ke fakaako e koli afi. Ne talaage a matuataane to manamanatu a ia ki ai, kae fakamua

control him the same way she controlled all the fires in Samoa.

The only way to bring peace to the fire goddess when she was angry was to make a sacrifice. That sacrifice was always the first girl child of the family that had committed the wrong. The girl would be thrown into the hot molten volcano, which would pacify the fire goddess and bring an end to the drought.

This was the story told to Makalita by her father, and she was amazed.

Makalita wanted her father to teach her the fire dance, but he explained that it was not for her to learn because she was a girl. However, Makalita persisted and kept asking her father. She reasoned that surely if she was allowed to go fishing in the vaka, then she should be allowed to be taught the dance of fire? Makalita's father told her that he would think about it, but first they had to fix up their umu otherwise they would have no dinner that night.

Makalita laughed at her father and ran inside to scrape some dry coconuts to make the coconut cream that her mother would add to the takihi and faikai dishes.

Once the fire had died down, Father prepared it for the food to be put in. Puni and Tau helped place the wrapped food parcels carefully in the umu to cook. Everyone deserved a well-cooked meal for the effort they had put in. They knew dinner would be delicious that night and they all waited with anticipation for when the food would be cooked and the umu ready to be opened.

The wonderful aromas of the beautifully cooked meal wafted from the dinner table as they sat down, ready to eat. They all gave thanks to Tagaloa for their meal and for the strong hands that had contributed to the preparation and cooking of their food. Puni said the grace of thanks and they started to eat and drink coconut juice.

ke tauteute e umu neke nakai fai kai afiafi a lautolu he po ia.

Ne kata a Makalita ke he matuataane haana mo e poi atu ki fale ke volu e falu fua niu pakupaku mo taute aki e gako niu ke tatau aki he matuafifine e takihi mo e tau faikai.

Ne matemate hifo e afi he umu ti uulu he matuataane mo e tauteute ke tao aki e tau mena kai. Ne lagomatai e Puni mo Tau ke tuku e tau afifī kai ke he umu ke tao. Na to lololo lahi e kai afiafi he po na, ko e kai afiafi fakamoho mitaki ha ko e ha lautolu a kaufakalataha mo e limalima auloa. Ti fakatali auloa a lautolu mo e tau amaamanakiaga ke he magaaho ka lata e umu ke fuke mo e moho mitaki foki e tau mena kai.

Ko e tau manogi he tau mena kai lololo ha ne hohofi mai he laulau kai he fakatali a lautolu ke kamata kai. Ne fakaaue auloa atu a lautolu kia Tagaloa ke he kai mo e tau lima malolō ne limalima auloa e tauteuteaga mo e fakamoho he tau mena kai ha lautolu. Ne manamanatu a Makalita ko e mua atu e lololo he tau mena kai ka fakafeheleaki auloa mo lautolu e tau fakahele. Ne talahau e Puni e liogi fakaaue kai ti kai mo e inu fuaniu a lautolu. Ne fiafia lahi a Makalita ke he takihi ne taute he matuafifine haana pihia foki ke he faikai ne taute aki e ika ne futi he matuataane haana. Ne manatu a ia ko ia ni ko e tamafifine mua atu e monuina he lalolagi. Ne fiafia lahi foki a Puni mo Tau ke he kai. Na matafiafia tumau a matua anitī mo matua agikolo kia laua.

Ne oti e kai mo e fiafia ha lautolu ti felagomatai ke fakameā ti oatu mo e nonofo i fafo he tuloto afiafi. Ne ole fakalalolalo a Makalita ke he matuataane haana ke fakakite e koli afi ke he fanau taane ha kua levaleva e nakai kitia e laua a ia he koli ti muamua ke liu kitia foki. Ne kua mategugū e matuataane haana ha ko e tau gahua faiumu ka na fa fiafia tumau a ia ke kitia e maaliali hake he tau pu mata he tamafifine haana ka koli a ia kia ia.

Makalita thought food always tasted better when it was shared with loved ones. She adored her mother's takihi and the faikai prepared with fish that her father had caught. She thought herself to be the luckiest girl in the world. Puni and Tau certainly enjoyed the meal too.

When they had finished their dinner, they all helped to clean up, then went to sit outside in the late evening. Makalita begged her father to show the boys the dance of fire, for they had not seen him dance for a while and were keen to see it again. Makalita's father was tired from the hard work of making the umu, but he was always pleased to see his daughter's eyes light up when he danced for her.

He got up and reached for his firestick, lit both ends, then started to chant like the singing of ancient times. He twirled the firestick slowly at first but the twirling became faster as he danced. The motions were so fast that his firestick looked like a circle of fire. The boys were amazed at the speed and agility of their uncle and the effects of the fire in the night air. It was truly a magnificent sight to behold. They were mesmerised as they watched his arms move at lightning speed. He threw the firestick up into the air a couple of times

Ti matike hake a ia mo e totō haana akauafi ti tugi e tau matapotu ne ua mo e kamata agataha a ia ke lologo fakatagiauē tuga e puhala lologo he vahā tuai. Ti kamata a ia ke fakamavilovilo fakatekiteki mua e akauafi, ti fakamafiti fakahaga e fakamavilovilo he fae koli a ia. Ne mafiti lahi e tau mavilovilo kua tuga ni e veliveli afi e akauafi haana. Ne ofoofogia e fanau taane ke he mafiti mo e makaka he matua agikolo ha laua pihia foki ke he tau hagahaga malikalika he afi ke he po maagiagi. Ko e mena ofoofogia moolioli ke fofoga ki ai. Ne fakapupula noa nonoiki a laua he kitekite atu ke he tau lima haana ne mavilovilo tuga e mafiti he uhila. Ne lagaua e liti hake e ia e akauafi ke he pulagi to fakaoti kua teitei a ia ke takoto he tua ka e fakamavilovilo mafiti agaia e akauafi. Ne fiafia mainiini lahi e fanau taane ti ole ke he matua agikolo ko e maeke nakai a ia ke fakaako e koli afi kia laua.

Ne mamali a Makalita mo e talaage kia laua, ne nakai maeke e matuataane haana ha ko e koli ia mai Samoa kae amaamanaki fufū agaia a ia ke fakaako he matuataane haana e koli kia ia. Ne oatu a Puni mo Tau he po ia mo e tau fakaaue age ke he magafaoa ke he kai afiafi auloa pihia foki ke he koli afi fulufuluola ne koli fakakite he matua agikolo ha laua. Ne mategugū a Makalita he mole atu e aho loa na ti mohe taha mitaki a ia he po na.

Ko e aho hake ne liu a Makalita feleveia mo e fanau taane ti nakai fakamaoki e tutala ha laua ke he koli afi fakaofoofogia. Ne talaage a laua kia Makalita kua lata tonu a ia ke fakaako mo e fakakite age e koli kia laua. Kae liu foki ni a ia fakatikai, mo e fakamaama age kia laua e tala ne talaage he matuataane haana kia ia. Ne fakatuogo age a Makalita ko e koli afi ko e taoga he Atau Fifine Afi ha Samoa ti nakai fakaatā ke koli fakahanoa ke he ha toloaga tagata ha Nukututaha.

Kae pete ni ia ne mainiini noa agaia e fanau taane ke he manatu ke koli e koli afi ti talaage kia Makalita

before finishing off almost lying on his back, still twirling the firestick at speed.

The boys were very excited and asked their uncle if he could possibly teach them the fire dance.

Makalita smiled and told them that her father could not as this was the dance from Samoa, but she still secretly hoped that her father would teach her the dance.

Puni and Tau left that night, thanking the family for the shared dinner and the wonderful dance of fire that their uncle had performed. Makalita was tired after a long day and fell asleep easily that night.

When she caught up with the boys the next day, they could not stop talking about the amazing dance of fire. They told Makalita that she really needed to learn the dance and share it with them. But once again she refused and explained the story her father had told her. Makalita told them that the dance of fire belonged to the fire goddess of Samoa and it was not allowed to be danced publicly to the people of Nukututaha.

The boys were still excited at the thought of doing the fire dance and told Makalita that they would come back to see her later. However they were really planning to return that evening, borrow the firestick

to liliu mai a laua ke kitia a ia. Ka kua pulega a laua ke liliu mai he magaaho afiafi ia mo e uta ole e akauafi mo e fehola atu ke he hala tahi ke lali ke koli e koli to liuaki e laua e he po ia ni.

Ne hoko mai e po ti finatu a Makalita ke mohe. Ne muitua a Puni mo Tau ke he pulega ha laua mo e fakahahana atu ke he fale ha Makalita. Ko e magaaho ne hamuti mai e laua e akauafi ne tutupe a Tau mo e veli ti lagā mai e leo pā i fafo he pu fakamaama ha Makalita. Ne ofo hake a ia mo e matakutaku mo e ono atu ki fafo he fakamaama haana. Ne malika atu e ia e lafu kaasini haana he maama mahina ha ne tafepoi hifo mo e akauafi he matuataane haana ke he hala tahi ke he matakavi ata⁻ to tokanoa i ai. Ne tutū a laua mo e fuluhi ke onoono ki tua kae fakamumuli fakaave a Makalita i tua he akau. Ne onoono a laua ke he akauafi tuga kua amanaki ke moui mai fakamana. Ti manatu a laua ke tugi e akauafi he tau matapotu ne ua.mo e feonoaki foki a laua ke kitia kua mafola tokoua nakai a laua k e he mena ia ne kua amamanaki a laua ke taute. Ti lalaka mai a Makalita i tua he akau mo e vale a ia ke he lafu kaasini haana. Ne ofo matakutaku a laua he kitia a Makalita ti fakatō puleheu e akauafi. Ne fakamolemole a Puni he uta e laua e akauafi mo e pehē na to liuaki ni he po ia. Ko e manako ni a laua ke lali ke koli.

Ha ne onoono atu a Makalita ke he akauafi ti manako foki a ia ke lali ke koli e koli afi ti kitia foki e Puni mo Tau. Ti fakaohoohoo e laua a Makalita ke lali mo laua ha ko e mena to liuaki e akauafi he po ia ni ka oti e lali ha lautolu ke he koli. Ne maaliali kikila hake e tau pu mata ha Makalita he tugi ti puho e tau matapotu ne ua he akauafi. Ha ne puhopuho ai he po ko e magaaho ha Puni ke fakamavilovilo e akauafi. Ne logona e ia e alaga moui ha ne fae fakavilovilo fakaveliveli fakamafiti e ia tuga he taute he matua agikolo haana. Tuga ni kua moui mai e afi i loto he manava haana ti kua puhopuho

When night fell, Makalita went to sleep. Puni and Tau kept to their plan and sneaked over to her house. As they grabbed the firestick, Tau tripped and fell, making a loud banging noise outside Makalita's window. She awoke up with a fright and looked out the window. She saw her cousins in the moonlight running off with her father's firestick. She dressed quickly and raced after them. She saw them running down the sea track to an open area there. When they stopped to look behind them, Makalita quickly hid behind a tree. They looked at the firestick as if it were about to come alive magically, then they decided to light it at both ends. They looked at each other, checking to see if they were each okay with what they were about to do.

Makalita then stepped out from behind the tree and told her cousins off. They got such a fright at seeing Makalita that they dropped the firestick. Puni apologised for taking it and said that they would return it that night; they had only wanted to try out the dance.

As Makalita looked at the firestick, she found herself also wanting to try the dance of fire, and Puni and Tau saw this. They encouraged Makalita to try it with them, and she agreed. Her eyes lit up as they set both ends of the firestick alight. As the firestick burned in the night, Puni had a turn of twirling it. He felt alive with the fire as he turned it in a fast circular motion, just as his uncle had done. It was as if the fire came alive inside his belly, and his thoughts were also consumed with fire. It seemed to give Puni energy as he twisted and turned with the firestick; he had a natural talent.

Puni then passed the firestick on to Tau. He was not as fast as Puni, but he certainly felt the fire come alive within him as well.

foki haana tau manamanatu. Ne tuga kua foaki age he afi e malolō kia Puni he fae fakamaviko mo e fuluhi fano a ia mo e akauafi, fai taleni pauaki a ia. Ne fakaolo atu e Puni e akauafi kia Tau kae nakai mafiti lahi a ia tuga a Puni kae logona mooli foki e ia e afi kua alamoui mai i loto ia ia.

Ne vilovilo fano e ia e akauafi ti fuluhi mo e liti ki luga he pulagi mo e hapo fakalepaga foki. Ha ne fakafifitaki atu a Tau kia matua agikoli haana, ti fakapapa hifo foki a ia mo e teitei ni ke takoto ti matike hake fakatekiteki mo e vilo agaia e akauafi. Ne tuga kua moua he akauafi a laua ti hehela noa e tau pu mata ha laua he malolō he afi. Ne logona e Tau e afi i loto he manava haana he liti atu e ia e akauafi ke he pulagi to foaki age kia Makalita. Ne hapo fakalepaga e ia mo e totō levaleva he fae onoono a ia ke he afi ne kua fakapukeina haana manamanatuaga, tino mo e agaaga. Ne maeke ia ia ke kitia mo e maama e pule malolō he akauafi mo e tau mena ne kua fakaufia aki e lafu kaasini haana ti kua kamata ke taute pihia foki a ia.

Ne kamata a Makalita ke vilovilo fakatekiteki e akauafi kae ha ne kitekite atu foki ke he tau puhopuho. Ha ne taute haana vilovilo fakaveliveli mo e fakamafiti fakahaga a ti mafiti lahi ai ti kua tuga e fua afi veliveli he uho pulagi. Ne fakafifitaki foki a ia ke he tau fagahuahua koli he matuataane haana kae feiga e lafu taane he lologo fakatagiaue kia ia. Ne logona e Makalita e agaaga he koli afi mo e motu ne tupu mai ai he Moana Pasifika. Ha ne koli fakatumau a ia ti logona foki e ia e tau tupuna haana ne takai viko a ia. Ne hakahakau lahi atu a Makalita ke he tau fagahuahua haana ha kua fakaufia he koli a ia. Ne kua mainiini lahi a ia ke koli ha ko e na fa kitekite tumau atu a ia ke he matuataane haana ti manamanatu a ia ko ia ko e Atua Fifine Afi he mouga afi ha Samoa. Ne koli auloa e fanau ki loto he po mo e feutaaki e akauafi ti lolelole a lautolu ko e kakā puhopuho agaia e afi.

As he curled the firestick he turned and threw it in the air, catching it with ease. Imitating his uncle, Tau bent over, just about lying down, then got up slowly, still turning the firestick.

The firestick seemed to take them all over as their eyes became glazed with the power of the fire. Tau felt the fire in his belly as he threw the firestick in the air before handing it over to Makalita. She caught it with ease and held it for a long while; she felt the fire consume her mind, body and spirit. She could see and understand the power of the firestick and the effect that it had over her cousins, as it was starting to have the same effect on her.

Makalita slowly started twirling the firestick while watching the flames. As she did her circular motion, she got faster and faster until the fire looked like a circle in mid-air. She also copied her father's moves while the two brothers chanted at her. Makalita could feel the spirit of the fire dance and the place from where it had come, across the Pacific Ocean. As she continued the dance, she could feel her ancestors all around her. Makalita became very animated in her actions as the dance overtook her. She was thrilled to be dancing the same as her father and imagined herself to be the volcano fire goddess of Samoa.

The children danced into the night, taking turns with the firestick. They started to get tired, but the fire still burned.

Then, after Puni had a turn with the firestick, he threw it over to Tau who dropped it into the bushes nearby. The night was dry and clear, and the bushes caught on fire very quickly. The three cousins panicked. They quickly tried to put out the fire. They broke off some branches from the nearby trees and tried to beat out the flames. Instead they fanned the flames, which rose higher and higher into the night air.

Ko Puni ne totō fakamui e akauafi ti liti atu e ia kia Tau ne fakatō e ia ki loto he ulu akau tata atu. Ko e po momō mo e mahino milino mitaki ti vela fakamafiti e ulu akau ti tupetupe lahi e lafu kaasini tokotolu. Ne lali a lautolu he tamate fakamafiti e afi. Ne pakipaki mai e lautolu e falu lalā akau he tau akau tata atu mo e lali ai ke ta tā aki e tau puhopuho afi. Ka kua iliili atu e lautolu e tau puhopuho afi ti puna hake tokoluga mo e tokoluga fakahaga ke he po.

Ne kua hopoate a Makalita ha ko ia ko e tama mua atu e aga pulotu kae iloa e ia to nakai maama he matuataane haana e mahani haana he po na he fakalataha ai mo e fanau taane ke koli e koli haana. Ne fakatumau a lautolu ke ta tāaki e tau laakau e afi ti manatu ni a lautolu ko e ha ne fae tamate a lautolu he afi ka kua iliili e tau puhopuho mo e auatu ai he vela. Ne nakai iloa e lautolu ko e heigoa foki ke taute. Ne kua mau a Tau ke poi hifo ki tahi ke tamai mai e vala vai ne logona e ia e leo ti fuluhi mo e kitia taha e puho afi ha ne hake tokoluga ke he pulagi po. Kua fai mena tupu tuai ha ne lali ai a lautolu ke tamate he afi. Ne tutū a lautolu mo e onoono ke he tau puhopuho afi. Ha ne kitekite atu a lautolu ne faliu ai e puho afi ke he tino he fifine ha ne aloalo atu kia lautolu mo e fakatautonu ai a lautolu. Ne feonoaki e lafu kaasini tokotolu mo e hopoate lahi mo e nakai iloa ha mena ke talahau. Ne vagahau age e fifine he afi kia lautolu ke he leo fakaatukehe.

"Makalita, Puni mo Tau, iloa e au a mutolu mo e mena ha mutolu ne taute ki hinei he po nei. Ko e koli a mutolu he koli afi mo e fiafia lahi. Kae nakai fai fakaatāaga a mutolu ke koli e koli afi. Mua atu foki na iloa e koe e mena nei ma Makalita Ko au ko e Atua Fifne Afi mai he mouga afi i Samoa ti muitua au ke he agaaga he afi he ha mena fē ne manako mai a ia kia au mo e kaeke kua fai lekua ke he haaku tau tagata ko e mena fē ni a lautolu i ai. Na iloa he matuataane haau e mena nei ma Makalita ti fakamaama atu e ia kia koe

Makalita was scared because she was usually the most responsible child and she knew that her father would never understand her behaviour tonight, joining the boys to dance his fire dance.

They kept beating the fire with the branches and fanning the flames, thinking that they were putting it out. They did not know what else to do. Tau was about to run down to the ocean for water, when he heard a sound and turned to see a single flame rising high into the night sky. Something had happened while they were trying to put out the fire. They stood back and stared at the flame. While they watched, the flame took the shape of a woman who waved at them, acknowledging their presence. The three cousins looked at each other and became very afraid; they did not know what to say. The woman in the flames spoke to them in grave voice.

"Makalita, Puni and Tau, I know who you are and what you have been doing here tonight. You have been dancing the dance of fire with much delight. However, you did not have permission to dance the dance of fire. You know this most of all, Makalita. I am the fire goddess from the volcano in Samoa. I follow the spirit of fire wherever it needs me, and when something is wrong with my people, wherever they may be. Your father knows this, Makalita, and he explained it to you, yet here you are tonight. You will all be punished for doing this thing that you are not allowed to do."

Makalita quickly thought back to her father's story of the fire goddess of the volcano in Samoa. Still afraid, she replied,

"I am so sorry, fire goddess, we mean you no disrespect or harm. Please forgive us. All we wanted to do was dance the dance of fire because we were so amazed by it when we watched my father dance. I also speak for the boys when we ask for your forgiveness. We are truly sorry for disrespecting you and the dance of fire."

ka ko koe foki ki hinei he po nei. To fakahala a mutolu oti ha kua taute e mutolu e mena nei ne nakai fakaatā a mutolu ke taute.

Ti manamanatu fakamafiti a Makalita he manatu e ia e Atua Fifine Afi he mouga afi he matuataane haana i Samoa ne talage e ia kia ia. Kae hopoate lahi agaia a ia he tali atu.

"Fakamolemole mai ma Atua Fifine Afi, nakai ko e ai fakalilifu po ke fia fakapakia a mautolu kia koe. Fakamolemole fakamagalo mai a mautolu. Ko e fia manako ha mautolu ke koli e koli afi ha kua ofoofogia lahi a mautolu ki ai ka kitekite a mautolu ke he matuataane haaku he koli. Ti vagahau foki au mae fanau taane ke ole atu ke he haau a fakamagaloaga. Kua kapaletū lahi e tau loto ha mautolu ha kua nakai fakalilifu pihia e mautolu a koe mo e koli he afi".

Ne fakamaama atu foki he Atau Afi Fifine haana hoko mai, "Makalita, Puni mo Tau kua hepe lahi e mena nei ne taute e mutolu. Ne koli e mutolu e koli he afi mo e nakai iloa he matuataane haau ma Makelita ka kua fitā ni he talaatu e ia kia koe e mena ka tupu ka koli fakakitekite e koli kae naki moua e fakaatāaga. Ko au ko e Atua Fifine Afi ita tafuā ti ko e koli he afi ko e haaku ma Makalita. To fai fakaakoaga atu au kia mutolu ha ko mutolu ne tugi e ulu akau nei. To fakahoko e au taha to laa ke he motu nei ko Nukututaha. To talaage e au ke he laa ke fakakikila tumau ke katoa e hogofulu ma ua e tau mahina ti to tupu ai e hoge ke he fonua".

Ne tagi atu a Makalita, "Nakai ma Atua Fifine Afi fakamolemole! Na iloa foki e au e taha vala he tala, ne eke e tamafifine uluaki he magafaoa mo fakapoa ke he mouga afi haau. Maeke ia au ke fakamafola e itavale haau ke foaki a au ha ko au ko e tamafifine fanau fakamua ke he haaku a magafaoa. Fakamolemole aua fakahoko mai e to laa mo e hoge ke he motu ha mautolu. Na kua nakai lata e tau tagata haaku ke fakamatematekelea ha ko mautolu. Kua ole fakaholoi

The fire goddess explained her presence further: "Makalita, Puni and Tau, what you have done is very wrong. You have danced the dance of fire without your father's knowledge. Makalita, he told you what would happen if the dance was performed without permission. I am a jealous fire goddess and the dance of fire is mine, Makalita. I will have to teach you all a lesson by letting the fire burn all this bush area down. Then I will tell the sun to shine for the next twelve months, causing a drought and hunger on this land of Nukututaha." Makalita cried, "No, fire goddess! Please do not do this. I am so sorry. I also know the other part of the story when the first girl child of the family would be sacrificed in your volcano. Can I appease your anger by offering myself, for I am the firstborn girl child of my family? Please do not cause the drought and bring hunger to our land. My people should not suffer because of us. We beg you not to bring pain and suffering to Nukututaha."

Puni and Tau screamed, "No, Makalita! You cannot do this, for you are the only child of your parents. We cannot let you do this, Makalita. It was us who stole the firestick and encouraged you to dance the dance of fire with us. We should be the ones to be sacrificed!"

But, when the wind blew south, Makalita disappeared with the fire goddess, who laughed as she transported Makalita back to the land of her father in Samoa. The fire also disappeared, and there was no sign of burning anywhere. The boys could hear the echo of the fire goddess laughing, and they were shocked and very frightened.

They ran quickly to Makalita's home, crying. They told their uncle and aunt the events that had just happened, apologising and sobbing profusely. Makalita's father was shocked and became afraid for his daughter because he knew that the fire goddess was not to be trifled with. His determination and love

lalo atu kia koe ke aua fakahoko mai e mamahi mo e matematekelea ki Nukututaha.

Ne kaā a Puni mo Tau, "Nakai ma Makalita aua taute e koe e mena nei ha ko koe ko e tama fuataha he haau a tau mamatua. To nakai fakatoka e maua a koe ke taute e mena nei ma Makalita. Ko maua ne kaiha e akauafi mo e fakaohooho a koe ke koli e koli afi mo maua. Ko maua kua lata tonu ke eke mo fakapoa!"

Ko e magaaho ne havili e matagi ke he faahi toga ne galo noa a Makalita mo e Atua Fifine Afi ha ne kata a ia he taatu e ia a laua ke he fonua he matuataane ha Makalita i Samoa. Ne ofomate mo e matakutaku e fanau taane ha kua galo noa foki e afi ti nakai kitia ha fakakiteaga vela ke he ha mena. Ne logona e laua e taogo he kata he Atua Fifine Afi.

Ne tafepoi fakamafiti atu a laua ke he kaina ha Makalita mo e tagi ai ke he matua agikolo mo e matua anitī ha laua mo e fakatuogo ki a laua e tau mena ne tutupu, mo e fakamolemole ha ne tagi aue noa. Ne ofomate e matuataane ha Makalita ti matakutaku foki mae haana tamafifine ha kua iloa e ia ko e Atua Fifine Afi ko ia nakai lata ke fakaleua ki ai. Ne tauteute a ia ke tuku fenoga atu he hala mamao ke he haana motu i Samoa mae haana Makalita. Na kua loga lahi e tau tau ne nakai la finatu a ia ke he haana kaina kae iloa e ia kua hoko mai tuai e magaaho ke finatu ke he mouga afi tata atu ke he kaina haana. Ne fakatutala a ia mo e hoana haana ti liogi a laua mae fenoga haana, mo e ma Makalita. Ne tukuvaka atu a ia he mavatavata aho foou mo e amaamanakiaga ke he haana tamafifine fuataha, na to malolō nakai a ia ke tu fakalotomaō ke he tau malolō oti he Atua Fifine Afi. Ko e haana fakahautoka mo e fakalofa kia Makalita ne kua aofia katoa a ia. Ko ia ko e tagata taane malolō agaia ti maeke agaia ia ia ke fakatū vaka ke he moana tokanoa ki Samoa tuga he fakaako age he haana matuataane. Na maeke foki agaia a ia ke aalo fakamafiti e vaka haana he moana tokanoa.

for Makalita overcame him. He was prepared to make the long journey home to the land of Samoa for his Makalita. He had not been there for many years, but he knew that it was time now to go to the volcano near his home. He talked to his wife and they prayed for his journey and for Makalita.

He set sail on the dawn of the new day, with hope for his only daughter to withstand the powers of the fire goddess. He was a strong man and could still paddle his vaka very fast in the open sea and navigate his way to Samoa as he had been taught by his father. He was lucky, for the wind was behind him and pushed him most of the way there.

Meanwhile, Makalita found herself standing on the edge of the volcano, afraid, just as she had been in her dream, only now she was holding sunflowers. She could not feel the fiery heat and her sunflowers were not burning or dying. However, as some petals dropped from the bouquet, they burnt instantly in mid-air. She had no idea where the sunflowers had come from, but something inside her told her to hold on to them for dear life.

Makalita knew that she was in the land of Samoa and she stood and prayed to her Tagaloa of Nukututaha to

Ne monuina a ia ha ko e matagi i tua kia ia ti omoi atu e laulahi he haana fenoga ki Samoa.

Ko e magaaho na ko Makalita ha ne tu he taitapi he mouga afi mo e matakutaku tuga ni he miti e ia ka, ko ia ha ne totō e tau fiti matalaa. Ne nakai logona e ia e vela puhopuho ti nakai vela po ke mamate foki haana tau fiti matalaa. Kae pete ia ha ne mokulu hifo falu lau fiti mai he pega fiti ti vela fakamafiti ai he pulagi. Ne nakai iloa e ia ko e omai i fē e tau fiti matalaa kae fai iloaaga i loto ia ia ke totō fakamakamakafua kia lautolu tuga ko e moui ni a ia.

Ne iloa e Makalita ko ia ke he motu ko Samoa ti tu mo e tukuliogi a ia kia Tagaloa haana i Nukututaha ke leveki haana tau mamatua he kaina. Ha ne laka hifo a Makalita ki loto he mouga afi ne kitia e ia e fofoga he Atua Fifine Afi ha ne mamata atu kia ia. Ko Makalita kua eke a ia mo fakalofa fakapoa ke he tau afi mo e vela puhopuho he mouga afi ka ko e Atua Fifine Afi ha ne mamata atu mo e haana amaamanakiaga. Ne matakutaku lahi a Makalita kae mailoga e ia kua nakai mukamuka ke maeke a ia ke hao mai he mena na ti kamata a ia ke tukuliogi fakaleo lahi ke he haana atua Tagaloa mo e ole atu foki ke he fakamagaloaga.

Ne nakai logona e Makalita e vela he tau puhopuho afi. Ne tutututu a ia he matakutaku mo e manamanatu take care of her parents back home. As Makalita edged closer to the volcano, she could see the image of the fire goddess watching her. Makalita was to be a sacrificial gift to the fires and burning heat of the volcano while the fire goddess looked on. She was frightened, but she knew that she could not get out of this situation easily, and she started to pray out loud to her god Tagaloa, asking for forgiveness.

Makalita was trembling with fear, and all she could think about was her parents back home in Nukututaha and how she wished she had never danced the dance of fire. Bravely looking eye to eye with the fire goddess's image in the flame, she continued to chant her prayers to Tagaloa. She kept moving forward to the volcano's edge, holding the sunflowers. Once at the edge, she counted to three, looked up and stepped into the flames.

However, Makalita realised that she was not burning; she was confused. What she did not know was that she was protected by the sunflowers. They were a special bouquet given to her by the fire goddess, for sunflowers did not grow on Samoa. Makalita had no memory of the sunflowers being given to her. The fire goddess was testing her. Makalita did not realise that all she had to do was to hold on to the bouquet and she

fakalahi ke he haana tau mamatua he kaina i Nukututaha ti tokihala lahi foki a ia mo e manatu ne kua nakai koli e ia e koli he afi. Ha ko e haana loto toa malolō ne fakatumau a ia ke tuku mata mo e fofoga he Atua Fifine Afi i loto he puhopuho mo e fakatumau a ia ke tukuliogi fakatagi aue¯ kia Tagaloa.

Ne hoko atu a ia ke he tapitapi ti totou e ia ke he tolu, o hake mo e laka hifo ke he tau puhopuho afi.

Ka kua taumaleku fano e manamanatuaga ha Makalita he kitia e ia ne nakai vela a ia. Ne nakai mailoga ia ia ko ia kua laveaki he tau fiti matalaa haana. Ko e pega fiti koloa uho ha Makalita na foaki age he Atua Fifine Afi ha ko e nakai tutupu e tau fiti matalaa i Samoa. Ne nakai manatu e Makalita e foakiage he tau fiti matalaa kia ia. Ha ne fakatuamu e Atua Fifine Afi ke kamatamata a Makalita. Ne nakai mailoga ia Makalita ko e haana ni a mena ke taute ko e totō fakamakamakafua ke he pega fiti ke laveaki aki a ia mo e fakahao mai he afi. Kae kaeke ke fakamokulu e ia e tau fiti matalaa he matakutaku to mate mooli a ia.

Ne loto toa malolō a Makalita mo e fakakite fakatonu e ia ke he Atua fifine Afi ko ia ne mua atu he loto toa malolō mai he haana tau lafu kaasini katoa. Ne mata hakehake e Atua Fifine Afi kia Makalita ha kua kautū a ia ke he kamatamata haana. Ne kua fakaikite e Makalita kua tonuhia a ia ke moua foki taha finagaloaga mai ia ia. Ti puuhi e ia haana fafagu afi kia Makalita ne mau agaia nakai vela, mai ki fafo he mouga afi mo e liti fakatokoluga hake a ia ki luga he pulagi. Ne to fakapapihi hifo a Makalita ki loto he moana ke he matakavi tonu ha ne hoko mai fakahaga e matuataane haana ke he motu mo e totō fakamakamakafua agaia haana tau fiti matalaa.

Kua vagahau atu e Atua Fifine Afi kia Makalita, "Makalita ko koe ni ko e tama koloa uho fakahele mooli. Ko e haau a loto malolō mo e fakahautoka ne kua fakakite fakalaulahi aki a koe ni. Ko e paoa laveaki

would be protected and safe from the fire. However, if she dropped the sunflowers, she would surely die.

Makalita was courageous and had shown the fire goddess that she was the bravest of the three cousins. The fire goddess was impressed; Makalita had passed her test. She had shown that she did indeed deserve another chance. So the fire goddess blew her fiery breath on Makalita, who was still not burning, and she was thrown high into the sky, out of the volcano. Makalita splashed down into the ocean, right at the spot where her father was as he approached the land. She was still clutching her sunflowers tightly.

The fire goddess said to Makalita, "You are indeed a special child, Makalita. Your fortitude speaks volumes about who you are. The sunflower's protective powers kept you from burning. Had you let them go you would have surely died, Makalita, but you did not know this and you survived because you were meant to. Let there be no more confusion, as you deserve to live your life. I am impressed with your courageous spirit in the fire and the strength inside your own self, Makalita. You deserve to dance the dance of fire of Samoa and make your family proud of you. I grant you my blessing, child, and Nukututaha will not suffer."

malolō he tau fiti matalaa ne kua fakahao mai a koe mai he vela. Ane mai fakamokulu e koe ma Makalita a kua mate mooli a koe ti nakai iloa e koe e mena nei kae moui agaia a koe, ha kua pihia tuai ni ke lata mo koe. Kia nakai liu foki ke fai fakataumaleku kia koe ha kua tonuhia mooli ke moui a koe. Kua mata hakehake au ke he haau a agaaga loto toa ke he afi malolō i loto ia koe ma Makalita. Kua tonuhia mooli ke koli e koe e koli he afi ha Samoa mo e fakamatalahi foki haau a magafaoa. Kua foaki atu e au haaku a fakamonuina kia koe ma faitama to nakai matematekelea a Nukututaha".

Ti galo kehe a ia. Ne kua ofomate e matutaane ha Makalita ke he tau mena ia ne kitia e ia. Ne fiafia a ia ha kua kitia mata fakamooli e ia e loto toa he haana tamafifine mo e mailoga foki ko e malolō mai loto he agaaga ha Makalita na tupu mai ia ia ati matalahi ai a ia.

Ne hagaao atu a laua ke he motu Samoa ne hau ai e matutaane haana ti oatu a laua ke he maaga he mauataane haana ko Tufulele ne nofo ai e tupuna taane haana, ko ia ne kua lolelole mo e loga foki e tau tau he moui, fakalataha foki mo e magafaoa katoa. Ne kitia he tau tagata he maaga ha lautolu a tama ne kua liu mai ki kaina ti koli a lautolu he fiafia. Ne tauteute ai e galue lahi ke fakafiafiaaki haana liu mai ki kaina, ko e tau lologo mo e tau koli fulufuluola foki. Ne mua atu e fiafia ha lautolu ha kua liu mai a ia mo e tamafifine fulufuluola haana ko Makalita.

Ne mole atu e kai fakafiafia ti fakatukuogo e Makalita e tau mena ne tutupu mo e haana hauaga ki Samoa ti mui mai ai e matua haana ke fakahao a ia. Ne ofofogia lahi e magafaoa mo e matalahi foki he fakanogonogo ke he tala haana. Ti maeke foki ia lautolu ke logona e tala ke he taha ha lautolu ne kua hoko fakatata atu ke he Atua Fifine Afi ti manatu a lautolu kua mua atu ni e loto toa ha Makalita. Kae tuku age e Makalita e tau hakehake ke he haana matuataane ne fakaako age kia

Then she disappeared.

Makalita's father was dumbfounded at what he had just seen, and he was glad to have been a witness to his daughter's bravery. He knew that her inner strength came from himself and he was very proud.

They both approached the land of Samoa where Makalita's father came from and went to his village, Tufulele, where his frail grandfather and the extended family all still lived. When the villagers saw their son returning home with his beautiful daughter Makalita, they danced with joy. A feast was prepared to celebrate his return and there were beautiful songs and dances.

After the celebration, Makalita told everyone about how she came to be in Samoa and how her father had come to rescue her. The family were amazed and proud as they listened to her story. They thought that Makalita was extremely brave to have come so perilously close to the goddess of fire. But Makalita gave credit to her father, who had taught her everything that she knew, for had she not been shown the dance of fire she would surely not be in Samoa that very day.

As they played music into the night and feasted some more, Makalita performed the dance of fire, with

ia e tau mena oti haana ne iloa. Ane mai nakai fakakite age e koli afi kia ia ti nakai ko ia ki Samoa he aho ia. Ha ne fakatagi e tau leo kofe ke he po mo e liliu kai foki, ti koli e Makalita e koli afi takitaki he matuataane haana. Ko e tau hagahaga koli mukamuka haana kae fakahakehake mo e kalaga fiafia fakaohooho atu a lautolu kia ia.

Ne mole atu ua e aho he nonofo a laua i Samoa ti manatu agataha a laua kua hoko e magaaho ke o a laua. Ne mavehe taotao e matuataane ha Makalita ke liu mai anoiha ki Samoa Ka ko ia fai hoana ke liu ki kaina ki ai ti manako a ia ke kitia e ia ia. Ne tau kukukuku he magafaoa a laua mo e tagi ti mavehe taotao foki a Makalita ke liu mai vave to mole e tau aho toetoe he tupuna haana. Ha ne fakatū vaka mo e hiki atu a laua ki Nukututaha, ne liu onoono atu a laua ke he mouga afi he Atua Fifine Afi ti tukuliogi fakaaue fakaeneene a Makalita kia ia he fakahao haana moui ti liu fuluhi a laua mo e hagaao atu ke he fenoga ha laua. Ne totō agaia e ia haana tau fiti matalaa fulufuluola mo e kikila.

Ne hohoko atu a laua ki kaina i Nukututaha mo e fakafeleveia he matuafifine mo tupunafifine ne kua lofilofi noa mo e tau hihina mata. Ko e tau lafu kaasini haana ko Puni mo Tau ha ne fakatumau e tau

her father taking the lead. Her moves were simple, but her father's family cheered her on.

After staying in Samoa for two days, they decided that it was time for them to leave. Makalita's father vowed to return in the future, but he had a wife at home and he wanted to see her. Makalita also vowed to return soon, before her great grandfather's days were over. The family hugged them and cried. As Makalita and her father set sail to the land of Nukututaha, they looked back to the volcano of the goddess of fire, and Makalita gave a silent prayer of thanks to her for sparing her own life. Then they turned and looked forward to their journey. Makalita was still holding her beautiful bright sunflowers.

When they arrived home at Nukututaha, they were greeted by Makalita's mother and grandmother, who were overcome with tears. Her cousins Puni and Tau kept apologising for their wrongdoing and the events that led to Makalita's sudden journey to Samoa. Makalita did not hold any grudges against her cousins and was glad to be home after her long trip.

Makalita became well known as the only young girl to dance the dance of fire in Samoa because she had been accepted by the fire goddess.

fakamolemole ke he lekua ne taute e laua mo e tau mena tutupu ne uta fakaofo aki a Makalita ki Samoa. Ne nakai kapaletū atu a Makalita ke he haana lafu kaasini, ko e fiafia ni a ia ha kua hoko ki kaina mo e kua mole atu e fenoga loa ha laua.

Ne talahaua a Makalita i Samoa ko e tamafifine ia ni ne koli e koli afi ha kua fakaatā he Atua Fifine Afi a ia. Na iloa ke he katoa he tau atumotu he Pasifika ko e koli afi ha Samoa na koli ni he tau tagata taane. Ne manatu tumau he tau tagata Samoa e loto toa ha Makalita ko e tamafifine mai Nukututaha mo e haana talia ke eke mo fakapoa ke he mouga afi ha Samoa. Ne foaki age he Atua Fifine Afi kia ia e fakalofa he moui ha kua mau taofi a Makalita kia ia mo e talia foki ke eke a ia mo fakapoa ke fakahaoaki e lafu kaasini haana mo e tau tagata Nukututaha haana mai he tau to laa. Ne mmanatu foki he tau tagata i Samoa e Atua Fifine Afi ha lautolu ne kitia mooli e loto toa ha Makalita ne fakahao aki e ia e fafagu mo e tau fiti matalaa haana.

It is known around the Pacific today that the fire dance of Samoa should only be performed by men. The people of Samoa always remembered the bravery of Makalita, the girl from Nukututaha, and her willingness to be sacrificed to the volcano. She was granted the gift of life by the fire goddess because she believed in herself and was prepared to be sacrificed in order to save her cousins and her people of Nukututaha from drought. The people of Samoa also remember the goddess of fire, who witnessed Makalita's courage and saved her with her sunflowers and breath.

*Written in memory of Margaret Sipley-Patelesio, Princess of Liku – R.I.P. 20/10/1990 to 27/9/2007. Dedicated to Margaret & her Mum, my friend Sialefai Sipley.*

## Sina, Sialei Mo Sala, Mo E Hiapo He Tau Miti

Ne hahā i ai he motu a Niue Nukututaha he vahā leva lahi kua mole atu, tokotolu e lafu fifine mai he maaga a Hikutavake ne fanafanau fetataaki a lautolu ke he tau mamatua ha lautolu. Ko e uluaki ko Sina, malolō lahi a ia he gahua mo e hahā ia ia foki e hagahaga malolō atu ki mua. Ko Sialei e tehina he vahāloto, gutu fakanono mo e ma a ia, ti ko Sala e tehina fakamuiaki , fiafia tumau noa ni a ia ti tatai e tau mena oti ki a ia. Ko e tau fanau fifine malolō mo e fulufuluola oti a lautolu. Ne nonofo haohao a lautolu mo e tau momoui fiafia he ha lautolu kaina fakamotu, ti tutupu hake mo e lagomatai ha lautolu a tau mamatua mo e tau tupuna ne nonofo tata atu ki a lautolu. Ne fa tafepoi hifo a lautolu ke ke he ki Matapa he fakaotiaga he tau aho loloa he oti e taute e tau fekau, ke koukou he palelaa hauhau, ne kua mua atu he milino noa mo e tino fakahahau. Ne fakaako he matua tupuna mo e matua fifine a lautolu ke he tufuga tūtū hiapo mai he tau kili he akau ko e ata.

Ne fiafia lahi a lautolu ke tūtū hiapo mo e tupunafifine ha lautolu ne fakaako a lautolu ke he gahua uka, ke fole kehe e kili mai he tau hoko ata momole , ti fofole e uho mai he kili ata ia ke tutu aki e hiapo. Ne fakameā aki e lapatofe ti tutu aki e patu akau tutu hiapo pauaki ke mafolafola e tau kavekave, fakalaulahi mo e fakaaleale e kili ata. Ko e tutu fakahiku ke fakamomole

## Sina, Sialei and Sala, and the Hiapo of Dreams

Long, long ago on the land of Niue Nukututaha, there lived three sisters from the village of Hikutavake who were all born of their parents very close together. The oldest, Sina, was a hard worker and had a strong outlook. Sialei, the middle sister, was quiet and shy, and the youngest, Sala, was always happy and took things as they came. They were all strong young girls and very beautiful. They lived free, happy lives on their island home and grew up helping their parents and grandparents, who lived close by. They would always run down to the Matapa Chasm at the end of long days, after doing their jobs, for cool afternoon swims that were very relaxing and refreshing.

The sisters were taught the skill of making hiapo from the bark of the ata tree by their grandmother and mother.

They all loved making hiapo with their grandmother, who taught them the arduous task of stripping the bark off the smooth ata shoots and removing the inner bark. This they cleaned with a tofe shell, then they used a hiapo beater to spread the fibres out wide and thin on the cloth. The final beating was to smooth and soften the cloth. Once the sheets were wide and smooth, they were stretched gently and laid out to dry. When they were dry, the ata sheets were pasted together to

mo e fakamolū aki e kala kili ata. Ka oti ia ti tohotoho fakaeneene mo e folafola ke tavaki he laa. Ka momō ti pili e tau kala kili ata ke he laulahi ne manako to kamata e vali he tau fakatino tā tikitiki aki e tau vai fakahū fakamotu ne moua mai he tau tegalakau mo e tau kili akau pauaki he fonua.

Ne mafiti mo e mahifi lahi a Sina mo Sialei he kumi he tau akau ata mitaki ke fole e tau kili mo e tutu ai. Ko e tehina tote ko Sala ne makaukau lahi ke vali he tau fakatino fakatātā ke he tau kalahiapo ti ko ia ne kumi mo e taute e tau vai fakahū. Ne takitaki mo e tokamata he matua tupuna fifine ha lautolu e tau fakaholoaga oti ti talaage foki e ia ki a lautolu e tau tala ke he haana a tau lotomatala. Ko e mena taute foki ni pihia he matua tupuna fifine haana a ia he vahā tote haana tuga ni a lautolu nei. Kua ofogia e fanau fifine he logona e tau tala ke he matua tupuna fifine ha lautolu he tupu hake a ia he motu ha lautolu he magaaho tamaafine fuata a ia. Loga e tau magaaho ne fakalataha tumau ai a lautolu ke talahau mo e fanogonogo tala, tau fekī mo e tūtū hiapo.

Ne manako tumau a Sala ko e tehina tote ke talaga e falu a fakatino fakatātā foou ke he tau hiapo – ko e tau fakatino ne kitia e ia ke he manamanatuaga haana mo e tau miti foki haana. To lahi e lotomatala haana ke tā mo e vali fakatino mo e nakai fai gatau ti maeke i a ia ke talaage ke he matua tupuna fifine haana ko e tau fakatātā ia ne vali e ia, momoui ke he manamanatuaga haana. Kua ofogia lahi e matua tupuna fifine ke he tau makaka he tama tupuna fifine haana ke talahau e tau tala, ti talaage a ia ke tauteute e falu a fakatino fakatātā foou ke lata mo e tau hiapo foou ne kua amaamanaki a lautolu ke tūtū. Kua ofo lahi foki a Sina mo Sialei ha ko e mena manako tumau a laua ke kitia he tau fakatino foou he tau hiapo. Kua kitia tumau tuai e lautolu e tau fakatino ke he tau akau mo e tau lauakau he tau magaaho oti he tau hiapo he falu a magafaoa ti kua

the required size before the designs were painted on using traditional dyes from berries and barks of special plants and trees of the earth.

Sina and Sialei were fast and skilled at finding the best ata shoots and stripping them and beating the fibres. Sala, the youngest, was very good at painting the designs onto the hiapo, so she was the one who made up the ink dyes. Their grandmother would oversee the whole process with the girls, telling them stories of how she used to do the same things with her own grandmother as a young child growing up. The girls were fascinated by their grandmother's life on their island as a young girl. Many hours were spent telling stories and laughing while making the hiapo.

Sala was very talented artistically and could draw and paint with natural ease. She wanted to make up new designs on the hiapo – designs that she could see in her mind and in her dreams. She told her grandmother about the images that came to life in her imagination. Sala spoke of her dreams at night, in which she could see the stars and the moon, and their reflections on the water, while flying fish, turtles and dolphins frolicked in the ocean. The images were so vivid in Sala's dreams that she wanted to recreate them on the hiapo. Grandmother knew that this was not normally done, but she was impressed with her granddaughter's storytelling skills, and her girls were starting to be well known for making the best hiapo on Niue. After much pleading, she allowed Sala to make her fresh new designs on the ata bark cloth.

Sina and Sialei were excited about the new designs. They had seen the same designs of trees and leaves many times over on other families' hiapo, and they really wanted to see some fresh works.

Sala started her ink images, which included the colours of the midnight sky with the moon and the stars. She became so engrossed in her painting that

manako mooli tuai a laua ke kitia e falu tufuga fakatino foou.

Ne talahau e Sala e haana a tau miti he po ne maeke ai i a ia ke kitia e tau fetū mo e mahina mo e ha lautolu a tau atagia i luga he puke tahi mo e tau hahave foki ha ne kakau i loto he moana pukelahi fakalataha mo e tau fonu, pihia foki e tau tūtū ha ne kivitiviti fiafia fano he moana. Ne nakai maali mitaki e tau ata he tau miti ha Sala ko e mena ia ati manako ai a ia ke liu fakaaliali mai he tau hiapo. Iloa he matua tupuna fifine ko e mena nakai fa mahani e tau mena ke pehe nei, ka ko e fanau fifine haana kua kamata tuai ke talahaua ke he tufuga tūtū hiapo mitaki lahi a Niue. Ka ko e tau ole fakamakamaka ni ha lautolu ati fakaatā ai e ia e fanau fifine ke vali e tau fakatino fakatātā foou he tau ie kili ata.

Ne kamata e Sala ke he tau fakatino vai fakahū haana ti lalafi ki ai e tau lanu he lagi he tuloto po, mo e mahina mo e tau fetū. Ne tokaloto katoatoa a ia ke he vali fakatino haana ti kua fakapouligia tuga kua pule e vai fakahū kia ia mo e haana a agaaga tufuga he ha ne fae vali fakatino a ia. Ne uhu e Sala e tau lologo ka e ha ne gahua a ia i lalo he malumalu he tau akau haana he kaina mo e matagi hauhau ka e kikila maama mai e laa. Ne vali e Sina mo Sialei e tau fakatino fakatātā he tau kala he hiapo ti mai he kau fakalataha ha lautolu auloa ne kua tufuga ai e lautolu e hiapo lahi mahaki.

He mole atu e loga he tau matahola ti tutū a lautolu mo e onoono atu ke he hiapo ti ofogia mo e nava ke he laulahi he tau gahua ha Sala. Ne vali e Sala e tau fakatino fakatātā kua foou mo e kehe mai he tau puhala tuai ne fakaaoga he tau fifine he maaga ke fakakite aki ha lautolu a tau tufuga gahua tā fakatino. Ne vali e ia e lagi tuloto po he hiapo katoa mo e tau fetū kua kikila maama mai. Pihia foki e taha fakatino he fuata taane ha ne amaamanaki ke lele hake mai he kelekele ki luga he lagi likoliko he po mo e tau tapakau lalahi. Ha ne

she was totally hypnotised; the ink controlled her creative soul while she painted. Sala sang many songs as she worked at home in a cool breeze in the shade of the trees, while the sun shone brightly. Sina and Sialei painted simple designs on the border of the hiapo and, with their joint efforts, they created a very large hiapo.

After many long hours, they stood back and looked at the hiapo. They were amazed at the main body of Sala's works. She had painted images that were totally new in comparison to the traditional ones and how the women of the village depicted their artworks. She had painted across the hiapo a massive midnight sky in which the stars shone brightly. There was an image of a young man preparing to ascend into the sky and up to the full moon that shone brightly over the land. He wore a paleu with traditional hiapo design around his waist, and he stood barefoot on the land. In great detail, Sala had painted beautiful large wings sprouting from his back as he looked upwards, almost pleading to the gods. Each feather seemed as though it were painted with the lightness that it represented. His young body was painted in shadow, but his strength was depicted in its outline, which had firm strong lines. The young man's face was half shaded as he looked up to the heavens, fascinated by the beautiful midnight stars, the sky and the moon. With his arms opened up at the side of his body at an angle, he seemed to appreciate the gift of the gods' natural earth and all of its wonders. He was surrounded by smaller images of decorative frangipani flowers at his feet.

Sina and Sialei were overwhelmed at the talent of their youngest sister and her image of the winged young man in the night. Even Sala was amazed at the outcome, as she had let her talent take over her thoughts and what she had envisioned herself painting. While she'd had an idea of what she wanted to do,

amaamanaki a ia ke lele hake ke he mahina kaututu kua kikila maama atu ki luga he fonua. Ka ko e talahauaga kua katoa. Ne vali fakamatafeiga e Sala e tau tapakau lalahi fulufuluola ne tutupu hake mai he tua haana he ono hake a ia tuga kua kaiole atu ke he tau Atua. Ne vali fakamāmā e tau fulu takitaha ke tuga ni e tau fulu mooli. Ne vali e tino fuata haana tuga e tau ata ka ko e malolō haana kua fakakite mai he tau fakatino malumalu mo e tau laini mau maaliali. Ne malumalu e taha vala he mata he tama fuata he onoono hake a ia ke he tau kautū he lagi mo e ofo lahi ke he tau fetū he tuloto po, lagi likoliko mo e mahina. Ne fofola e tau lima haana he tapa he tino mo e hagahaga fakalilifu a ia ke he tau mena fakalofa he tau atua ko e kelekele mo e tau koloa loga kehekehe. Ne felevehi a ia he paleu fakamanaia ke he tau fakatino hiapo, he kupumanava haana mo e tu huikula a ia he fuga kelekele. Kua vikotakai foki a ia he tau fakatino fiti tiale manaia ke he haana a tau hui.

Ko e magaaho ne tutū ai a Sina mo Sialei mo e kitekite ke he katoatoa he tau gahua he tehina tote ha laua, ne ofogia a laua ke he taleni he tehina ha laua foki ke he ata he manamanatuaga haana ke he fuata taane fai tapakau he po. Ofogia foki ni a Sala ke he fakaotiaga ha kua malolō lahi e tau taleni haana ke he tau manamanatuaga ti fakafaikakano e fakatino ne vali e ia. Ko e mena ia, pete ni he iloa e ia e mena ke taute fakapulotu vali mo e tā fakatino, ka ko e agaaga tufuga ati vali e ia ke he hiapo.

Ne fakamaama e Sala e fulufuluola he haana a gahua hagaao ke he fuata taane ne fakakite mai e tau aho a noiha ne fakafano mai ia Tagaloa. Ne hukui e ia e amaamanakiaga he onoono hake a ia ke he tau kautū he lagi mo e onoono atu foki ke he tau magaaho i mua mo e tau tapakau ko e hukui he haana a nofo fakaatāina. Kua kitia e ata he po he momohe miti e tau tagata tokologa mo e hahā i ai e kikila maama mai he

it was her creative spirit that had overtaken her and painted the hiapo.

Sala explained the meaning of her beautiful work. The image was depicted at night, as this was when most people dreamed. The young man represented hope as he looked up to the heavens and towards the future sent from Tagaloa; the illumination from the stars and the moon showed a bright future. His wings represented freedom, and his outstretched arms showed that he was prepared for the prosperous journey ahead. The flowers on the ground represented the sweet richness of the land and its fullness and beauty, because of the abundance of frangipani that grew on their island.

The sisters were proud of Sala's art and their collective efforts making this particular hiapo, and they showed it to their grandmother. She also loved the hiapo and the talents of her girls, but she asked that they did not show it to anyone else, for she feared that it was not traditional enough for the other women of the village. Sala could make as many hiapo in her own designs as she wished, but they must never be shown to anyone but her sisters and grandmother.

Sala was upset at her grandmother's words, for this was not what she had expected to hear – that she had to hide her beautiful work of art away. That night, the sisters put away the completed hiapo, but they were not deterred from their creative talents.

Grandmother was getting older in her years, and her hands started to become frail, so she stopped helping the girls to make hiapo. She was certainly not strong enough to beat the inner bark of the tree. The girls, however, carried on. Sina and Sialei continued to find the bark needed to make the hiapo, while Sala created the ink images that came from her creative soul. The sisters made a combination of both new and traditional works to satisfy themselves and their grandmother, whom they all adored.

tau fetū mo e mahina ke fakakite aki e mitaki anoiha. Ko e haana a tau lima fofola ne fakakite mai ai kua mau amanaki tuai a ia ma e fenoga muhumena i mua. Ko e tau fitilakau he fuga kelekele ne fakakite mai ai e olatia mo e humelie he fonua pihia mo e katoatoa he fuluola kua fakatinotagata mai ke he loga mo loga he tau siale kehekehe kua tutupu olaola he ha lautolu a tama motu tote.

Ne matalahi e tau lafu fifine ke he tau tufuga vali mo e ta fakatino ha Sala mo e tau malolo kau fakalataha ha lautolu ke tūtū e hiapo ti fakakite age e lautolu ke he matua tupuna fifine ha lautolu. Loto lahi foki e matua tupuna ha lautolu ke he hiapo ha ko e tau taleni he haana a tau fanau fifine ka e ole age a ia ke aua neke fakakite ke he ha tagata he matakutaku a ia ha kua nakai tatai mo e aga tūtū hiapo i tuai he tau mamatua fifine he maaga. Ne maeke a Sala ke taute loga mo loga e tau hiapo ke he haana ni a tau fakatino fakatātā ka e nakai maeke i a ia ke fakakite ke he ha tagata ka ko e matua tupuna fifine ni mo e tau lafu taokete haana.

Ne nakai fiafia a Sala ke he tau kupu he haana a matua tupuna ha ko e nakai pihia ne amaamanaki a ia ke logona. Ke fūfū kehe kia e haana a tau tufugafulufuluola? Ko e po ia, ne tuku kehe ai he tau lafu fifine e tau hiapo kua maopoopo ka e nakai kalo kehe ke tuku ha lautolu a tau tufuga taleni.

Kua motua lahi foki tuai e matua tupuna ti kua lolelole foki tuai haana a tau lima ti fakaoti ai e ia haana a lagomatai atu ke he fanau fifine ke tūtū hiapo. Kua nakai malolo mooli a ia ke tutu e tau kililoto he akau. Pete ni ia ka e tumau ni a Sina mo Sialei ke kumi e tau kiliakau kua lata ke tutu aki e hiapo ti tumau foki ha Sala a vali fakataitai he tau ata vai fakahū ne kua fakakite mai ai e haana a moui tufuga. Ne fai palepale e malolo kau fakalataha ha lautolu he magaaho ne fakatātā hake ai e tau gahua fakaagamotu ha lautolu ma e maaga. Ne patipati mo e nava atu ke he ha lautolu

Their team effort was rewarded when they put some of their pieces on display for the village. The works that made them really proud were hidden away and they only displayed their traditional pieces. They were applauded for their great works and Grandmother was proud of them.

On one particularly cold night, while trying to sleep, Sala decided to get out her first unconventional hiapo and place it over her other covers. She fell into a deep slumber from the warmth of her extra hiapo, which kept out the cold. As she slept, she felt herself flying freely in the velvet midnight sky and ascending through the stars. She could see the moon, but she could not quite reach it. Still, she quite happily continued to fly high above the land.

Sala was amazed when she saw the young man from her hiapo watching her from a distance in the night sky. His large feathered wings were just as she had painted them, and she saw how handsome he was as she looked at him. He flew over to her and started flying around her with his majestic wings, but he did not speak. Sala found herself flying freely with him, although she wondered why he did not say anything. His eyes were very clear as he looked at her without guile. There was nothing hidden about him, only a simplicity in outlook as they flew together, although it was obvious that he was as confused as she was by her presence.

Sala was awoken abruptly by Sina, her older sister, for it was a new day and they were supposed to go early to the market together. Sala got a fright as she awoke from her dream. She quickly looked at her hiapo and saw that her young man was still in the middle, looking upwards to the heavens. The artwork was unaltered. Sala told Sina how she used the hiapo that night because she was cold and that she had dreamed about the winged young man. Sina was also confused

a tau gahua mitaki. Ne matalahi foki e matua tupuna ha lautolu. Ne tauteute he fanau fifine e lafilafi he tau gahua ne ua ke fakahokotia ha lautolu a tau manako mo e ha matua tupuna ne fakalilifu oti e lautolu. Ne fufū kehe e lautolu e tau gahua ne loto lahi a lautolu ki ai, ka e fakatātā tumau ni he tau gahua agamotu tuai.

Ko e taha po makalili ne fifili ai a Sala ke aaki mai taha he tau hiapo tuai haana mo e tuku ai i luga he tau kafu haana ke mafana. Ne mohe totoka a ia ha ko e mafana he hiapo ne uta kehe e makalili. Ne logona e ia tuga kua lele fano a ia he pulagi pouli. Ne ofo lahi a Sala he fakatino ia ne maeke a ia ke lele hake mo e hifo he lagi vatavata kula he tuloto po fakalataha mo e tau fetū. Ne maeke i a ia ke kitia e mahina ka e nakai hoko a ia ki ai ti fiafia ni a ia ke lele tokoluga atu.

Ne ofogia a Sala he kitia e ia e fuata taane mai he hiapo haana ha ne onoono mai ki a ia mai he lagi pouliuli mamao. Ko e tau tapakau fulufulu lalahi haana kua tuga ni he vali e ia ti mua atu e mata fuluola haana he kitekite a ia ki a ia. Ne lele mai a ia ki a ia ka e nakai vagahau. Ne lele viko a ia i a Sala mo e haana a tau tapakau lalahi he po ti logona foki e Sala kua maeke a ia ke lelele fano ataina mo ia ka e nakai maama i a ia e nakai vagahau haana. Ne maama mitaki e tau mata haana he onoono atu ki a ia mo e nakai tau paleku. Ne nakai hahā i ai ha mena fakagalogalo mo ia ka ko e mukamuka ni he lelele tokoua a laua, ka e mailoga maali foki ni e ia e fakagogoa haana tuga ni a Sala ke he feleveiaaga nei ha laua.

Ha ne fae lelele fano ai a laua, ti fafagu fakaofo e Sina haana a taokete uluaki a ia ma e aho foou mo e amaamanaki foki a lautolu ke oatu tuai auloa ke he makete. Ne ala mo e hopoate a Sala ha kua iloa e ia kua mohemiti a ia. Ne ono mafiti atu a ia ke he hiapo mo e kitia ai toka agaia ni a ia he lotouho he fakatino ha ne onoono atu ke he tau kautū he lagi. Ne mau oti agaia ni e fakatino vali haana nakai fai mena ne kehe

about how the hiapo had come alive in Sala's dream. They both went quickly to tell Grandmother, who was wise in her counsel and had had many years of making hiapo.

Grandmother asked them where they had stripped the tree bark from, and they told her that it had come only from the trees where they normally went, in the area they were supposed to go to. When Grandmother asked if they were one hundred per cent sure that they had got the tree bark from the correct place, Sala admitted that she had got her bark from a tree a bit further away from their regular area. Grandmother feared that this was why Sala had dreamed about the young man. She had created him with her soul, but he was from an area forbidden to their family. The land where Sala had got her tree bark belonged to another family and the spirit of that tree was alive in Sala's hiapo. It did not belong to the sisters now that its origins had been discovered. This explained the confused look of the young man in her dream; he was lost, away from home, Grandmother told them.

Sialei awoke to see what the commotion was about and Sala told her about the dream. Grandmother asked Sala to put away her hiapo, never to use it again, and Sala agreed.

However, when Grandmother left the room, Sialei told Sala that she should sleep with the hiapo another night. The sisters all agreed; they wanted to see what would happen if Sala slept with the hiapo upon her again.

They all busily went about their normal chores for the day, and when night fell, the sisters came together and spread the hiapo out on Sala's bed. They said a quick bedtime prayer, hugged each other and wished Sala luck and a good night's rest before turning in for the day. Sala lay awake for a short time before relaxation and a deep slumber overtook her in the warmth of her

po ke huhui. Ne talaage a Sala ki a Sina ne fakaaoga e ia e hiapo he po ia he makalili, ka ko e po ia ne miti ai a ia ke he fuata taane fai tapakau. Ne fakagogoa foki a Sina ha kua moui mai e hiapo he miti ha Sala. Ne oatu fakamafiti a laua ke talaage ke he tupuna ha ko ia ko e fakatonutonu lotomatala lahi mo e kua leva foki haana a taute hiapo.

Ne hūhū atu e matua tupuna ko e fole mai i fe e tau kili akau ha lautolu ti talaage a laua ki a ia ko e mena tamai ni he tau akau ne fa mahani a lautolu ke oatu ki ai. Ti mai foki ni he matakavi ne fakaatā a lautolu ke oatu ki ai. Ne hūhū atu foki e matua tupuna po ke iloa tonu nakai e laua ko e tamai e tau kili akau ha lautolu mai he matakavi hako, ti talaage a Sala ki a lautolu ko e mena tamai haana a kili akau mai he vala kelekele nakai mamao lahi mo e matakavi mahani mau ha lautolu. Ne hopoate e matua tupuna he liga ko e mena haia ne mohemiti ai a Sala ke he fuata taane nei. Ne talaga e ia a ia he haana a moui ka ko e mena hau a ia he matakavi fakatapu ke he magafaoa ha lautolu. Ko e vala kelekele ne tamai ai e tau kili akau a Sala ko e vala kelekele he taha magafaoa ti ko e agaaga he akau ia ha nā ne moui he hiapo ha Sala ti ko e mena ia, tuga ni he mahani, nakai ko e koloa he tau lafu ha kua iloa tonu tuai e tupumaiaga haana. Ne fakamaama foki ni he mena nei e kakano he mata fakaligoa he fuata taane he miti ha Sala, ha kua galo kehe a ia mai he haana a kaina, he fakamaama age he matua tupuna. Ne ala mai a Sialei ke kitia ko e heigoa e tafeauhi ti talaage e Sala e tala ke he miti haana. Ne talaage e matua tupuna ke toka kehe e hiapo haana mo e aua neke liu ke fakaaoga foki ti talia fiafia e Sala.

Ka e pete ni a ia, ko e magaaho ne fano kehe ai e matua tupuna mai he poko, ne talaage a Sialei ki a Sala kua lata ke liu foki a ia momohe mo e hiapo haana ke he taha foki e po. Ne talia oti he tau lafu fifine ha kua manako a lautolu ke kitia ko e heigoa ka tupu kaeke kua

bed under the hiapo. A few hours into her sleep, Sala found herself awake in her dreams, flying once again. The feeling of being high in the sky was wonderful and free.

It was not long before she saw the young man in her dream, and once again, he did not talk to her. Sala felt okay about this, and they continued to fly through her dream together. Sala looked at his majestic wings; they were white and glittering with tiny lights sparkling on them. As she flew beside him, she felt very protected. It was as if he were an angel from the heavens.

Sala was fascinated by him and their journey. She finally asked him his name. He just looked at her, so Sala asked that he nod if he could understand her, which he did. Sala was happy as she was making progress with him. She thought of him as an angel boy, so this is what she decided to call him.

The angel boy took her around the heavens of their land and up to one of the highest heavenly clouds he could find. When she looked into the cloud she was shocked, as she found a basket in the softness of her dream. In it was a cooing baby boy. The angel boy looked at Sala when she asked him who the baby was. Then he looked past her as he heard thunder starting

liu a Sala ke mohe mo e hiapo i luga i a ia, to liu la nakai a ia ke miti foki. Ne o fano oti a lautolu mo e taute e tau fekau ne fa mahani a lautolu ki ai he aho katoa, ti omai fakalataha a lautolu he magaaho ne kamata ai ke pouli mo e fofola auloa e lautolu e hiapo i luga he mohega ha Sala. Ne taute e lautolu e liogi afiafi ku ti ke lata mo e okioki mai he aho gahua lahi. Ne fekukukukuaki a lautolu mo e amaamanaki ke monuina a Sala mo e moua e ia e po okioki mitaki.

Ne nakai leva e takoto ha Sala ti logona e ia e totoka mo e tauvelimohe ha ko e mafana he mohega haana i lalo he hiapo. Ne fioia e ia, he mole e falu a matahola he haana a mohe, a ia kua ala mo e lele fano he haana a miti. Ti mitaki foki he iloa e tokoluga mo e ataina. Ti nakai leva foki ti liu kitia e ia e fuata taane he miti haana, ka e nakai tutala agaia ki a ia. Ne nakai tupetupe a Sala ke he mena nei he lelele fano a laua he miti haana. Ne onoono atu a Sala ke he tau tapakau lalahi haana ha kua tea mo e hahā i ai foki e tau molī ikiiki kua kikila mai i ai. Ne logona e ia e haohao mafola ka lele fakatata atu a ia ki a ia. Kua tuga ni ko ia ko e agelu mai he kautū he lagi. Ko e fakahikuaga ti hūhū a Sala ke he haana a higoa. Ne nakai tali e ia ka e onoono ni a ia ki a Sala ti talaage a Sala ke gaki e ulu kaeke kua

to erupt in the night sky. Sala turned to see what the angel boy was staring at, and when she turned back to talk to him, he had disappeared. Sala was confused. She looked for the baby in the basket but he had also gone. The thunder continued.

Sala guessed that the gods were angry that she had been brought to this special place without permission.

Where was the angel boy? Sala was annoyed that she had been left there. She began to panic as she felt herself falling fast instead of flying. She screamed and awoke with a fright. It was daylight and her sisters came running into her room.

Sala relayed the experience of her dream to them and told them that she didn't want to go back to dreamland. She feared that she might never be able to return, and she now understood why Grandmother didn't want them to use the hiapo. The sisters could see how frightening the dream must have been for Sala, so they advised her to put the hiapo away for good, never to be used again. Sala placed the hiapo at the bottom of her clothes pile and carried on with her sisters at her daily business of cleaning before school, and cooking and making more hiapo in the evening. They found great joy in beating the bark while chatting

maama i a ia a ia ti taute pihia e ia. Ne fiafia a Sala ha kua kamata tuai a ia ke feiloaaki mo e fuata taane. Ne manamanatu a ia ki a ia ko e tama taane agelu ti ko e higoa foki a ia ne fakahigoa aki e Sala a ia.

Ne uta he tama taane agelu a ia ke he tau kautū he lagi kehekehe he motu ha lautolu ha kua ofogia agaia a Sala i a ia mo e ha laua a fenoga. Ne uta he tama taane agelu a ia ke he taha he tau aolū tokoluga ne kitia e ia. Ne ono atu a ia ki loto he aolū ti ofomate a ia he kitia e ia e kato i loto he molū he haana a miti. Ne hahā i ai e tama taane mukemuke ha ne gūgū. Ne onoono atu ni e fuata taane ki a ia he hūhū age a Sala po ko hai haana a higoa. Ne onoono molea atu e fuata taane i a Sala ha kua logona e ia e tau pakūlagi kua kamata ke pakū mai he lagi pouli he po. Ko e magaaho ne fuluhi ai a Sala ke kitia he mena ne fae onoono a ia ki ai ti liu haga atu ke tutala ke he tama agelu taane, ka kua galo tamokimoki tuai a ia. Ne fakagogoa a Sala he liu haga atu ke kitia he tama mukemuke he kato ka kua galo foki a ia. Ka e tumau ni e tomumu he tau pakūlagi.

Ne tali manatu ni e Sala kua ita tuai e tau Atua ti mua atu foki ha kua tamai a ia ke he matakavi tapu nei ka e nakai fai fakaatāaga. Ti kofē la e tama agelu taane? Ne ita a Sala ha kua toka a ia he matakavi ia. Ne kamata a Sala ke tupetupe ha kua logona e ia a ia ha ne to mafiti hifo ka e nakai tuai lele. Ne kaa a ia ti ala mo e matakutaku. Kua aho foki tuai ti tafepoi atu e tau lafu taokete ke he poko haana.

Ne liu fakamatala e ia e mena ne tupu ki a ia he miti haana ti kua nakai tuai fia liu atu a ia ke he mena ia. Ne iloa he tau lafu fifine e matakutakuina he mena nei ki a Sala ti talia a lautolu oti ke tuku kehe fakaoti e hiapo mo e nakai liu ke fakaaoga foki. Ne fakaleo foki e Sala haana a matakutaku he nakai maeke ke liu mai he fonuamiti ti kua maama tuai ki a ia e kakano he poaki he matua tupuna ke aua neke liu ke fakaaoga foki e hiapo ia. Ko e poaki ia ne kua amaamanaki a Sina mo e

and laughing, and this bonding time was fun for them. They found laughter in the silliest, smallest things that would only matter to them.

When dusk fell again, the sisters did their evening chores and prepared dinner. When they sat down to eat their meal, Grandmother asked how their day had been and they all chatted happily about what they had done while eating fresh uga, taro and pitako.

Grandmother was proud of her three beautiful granddaughters, for she had taught them well the skills of hiapo making. However, she did not realise that they had disobeyed her about not using the first hiapo they had made with Sala's new design, and that Sala had slept with it for another night. If she had known this, she would have been very cross with them all. The sisters knew this, so they had made a pact never to tell their grandmother.

That night, Sala went to bed under her normal covers, without the hiapo, and prayed to Tagaloa for a grateful night's rest after her endeavours of that day. As Sala fell into a deep slumber, she was disturbed to find herself in the company of the angel boy once again, even though she had not put the hiapo on herself that night. The angel boy motioned Sala upwards, towards the sky, and she was flying again. She was shocked when he opened his mouth and spoke to her in a smooth tone: "Why did you not put my hiapo cover on yourself tonight, Sala? I had to find my way out from under your clothes pile and place myself on your bed."

"Angel boy, why have you come to me tonight?" Sala replied. "And why did you leave me in my dream last night? I woke up very scared and never wanted to use the hiapo again. And now you are here and we speak? You have never spoken to me before, angel boy. Why do you speak to me now?"

"Sala, I represent your future. You are gifted with the art of hiapo and design. You are a leader amongst

Sialei ke omaoma ki ai ti talaage foki a laua ki a Sala ke aua neke liu fakaaoga foki e hiapo ia.

Ne tuku e Sala e hiapo ki kelekele motua he haana a pega mena tui he aho foou nei mo e haga atu ke tauteute e tau fekau he aho mo e haana a tau lafu taokete ke fakameā to ta e aoga, kaitunu mo e fakatumau ke tūtū hiapo he magaaho afiafi. Ne kitia e lautolu kua fekī ke he tau mena ikiiki mo e fakateaga ka ko e tau mena kua mua atu ki a lautolu.

Ne hoko mai foki e afiafi ti tauteute ai he lafu fifine e tau fekau fakaafiafi ha lautolu mo e tunu foki e kai afiafi ha lautolu. Ne hūhū atu e matua tupuna he magaaho ne nonofo ai a lautolu ke kai, ko e mafola nakai ha lautolu a aho, ti fetutalaaki fiafia a lautolu oti ke he tau gahua ha lautolu he aho ka e ha ne kai he tau uga , tau talo mo e tau pitako.

Ne matalahi e matua tupuna ke he haana a tau pulapulaola tupuna fifine ha kua fakaako fakamitaki e ia a lautolu ke he e poaki tufuga ke tūtū hiapo. Ka e nakai iloa e ia kua holia he fanau haana a ia ha kua liu a lautolu fakaaoga e hiapo ne vali auloa e lautolu aki e tau fakatino fakatātā ha Sala. Ne nakai iloa foki e ia ne liu a Sala mohe mo e hiapo he po hake ha ko e mena ka iloa e ia to ita mo e vale lahi a ia ki a lautolu. Ne iloa

your own. Sala, do not hide the hiapo because I am the gift that you brought to life. I know this and that is why I showed you the baby in the basket. I could not explain it to you before because the gods would not let me. They were angry and thought that it was wrong; that is why you heard the thunder, Sala. But then you hid my hiapo away for good. The gods changed their minds and have let me come to speak to you now. They realised that it was not wrong, Sala, for the baby represents a strong future that is coming to you through me. Why do you think you can fly like this in your dreams, Sala?"Sala was still confused as she awoke in the middle of the night. She saw the hiapo of dreams on her, where the angel boy had said he had placed it. She turned on her lamp, and there he still was, looking upwards towards the heavens the same as he always had. He was looking towards the future, just as he had said, confirming her future.

Sala had always thought that the angel boy was very handsome, but he was a design on a hiapo and a keeper of her dreams. Sala quickly went to her grandmother as she was brimming over with questions. She confessed everything – how she had still been sleeping with the hiapo and having dreams of flying with the angel boy.

he tau lafu mahakitaga e mena nei ti fetomatomaaki a lautolu ke aua neke talaage e taha ke he matua tupuna.

Ko e po ia ne fano a Sala mohe mo e haana a tau kafu fa mahani ka e nakai fakaaoga e hiapo, ti liogi foki a ia ki a Tagaloa ke tuku age e po ke mohe pulumohea mitaki mai he tau mena tutupu he aho ia. Ne logona e Sala he kamata a ia ke pulumohea kua liu hoko a ia ke he matakavi he tau miti. Ne hauhauā a Sala ha kua hahā i ai e tama agelu taane mo ia ka e nakai kafu e ia e hiapo i luga i a ia he po ia. Ne alu atu e tama agelu ki a ia ke hake age ke he pulagi ti liu a ia lele foki. Ne ofo ti teitei matefua a ia he kitia kua hafagi e gutu haana mo e vagahau age ki a ia pehē,

"Ko e ha ne nakai fakaaoga ai e koe e kafu hiapo haaku he po nei ma Sala? Ne lali fakamalolo au ke hake mai i kelekele he tau menatui haau mo e nofo he fuga mohega haau."

Ne ofo lahi a Sala he logona e mahino mitaki haana a leo.

"Tama taane agelu ko e ha ne hau ai a koe ki a au he po nei? Ti ko e ha ne toka ai e koe au he haaku a miti i ne po? Ne matakutaku lahi au he ofo hake mo e nakai manako au ke liu fakaaoga foki e hiapo. Ka ko e mogonei ko koe ha e ti maeke foki a taua ke tutala. Mena nakai maeke i a koe ke tutala mai ki a au fakamua ma tama taane agelu, ka ko e ha kua tutala mai ai a koe ki a au he magaaho nei?"

"Sala, ko au ko e fakatai he moui haau anoiha. Hahā i a koe e mena fakalofa ko e pulotu ke he tūtū mo e fakamanaia hiapo. Ko koe ko e takitaki ma e haau a magafaoa. Ne nakai maeke i a au ke fakamaama atu e mena ia ki a koe ha kua nakai fakaatā he tau Atua au ato fūfū e koe e hiapo haaku ke galo tukumalagi. Ne huhui e tau manatu ha lautolu mo e fakatoka a au ke hau ke tutala atu ki a koe. Sala, ua fūfū e hiapo ha ko au ko e taleni mooli haau ne tamai e koe ke he moui. Iloa e au e mena nei, ti ko e kakano haia ne fakakite

Grandmother took Sala back to her bedroom and sat on her bed. Grandmother looked at the hiapo and placed her hands on the angel boy. The hiapo was still very warm from the heat of the angel boy's flight.

Grandmother, wise in her years, had known that Sala had a gift, but she had not realised the extent of her granddaughter's skills. Sala herself had not even realised it.

"What are the dreams about, Grandmother?" she asked. "I'm so sorry for disobeying you, but I just wanted to know."

As they sat on the bed, Grandmother explained the gift that another girl had had many years earlier on Nukututaha. She was also young and talented like Sala, and she had also had the gift of hiapo making. But, while Sala's strength was in designs of the future, this young girl's was in designs of the oceans and seas. Her magnificent hiapo designs had fascinated many people, but had also made many jealous. They had tried to destroy her works, but this only made her stronger at getting more works completed faster, with a newer, more exciting design every time.

The girl just get kept getting better and better, Grandmother told Sala, until some village folk came

atu ai e au e tama mukemuke i loto he kato. Ne ita foki e tau Atua mo e pehē a lautolu kua hepe, ko e mena ia ne logona ai e koe e tau pakūlagi ma Sala. Ka e liu a lautolu kitia, nakai ko e hepe haau ma Sala ha ko e tama mukemuke ko e fakatai ke he malolo he tau aho anoiha ma haau ma Sala mai i a au. Ka e kitia ni kahā e koe ma Sala, maeke fēfē i a koe ke lele tuga a nei he haau a tau miti?"

Ne fakaligoa agaia a Sala he ala mai a ia he magaaho tuloto po. Ne kitia e ia e hiapo he tau miti i luga i a ia tuga ni he talaage he tama taane agelu e mena ne faliki ai e ia. Ne fakamoui e ia haana a molī po mo e kitia a ia ha ne onoono atu ke he tau kautū he lagi tuga ni he fa mahani. Ne onoono atu ke he anoiha tuga ni he talahau, ke fakamooli aki haana a moui anoiha.

To lahi e fulufuluola he tama taane agelu he manatu tumau e Sala ka ko ia ko e fakatino fakatātā he hiapo mo e leveki he haana a tau miti. Ne finatu a Sala ke fakailoa vave ke he matua tupuna he po ia ni ha kua loga lahi e tau hūhū haana. Ne fakakite e ia e tau mena oti ke he matua tupuna tuga e mohe agaia ni a ia mo e hiapo ti pihia foki e tau miti haana ke he felele fano ha laua mo e tama taane agelu. Ne liu taatu he matua tupuna a Sala ke he haana a pokomohe mo e nofo a ia i luga he mohega haana. Ne tuku he matua tupuna e tau lima haana he fakatino he tama taane agelu he onoono a ia ke he hiapo. Ne mafana agaia e fakatino mai he mafanatia he felele fano he tama taane agelu. Ko e lotomatala he matua tupuna mai he tau tau loga he haana a moui ne iloa e ia e mena fakalofa nei ha Sala ka e nakai iloa e ia e makaukau e haana a tama tupuna ti nakai iloa foki ni e Sala.

"Ko e hagaao ke he heigoa e tau miti ma matua tupuna? Fakamolemole atu au ha kua holia e au e poaki haau ka ko e fia manako foki ni ke iloa."

Ne fakamaama age he matua tupuna he nonofo a laua he fuga mohega e taha tama fifine ne moua e

in the night and took all her hiapo. They threw them into the ocean near the chasm arches. The young girl was so upset that she cried for days and nights, for all her works were now gone because of the rage and jealousy of others. She finally stood on the cliff's edge and threw herself onto the rocks and into the ocean with grief. However, she did not die because the spirit of her hiapo came alive in the ocean and protected her. The images of her designs came to life and she could see them. She lived forevermore in the ocean, happy and free.

This young girl had the gift, just as Sala did, much as her grandmother did not want to admit it. Sala's fate was sealed by the angel boy in the hiapo patterns, just as the girl of so many years ago. When Sala heard this, she feared the worst because of the girl's recklessness in throwing herself off the cliff. However, grandmother consoled her and told her not to be afraid, as the angel boy meant no harm. In her dreams, they always flew together; this meant goodwill and freedom, so Sala would have good fortune. The only thing Grandmother could not tell Sala was when her fate would truly be sealed. It could be the next day or in the next five years. All

mena fakalofa taleni he tau tau loga kua mole atu i Nukututaha. Fuata a ia ti makaukau tuga ni a Sala ti lotomatala foki a ia he tūtū hiapo. Ko e makaukau mua atu ha Sala ko e ta he tau fakatino fakatātā anoiha, ka ko e tama fifine na, hahā i a ia e tau fakatino fakatātā he tau moana laulahi mo e tau tahi. Ko e tau fakatino hiapo fulufuluola haana ne fakaofo lahi ke he falu ka ko e falu, kua mahekeheke a lautolu. Tokologa ne lali ke moumou e haana a tau gahua ka e auatu ni e malolo haana he fakaotioti mo e mafiti e loga he tau gahua haana ti hahā i ai foki e tau fakatino fakatātā foou mo e kehe he tau magaaho oti.

Ne tumau ni e holo ki mua he mitaki he tau gahua he tama fifine nei he talaage he matua tupuna ki a Sala ti oatu e falu tagata maaga mo e kaihā oti haana a tau hiapo. Ne tolo hifo e lautolu ke he moana hokulo tata atu ke he tai maihi he feutu. Ne tagi e tama fifine he aho mo e po he momoko ke he tau gahua haana kua galo tukumalagi ha ko e ita mo e mahekeheke he falu. Ko e fakaotiaga kua hake a ia ki luga he taha maka he feutu mo e hopo hifo ke he moana pukelahi he momoko. Ka e nakai mate a ia ha kua moui e agaaga he tau hiapo i loto he moana ti puipui atu ki a ia. Ne momoui e tau fakataitai he haana a tau fakatino ti maeke foki i a ia ke kitia mata a lautolu. Ti kua pihia tuai e tau aho oti he haana a moui ke nofo tukulagi ni he moana ha ko e fakakatoatoaaga foki haia he haana a nofomafola. Ne nofo fiafia mo e atāina a ia he moana laulahi ia.

Ne moua he tama fifine nei e mena fakalofa tuga ni mo e mena fakalofa ne moua e Sala pete ni he nakai manako e matua tupuna ke talahau mai pihia. Ko e fakaotiaga he moui a Sala kua mauokafua i loto he tau fakatino fakatātā he tau hiapo, ti puhala mai he tama agelu, ke tuga ni e tama fifine ia he tau tau loga kua mole atu. Ko e magaaho ne logona ai e Sala e tau tala nei ti matakutaku a ia ke he tau kelea ka hoko ki ai ha kua hopo pihia e tama fifine nei mai feutu.

Sala knew was that she did not want to be parted from her sisters or family.

Grandmother told Sala that she was not the keeper of dreams – that was the job of her hiapo. She told her granddaughter to carry on with her school and work as she had always done, and to leave the hiapo alone. The angel boy would appear in her life when he was meant to.

Sala and her grandmother slept together peacefully for the rest of that night in the same bed, with the hiapo of dreams. The angel boy knew that Sala's grandmother was a woman of warmth and only meant to protect her grandchild as they slept.

Sala told her sisters Sina and Sialei about the events of that night, what the angel boy had told her and what her grandmother had revealed about the girl from long ago. They were totally fascinated by the angel boy and their sister's story. They started to look at Sala as truly gifted; they were not afraid to admit this, as they were proud of their sister and her skills.

The angel boy never appeared when Sala's grandmother slept with her, so she asked her to sleep with her all the time. She was unsure what to expect from her dreams and she was in no position to question

Ka e fakamafana atu ni e matua tupuna ki a ia ke ua matakutaku ke he tau kelea pihia ha ko e mena nakai fai manatu kelea e tama taane agelu ki a ia ti fa lelele fano tumau a laua he tau miti haana. Ko e kakano, to hahā i ai e manako mitaki mo e tokanoaaga ke moua e Sala e tau monuina mitaki. Taha ni e mena ne nakai maeke he matua tupuna ke talaage ki a Sala, ko e magaaho tonu ka fakamau fakamooli ai e fakaotiaga ia. Ne nakai iloa ko e a pogipogi po ke he lima tau i mua. Ko e mena ni ha Sala ne iloa mooli ko e haana a nakai manako ke nofo kehe mai he haana a tau lafu taokete po ke magafaoa. Ne talaage e matua tupuna ki a Sala, nakai ko ia e leveki he tau miti, ko e gahua he hiapo haana a ia. Ti kua fakamonuina e ia haana a pulapulaola ke fakatumau haana a tau fakaakoaga mo e gahua ka e toka e hiapo ua fakalavelave. To fakakite mai e tama agelu ke he moui haana he magaaho kua tutonu ki ai.

Ne momohe totoka tokoua a laua he po katoa ia i luga he mohega ia ni mo e hiapo he tau miti. Ne iloa foki he tama taane agelu ko e matua tupuna a Sala ko e fifine mafanatia ti ko e manako ni a ia ke leveki e haana a pulapulaola he momohe a laua. Ko e fakaotiaga ne talaage e Sala ke he tau lafu taokete haana ko Sina mo Sialei e tala ke he po ia mo e matua tupuna, ke he tama taane agelu mo e tama fifine mai he vahā loa kua mole. Ne ofo lahi a laua ha ko e ha laua a fai tehina mo e haana mena fakalofa, mua atu ke he tama taane agelu. Ti kamata agataha a laua ke onoono ki a Sala ko e pulotu mooli mo e nakai matakutaku a laua ke fakapuloa atu e mena nei ha ko e ha laua a matalahi ke he fai tehina mo e haana a tau makaka.

Ne nakai malika mai e tama taane agelu he momohe e matua tupuna mo Sala, ti ole a ia ki a ia ke momohe tumau mo ia he. Ko e pihia ha kua nakai tuai iloa tonu e Sala ko e heigoa ka tupu mai he haana a tau miti ti liga kua nakai tuai hako ki a ia ke hūhū e tau mena ia

them now, as they were getting too complicated to even think about. Also, Grandmother was not afraid to sleep with the hiapo, and that was definitely a good sign in Sala's mind.

After a few years had passed, Sala had grown into a beautiful woman. Her grandmother was coming into the twilight years of her life. Sala saw the lights slowly going out in her eyes and she cried with much grief when Grandmother passed over into her next life. She was buried on their family land, and all the sisters shared their grief and pain together, supporting each other and singing songs of praise in memory of their grandmother. She was put to rest wrapped in one of her favourite hiapo that the girls had helped to make.

Over the next few months, Sala had the most peaceful nights' rest, still using her hiapo, when one particular night she found herself flying once again in the beautiful velvet night sky. But she could not see the angel boy anywhere. In her dream, Sala crashed into a cliff in the night and started to fall. She was frightened, for she could feel the rush of the wind in her hair as she fell, and she started to cry as she hit the ocean water. Sala couldn't breathe; she was starting to drown and was sinking fast. She couldn't

ha kua to uka lahi foki ke manamanatu ki ai. Ne nakai matakutaku foki e matua tupuna ke momohe mo e hiapo ti ko e fakakiteaga mitaki lahi a ia ke he loto ha Sala.

Ne tupu hake a Sala ke eke mo afine mata fulufuluola. Ko e haana a matua tupuna foki kua hoko ke he motua mo e tau tau fakahikuhiku he haana a moui. Ne kitia e Sala e tau maama ha ne galo fakahaga mai he haana a tau mata mo e tagi a ia he momoko lahi he magaaho ne mole atu e matua tupuna ke he moui ne tatali. Ne tanu ni a ia he kelekele he magafaoa ti momoko mo e mamahi fakalataha e tau lafu fifine mo e felagomataiaki ke he tau lologo fakaaue ke he totonu he matua tupuna. Ne tuku atu a ia ke he okiokiaga tumau, hafī aki ni e taha he haana a tau hiapo mahuiga ne lagomatai he fanau fifine ke taute.

In the next few months Sala had the most peaceful nights rest still using her hiapo when one particular night she found herself flying one more time in the beautiful velvet night skies. Sala found her flying happily once again but could not see the angel boy anywhere. In her dreams Sala crashed into a cliff in the night and was falling. She was frightened for she could feel the rush of the wind in her hair as she fell and she started to cry as she hit the ocean waters. Sala couldn't breathe as she was starting to drown and was sinking fast. Sala couldn't seem to wake up from what had become now a nightmare. As she tossed she screamed and screamed gasping for breath when Sina and Sialei both ran to wake her up quickly. Sala awoke frightened and shaking and looked on her hiapo. The angel boy was gone-she told her sisters of her nightmare and now the angel boy was gone from her hiapo. Sala did not know what to think.

Ne milino mitaki e tau okioki ha Sala he tau mahina ne mumui hake mai ti fakaaoga agaia foki ni e ia e hiapo haana, ka ko e taha po ne logona e ia kua lele fano a ia

seem to wake up from what had now become a nightmare. She tossed and turned, screaming and screaming, and gasping for breath, when Sina and Sialei both ran to wake her up. Sala woke, frightened and shaking, and looked at her hiapo. The angel boy had gone. Sala did not know what to think. She told her sisters of her nightmare and how the angel boy had vanished from her hiapo. Sina and Sialei were amazed to see that the angel boy had indeed disappeared. They decided that Sina should sleep with Sala for the rest of the night as she was the oldest. Perhaps it was time to put the hiapo away now that Grandmother had gone and the image of the angel boy had disappeared mysteriously.

Before the sisters went back to sleep, they looked out the window and prayed to Tagaloa to keep them safe until daylight came. What they did not realise was that the first night after Grandmother had died, her spirit had come to the angel boy while Sala slept. When she had died, she'd brought him to life through the goodness of her heart and soul, and he had come out of the hiapo, alive. He had no memory of anything, least of all Sala, so he had taken the name Agelu and left Nukututaha for the land of Samoa. Agelu learnt

he pulagi lanu momole he po. Ne logona e Sala e fiafia he liu a ia ke lele ka e nakai kitia e ia e tama taane agelu he ha mena taha. Ne pā a ia he feutu he po he haana a tau miti ti ha ne to hifo fakahaga. Ne matakutaku lahi a ia he logona e oho he matagi he haana a tau lauulu he to hifo fakahaga, ti kamata ai a ia ke tagi he magaaho ne lau ai haana a tino he puketahi he moana. Ne nakai maeke a Sala ke fafagu ha kua kamata tuai a ia ke tomo mo e ha ne totomo mafiti hifo ke he toka. Ne nakai maeke foki a Sala ke ala mai he mena nei ko e miti kelea. Ne kaa mo e fakatūtū gutu lahi a ia he lali ke fafagu ka e ha ne aka mo e fulufuluhi fano, ti tafepoi tokoua mai a Sina mo Sialei ke fafagu fakaave i a ia. Ne ala mai a Sala mo e matakutaku, ti tutututu he onoono atu ke he hiapo haana. Kua galo kehe tuai e tama taane agelu. Ti talaage e ia ke he lafu taokete haana e miti kelea haana ti ko e ha nai kua galo kehe tuai e tama taane agelu mai he haana a hiapo. Ne nakai iloa foki e Sala ko e heigoa ke manamanatu ki ai.

Ne ofoofogia lahi a Sina mo Sialei he onoono atu mo e kitia kua galo kehe mooli tuai e tama taane agelu. Ne fifili a laua ke momohe a Sina mo Sala he vala po ia ne toe ha ko ia ne fakamua lahi i a lautolu. Liga kua hoko mai foki tuai e magaaho ke tuku kehe ai e hiapo ha kua mole atu foki tuai e matua tupuna mo e ata he tama taane agelu kua galo kehe fakagalogalo.

To momohe fakamitaki a lautolu, ne onoono atu a lautolu ki fafo he fakamaama mo e liogi atu ki a Tagaloa ke leveki fakamitaki a lautolu ato hoko mai e aho. Ko e mena ne nakai maama ki a lautolu ko e po fakamua he mate e matua tupuna, ne liu mai e agaaga haana ke he tama taane agelu. Ha kua mate a ia, ne tamai e ia e tama taane agelu ke he moui ha ko e haana a loto mo e moui fakalofa, ti moui mai a ia ki fafo he hiapo.

Ne uta e ia e higoa Agelu ti fano kehe a ia mai i Nukututaha ke he motu ko Samoa ha kua nakai manatu e ia ha mena taha, mua atu ki a Sala. Ne fakaako mo e

the skills of being a builder in Samoa and stayed there for several years.

Sala didn't forget the angel boy, but she managed to carry on with her life. She continued to make inspirational hiapo with Sina and Sialei, but they were put away, under wraps, never to be used or seen again.

During one cyclone season, a great storm struck Nukututaha and many houses were damaged. Many builders came from other islands to help rebuild homes. Sala's house was not damaged, but many other village homes were. Agelu was among those recruited from Samoa to help with the building, and he worked very hard on the houses of Sala's village.

However, Agelu saw Sialei before Sala and he thought that he had found the woman he wanted in her. While building, he pursued Sialei with vigour. Sialei finally decided that she also liked Agelu back. When they came together for dinner at Sialei's home that night, Agelu appeared before Sala. As Sialei introduced her new friend to the family, Agelu felt as though he knew Sala from somewhere and he noticed her beauty. But he had come to dinner for Sialei and so he put those thoughts away.

Sala was secretly devastated, as she knew that this was the angel boy from long ago, but he didn't even

loto matala lahi a Agelu ke he feua kamuta he nofo a ia i Samoa ke he fiha e tau tau. Ne nakai nimo i a Sala e tama taane agelu ka e maeke i a ia ke fakapuloa haana a moui mo e tupu hake ke he tauteaga loga atu foki e tau faga hiapo fulufuluola kehekehe fakalataha mo Sina mo Sialei. Ne tuku kehe e lautolu e hiapo he tau miti i lalo he tau koloa fatufatu mo e nakai liu ke kitia po ke fakaaoga foki.

Ne hoko mai e vahā afā to e taha afā lahi ki Nukututaha ti loga lahi e fale ne malona, ti tokologa foki e tau tagata kamuta fale ne omai he tau motu kehe mo e lagomatai ke liu talaga e tau kaina. Ne nakai malona e fale a Sala ka e loga lahi e tau kaina he falu a maaga ne malona. Ko Agelu taha he tau tagata kamuta ne kotofa mai i Samoa ke lagomatai ke he tau kaina ti maeke ke gahua fakamalolō ke he tau fale he maaga ha Sala.

Ka ko Sialei ne kitia fakamua e Agelu to kitia a Sala ti manatu ni a ia kua moua tuai e ia e fifine tuga ni ne manako a ia ki ai. Ne muitua tumau a ia ki a Sialei ka e ha ne fae talaga he tau fale. Ko e fakahikuaga ti fifili foki ni a Sialei ke liu mai a Agelu. Ko e magaaho ne omai auloa ai a lautolu ki kaina ke kai he afiafi ia ne tu ai a Agelu i mua ha Sala. Ne fioia e ia ko e tuga kua iloa e ia a Sala mai he taha mena fakamua he fakafeleveia atu e Sialei haana a kapitiga foou ke he magafaoa.

Ne fakaatukehe fakagalogalo a Sala ha ko e tama taane agelu ha nai mai he tau tau loga kua mole atu ka e nakai manatu e ia a ia. Tumau agaia e mata fulufuluola haana. Ne fifili a Sala ke nakai fakailoa ki a Sialei ti mamahi fakanono ni a ia he kaiagamena katoatoa he afiafi. Ti nakai mailoga foki ni e Sialei ha kua mateloto lahi a ia ki a Agelu. Ka e mitimitikia e Sina ko e fai mena ne tupu ka kua nakai maeke i a ia ke talahau fakatonu ha kua nakai mahino mitaki e tau tutala ha Sala.

Ne mailoga foki ni e Agelu e fulufuluola ha Sala ka e iloa e ia ko e finatu haana ke he kai afiafi nei ha ko

remember her. He was still as handsome as ever. Sala decided that she would never let Sialei know who he was and suffered in silence through the whole dinner ordeal. Sialei hardly noticed, as she was so in love with Agelu. Sina sensed that something terrible was happening, as Sala's conversation was very stilted and forced, but she couldn't tell exactly what was wrong.

Later that night, Sala was so upset that the love of her Agelu was now with Sialei, her own sister, that she could not speak to either of her sisters. She stood on the cliff above the sea in grief and jumped onto the rocks and into the ocean. Sala died instantly, with the love for Agelu secretly locked into her heart.

When her two sisters found her, they wept and wept, for they could not understand what had happened. Sala's spirit became a part of the ocean of Nukututaha like the girl who had died many years before. Her gift of hiapo design was gone with her, and Sina and Sialei were so overcome with grief that they stopped making hiapo. As they wrapped all of Sala's clothes in her hiapo of dreams, they were surprised to see the image of Agelu staring back at them. As they looked into the eyes of Agelu, they both realised that he was Sala's angel boy and that is why she had jumped off the cliff.

Sialei ti tuku kehe e ia e tau manatu ia. Ko e po ia he oatu a lautolu oti ke momohe, ne fakatukehe lahi a Sala he momoko ti nakai maeke foki i a ia ke vagahau ke he taha he haana a tau lafu taokete ha ko e manako loto haana kia Agelu kua hahā i ai mo Sialei ko e haana foki a faitaokete. Ne tu hake a ia he feutu tokoluga atu he puketahi mo e haana fakaatukehe ti hopo hifo ke he moana pukelahi mo e tau maka mo e haana mateloto kia Agelu ne kua fufū maka he haana ate.

Ko e magaaho ne moua ai he lafu tokoua haana a ia, ne tagi tautau a laua ha kua nakai maama ki a laua ko e heigoa e mena ne tupu. Kua eke e agaaga ha Sala mo taha vala he moana pukelahi a Nukututaha ti pihia foki mo e tama fifine ne mate he tau tau loga fakamua atu. Ne galo foki e tau taleni fakamanaia hiapo haana ha kua to lahi e momoko mo e fakaatukehe ha Sina mo Sialei. Ne afīfī e laua he tau menatui haana aki e hiapo he tau miti, ti ofo foki a laua he kitia e ata ha Agelu ha ne onoono atu ki a laua. Ne kitekite a laua ke he tau mata a Agelu mo e mailoga e laua ko e tama taane agelu ha Sala a nei ti ko e mena mooli haia ne hopo ai a ia mai he feutu.

Ne hūhū tokoua e lafu taokete ki a ia ko e hau a ia i fe. Ne tali atu a ia ko ia tupu mai i Nukututaha, ti fano kehe a ia he magaaho ne fuata agaia ai ke kumi he moui kua lata mo ia i Samoa. Ne talaage foki e ia he magaaho to hoko ke he mogonei, nakai manatu e ia ha mena taha. Ko e magaaho ia ni ne fakakite age ai e laua ki a Agelu e ata haana he hiapo ha Sala ti ko e magaaho foki ia ha nai ne mailoga ai e Agelu ko ia ko e tagata he hiapo ti ko Sala ko e tama afine ne hahā i ai tumau he haana a tau miti ka e nakai maeke i a ia ke kitia haana a tau mata.

Ne nakai liliu tokoua a Agelu mo Sialei fekiteaki foki ha kua to lahi e fakaatukehe mo e fuafuakelea a laua. Ne tagi tautau a Agelu he momoko i a Sala ha ko ia ne tamai a Agelu ke he mouiaga nei ha ko e haana a

The sisters both questioned Agelu about where he came from. He replied that he was originally from Nukututaha and that he left when he was younger to find a better life for himself in Samoa. He could not remember anything from before that time. Then Sina and Sialei showed Agelu his image on Sala's hiapo, and Agelu realised that he was the man of the hiapo and Sala was the girl from his dreams, but he had never seen her face.

Both devastated, Agelu and Sialei did not see each other any more, as it became too uncomfortable for them. Agelu wept for the pain of Sala, for she was the one who had brought him to life through her hiapo of dreams. Agelu stood on the cliff's edge, where his sweet Sala had jumped into the ocean to her fate, and he jumped in as well. But Agelu did not die. The spirit of Sala saved him as she spoke to him through the waves: "Agelu, go back. It is not your time. It was not for me to die in this manner and it will not be for you. Please go back and live your life – a life of freedom and making your dreams come true."

Agelu wept again for Sala as he swam back to Nukututaha. Once he reached the land, he asked Sina if he could have the hiapo of dreams. Sina gave it freely,

hiapo he tau miti. Ne tu hake foki a Agelu he feutu ne hopo ai haana a fakahelehele ke he haana a matulei he moana pukelahi, ti hopo foki a ia. Ka kua nakai mate a Agelu. Ne fakahao he agaaga ha Sala a ia he tutala atu a ia ki a ia mai he tau peau.

"Agelu, liu atu a koe ha ko e mena nakai la hoko haau a tau magaaho. Ko e mena nakai lata foki au ke mate pehe nei ti to nakai lata foki ki a koe. Fakamolemole liu atu ti moui loa a koe ke he moui ataina mo e fakamooli e tau miti haau."

Ne liu tagi tautau foki a Agelu kia Sala he liu atu a ia ki Nukututaha. Ko e hoko atu ni a ia ke he kelekele ti ole atu a ia ki a Sina ke he hiapo he tau miti, po ke maeke nakai a ia ke uta ma haana. Ne age e Sina mo e loto katoa ha ko e mena ia foki ni kua manako a Sala ki ai. Ko e po ia he tauveli a Agelu ke mohe mo e hiapo ne nakai leva ti logona e ia a ia kua lele he tau miti haana mo e tama fifine kua fakakite kia ia mo e malimali atu ki a ia. Ne hahā he tua haana e tau tapakau silika tea lalahi mo e tau fulufulu molū mo e haana a tau lauulu loloa mo e uli. Ne haga mai a ia ke kitia i a Agelu ti iloa ai ko ia ko Sala.

Ne fiafia lahi e loto haana ha kua moua e Sala e puhala ke liu atu ki a ia he tau miti haana. Ti pihia ni

for it was what Sala would have wanted. That night, when Agelu finally drifted off to sleep with the hiapo, it was not long before he found himself flying in his dreams, and a girl appeared before him, smiling. She had giant, feathery, white silk wings on her back, and her hair was long, soft and black. As she turned around to face Agelu, he saw that it was Sala.

His heart was overjoyed. Sala had found a way back to him in his dreams. And because this was where he had started he knew he was at home and he never wanted to leave. They smiled as they flew together in the midnight sky. Agelu had found his soulmate, Sala, and they were overjoyed at sharing one another's company. Their fate was complete, just as Grandmother had said it would be. Sala had sent him back to land for this reason – to meet her in their dreams – the only right way for them to be together forever.

The next day, the workers could not find Agelu. All they could find was the hiapo, which they returned to Sina and Sialei. The sisters were quietly amazed but very happy. As they spread the hiapo of dreams out on their bed, there was Agelu and Sala, both with angel wings, holding hands and smiling back at them. Their journey was complete.

kahā ha ko e kamataaga foki haana a nei ti kua iloa e ia ko ia ha i kaina mo e nakai manako ke liu atu. Ne lelele fano tokoua a laua he pulagi he tuloto po mo e femamaliaki ha kua moua e Agelu haana a agaaga hoa ko Sala ti kua fiafia lahi a laua ke fakafeheleaki e tau magaaho ha laua ma laua. Kua katoatoa tuai e tau amaamanakiaga ma laua tuga ni he talahau he matua tupuna. Ko e kakano haia ne liu fakafano atu ai e Sala a ia ke feleveia mo ia he tau miti ha laua, ko e puhala ni a ia kua hako ke nonofo tokoua tukulagi.

Ko e aho hake, ne nakai kitia he tau tagata gahua a Agelu. Ko e mena ni ne moua e lautolu ko e hiapo ti liuaki atu e lautolu ki a Sina mo Sialei. Ne ofogia e tau lafu taokete ka e mua atu foki e fiafia. Ne fofola e laua e hiapo i luga he mohega ha laua, ti kitia e laua a Agelu mo Sala tokoua mo e ha laua a tau tapakau agelu, ha ne totō lima mo e malimali atu ki a laua. Kua katoatoa tuai e fenoga ha laua. Kua eke foki e hiapo he tau miti mo vala mahuiga he tala tu fakaholo he magafaoa ha laua. Ha ne tautau he kaupā he kaina ha Sina ti fakaaoga foki e Sina mo Sialei ka talahau e laua e tala uho ke he fai tehina fulufuluola ha laua ko Sala ke he tau pulapulaola ha laua. Ke he haana a tau tufuga mo e mouaaga foki he haana a Agelu i loto he hiapo he tau miti.

The hiapo of dreams became a precious part of their family history. It hung on the wall of Sina's home, where both Sina and Sialei would tell the story of their beautiful sister Sala to their grandchildren. They told them about her special skills and how she had found her Agelu in the hiapo of dreams.

## Author's notes

I wrote *Tales of Niue Nukututaha* as a result of winning a writing competition run by SPASIFIK Magazine and Huia Publishers in 2006. I won alongside five other Pacific writers. After my success, I decided to apply for funding from Creative New Zealand to write a collection of tales, and my application was successful. The end result is what you now have in your hands – a bilingual collection of twelve Niuean tales.

I have written these Niuean tales because they represent who I am. I have created ideas and characters from the modern world, in which I have grown up, and connected them to the land from where I am from, the island of Niue. The connection to "the Rock" never goes away, as it lives inside me through my parents and family. It stays inside my heart and goes with me wherever I go, and when I return home to Niue, it reaffirms who I am, just as these tales reaffirm who I am.

Writing these Niuean tales came easily for me because I did it for my parents, Leotau and Elasa Feilo. They have been the most influential people in my life and I did it to honour them. I have also written these tales for my children, Kirsten, Zethan and Allexander, who are part of the new generation of Niuean youth. I have brought them up to know who they are and where they come from, and this book is a powerful identity marker for us all.

*Zora Feilo*

I have deliberately chosen to make this book bilingual – in Niuean and English – because it is important for the survival of our Niue language – Vagahau Niue. It is a well-known fact that our language is struggling to survive as a direct result of colonialism, so this book is another resource that ensures our language is documented and preserved for all time. It will keep a part of our history alive for the following generations of Niueans. It is also important for Niueans who are learning the language. They can look at both the Niuean and English texts, and learn the different sentences that apply to the story. In effect, the reader has the opportunity to learn Niuean while participating in an adventure, if they choose. This may be hard for some, but at least the opportunity is there.

Making this book bilingual was personally great for me as the author because English is my first language. Writing this book allowed me to learn my Niuean language through my own stories, so it was special. It felt as though the words were jumping off the page at me. As I compared the English words to the Niuean words, I could make the connection to the various sentences and lights were switching on inside my own head. That is why this bilingual book is so important for future generations of Niueans; it supports the learning and preservation of our mother tongue, our language, our Vagahau Niue.

I chose to write *The Tales of Niue Nukututaha* as a collection of short stories, each with a simple format – a start, a middle and an ending – with made-up characters that I could identify with. I was able to create magic from my imagination, such as flying adventures in dream states. Anything can happen and be real in that particular space. Creating adventures on Niue in my mind was a form of escapism, and it was like being a child again, full of fun and creativity.

I also chose to write these tales because I liked reading about Pacific, Greek and Maori tales as a child. I had primary school teachers in inner city Auckland who would encourage my reading and writing skills by giving me books to read, which influenced my writing today.

My ideas and inspiration come from the world around me and the five senses of seeing, hearing, smelling, touching and tasting that connect to the many things happening in my life at the time of writing. They influence my thoughts and connect to my heart, and that is where my best writing comes from. This is profound for me as a writer because that is how I connect with my audience. Anything from a word, a colour, a saying, a person, a name, a fairy tale, an idea, a problem, pain, hurt, courage, an emotion, a belief, a film, a move, a theatre show, an event, the sea or the stars connect with my thoughts and get processed in my mind for a tale. This creates a space for creative writing, which allows a light to go on inside my head with ideas. This light is very much inside me today, so it is important for me to write all my ideas down now, in this short time that we call life.

I believe that it is everyone's responsibility to share their gift, so the world knows who each of us is, and our voices are heard, for we are all worthy to be heard. In this way, we can each make a difference in our short time here.

There are some aspects of these tales that I would like to draw your attention to, so you can understand where some of the stories have come from.

*Fisi and Pua and Katuali the Sea Snake* was the tale that started it all. This is the story that won the SPASIFIK Magazine/Huia Publishers writing competition, and it is set in my mother Elasa's village, Avatele. The twins' names honour the national flower of Niue, and they are also derived from the name of my cousin Emani Fakaotimanava-Lui's daughter, Fisipua. When I won the competition, this tale was acknowledged and I knew that I had it within me to write more. As a result, the rest of the twelve tales unfolded. I wrote twelve because it is a good number that reminds me of the Bible and the twelve tribes of Israel.

The tale of *Monega the Magical Blue Fish of Utuko* was written for my father Leotau and his home Utuko in central Alofi where his fonua lies. I wrote this story after my father told me about the beautiful blue fish that I saw swimming at Utuko Reef. I was fascinated by them and the reef that my father called home.

The story *Lani – the Fastest Girl in the Land* was based around the Greek tale of Diana and the three golden apples. This story was one of my favourites from childhood, and one I always treasured as a child growing up in inner city Auckland. Diana was a fast runner and so is Lani.

*The Moon and the Golden Hair of Makauli and Makasea* is a tale dedicated to my two sons, Zethan Atalase and Allexander Donald, because they had long golden and caramel hair as little boys before they had a traditional Niuean haircutting ceremony.

The tale of *Kulasea and Tiana* was my attempt at creating a Niuean love story. I never knew of any or heard any stories about Niuean romance growing up, and I wanted to create one like the Maori tale of Hinemoa and Tutanekai. The name Kulasea is after my uncle Kulasea Tukuniu who now lives in Perth, Australia.

The tale *Makalita and the Fire Goddess* was written after my friend's daughter died at the age of sixteen. Her name was Margaret Patelesio-Sipley, and her mother is Siale Sipley, and this tale is dedicated to their family.

I really enjoyed writing *Sina, Sialei and Sala, and the Hiapo of Dreams* because the hiapo, or tapa, is not practised in Niuean culture today, and I wanted to bring it into people's minds. I also kept it as the last tale because it was one of the tales that I liked best.

The stories are all based in Niue because my connection to my homeland is still very strong even though I live abroad. I asked my aunty, Reverend Meletuione Tavelia, if they were all right, and she said that they were because they were written from my perspective with no ill intention towards anyone.

These are only a few insights, and I have chosen to share them with you, the reader, so you have an idea of how the tales started from a personal place and evolved around personal experiences, people, places and conversations. This is the case with the work of most creative artists, entertainers and writers.

There are different themes covered in these tales. They include love, courage, strength, faith, family, friendship, respect, honesty, trust, culture, tradition, childhood wonder, innocence, curiosity, skill, artistry, jealousy, revenge, and life and death, which affect us all. There will be elements of these tales that are identifiable in real life for many people and, while they started as simple tales for children, they grew to become tales for a more mature audience due to the nature and depth of my writing.

I hope that each tale captures the audience's imagination and, for Niueans, that they can see these places in Niue in their minds and make connections to the characters. While the target audience for these tales is the Niuean community, the English text allows a wider audience to enjoy them, especially those people who are interested in our Niuean culture. They can be read by anyone who reads and understands the English language.

I have always loved writing and I would love to write a second book of the next *Tales of Niue Nukututaha*

in the future. However, for now, it is all about this collection.

My journey has not been easy, and this has meant that it has taken five years to get this book published. This has been due to many different reasons beyond my control. However, I am happy to say that we are finally finished and the book is now published. This has required a lot of communication and planning with my publishers, Tony Murrow, Evotia Tamua and Robyn Bern of Little Island Press, who have shown enduring patience since the first time we met. It has also required accountability to Creative New Zealand. This has included discussions and emails with Anton Carter, Tarisi Vunidilo and Makerita Urale, who are the different Creative New Zealand representatives with whom I have dealt since 2008. They have been more than obliging in my accountability to their organisation, and I am grateful to them and Creative New Zealand as a whole.

I also give thanks to all the Niueans who have been involved in this book. To the illustrator Lange Taufelila – thank you for creating the images that bring the stories to life. To the proofreader Tutose Tuhipa – thank you for your expertise and wisdom about our

189

Niuean language. And to all the translators of the tales – Granby Ray Siakimotu, Reverend Meletuione Tavelia, Manogifa Kingi-Aholima, Pepe Sipley Siligi and Niu College Vemoa – fakaue lahi mahaki kia tautolu osi – thank you so much to you all. This book would not have been completed without all your work, for which I am grateful.

I would also like to thank everyone else involved with this publication, and I hope that you all enjoy reading *The Tales of Niue Nukututaha*.

To my parents, my children and the rest of my family, this book is about us all.

Lastly I give thanks to God, our Gracious and Heavenly Father, for giving me the skills to write this book.

*Philippians 4:13:* 'I can do all things through Christ which strengtheneth me.'

Fakamonuina mai he Atua. Amene.

# Translators

**Fisi mo Pua mo Katuali ko e Gata Tahi**
**Fisi and Pua and Katuali the Sea Snake**
Manogifa Kingi-Aholima
(Proofing Tutagaloa Tuhipa)

**Afi Mo Mahina Ko E Tala Ke He Pō Mo E Aho**
**Afi and Mahina The Story of Night and Day**
Reverend Meletuione Tavelia
(Proofing Tutagaloa Tuhipa)

**Ko Avaiki Avaloa Mo E Tahi Fakataputapu**
**Avaiki Avaloa and the Forbidden Sea**
Reverend Meletuione Tavelia
(Proofing Tutagaloa Tuhipa)

**Talamea Ko E Tama Fetūtahi Fifine Mo Fonu Ko E Fonu**
**Talamea the Starfish Girl and Fonu the Turtle**
Granby Ray Siakimotu
(Proofing Tutagaloa Tuhipa)

**Monega – Ko E Ika Mana Lanu Moana Ha Utukō**
**Monega – the Magical Blue Fish of Utukō**
Manogifa Kingi-Aholima
(Proofing Tutagaloa Tuhipa)

**Ko Pele Mo Niu Mo E Tau Feari He Pu Mana**
**Pele and Niu and the Enchanted Flute Fairies**
Pepe Sipley-Siligi
(Proofing Tutagaloa Tuhipa)

**Ko E Mahina Mo E Tau Lauulu Lanu Aulo Ha Makauli Mo Makasea**
**The Moon and the Golden Hair of Makauli and Makasea**
Granby Ray Siakimotu
(Proofing Tutagaloa Tuhipa)

**Ko E Tau Tātatau Homoatu Ha Lagi, Lupo, Lio Mo Lutiano**
**The Magnificent Tattoos of Lagi, Lupo, Lio and Lutiano**
Manogifa Kingi-Aholima
(Proofing Tutagaloa Tuhipa)

**Lani – Ko E Tama Fifine Mafiti Lahi He Motu**
**Lani – the Fastest Girl in the Land**
Manogifa Kingi-Aholima
(Proofing Tutagaloa Tuhipa)

**Kulasea Mo Tiana – Ko E Tala Mateloto Fakalofa A Niue**
**Kulasea and Tiana – a Niue Love Story**
Pepe Sipley-Siligi
(Proofing Tutagaloa Tuhipa)

**Makalita Mo E Atua Fifine Afi**
**Makalita and the Fire Goddess**
New College Vemoa
(Proofing Tutagaloa Tuhipa)

**Sina, Sialei Mo Sala, Mo E Hiapo He Tau Miti**
**Sina, Sialei and Sala, and the Hiapo of Dreams**
Granby Ray Siakimotu
(Proofing Tutagaloa Tuhipa)